생각을 여는 행정학

생각을 여는 행정학

임 의 영

도서출판 대영문화사

머리말

행정학개론서는 공무원시험을 준비하기 위한 수험서에 불과한 것인가? 이 물음은 시험을 준비하는 수험생들에게는 크게 문제가 되지 않을 것이다. 이러한 관점에서 보면, 좋은 행정학개론서는 시험에 대비하기에 적절하도록 만들어진 백화점식의 수험서가 될 것이다. 그러나 행정학자들이나 행정학을 전공하는 학생들의 경우는 이 물음이 매우 불편하게 들릴 것이다. 적어도 행정학이 공무원시험에 중요한 과목이기는 하지만, 행정학이 갖는 학문으로서의 가치를 폄하하는 것으로 비춰질 수 있기 때문이다. 그럼에도 불구하고 기존의 행정학개론서들은 백화점식의 수험서 형식에서 벗어나지 못하고 있는 것이 사실이다. 행정학 총론에서부터 조직, 인사, 재무, 정책 등 각론에서 다루는 내용까지를 망라하는 개론서들이 규격화된 형태로 출판되고 있는 것이 우리의 현실이라 하겠다. 그러한 개론서를 처음 대하는 학생들에게 행정학은 학문으로 비추어질 수 있을까? 학문적 흥미를 불러일으킬 수 있을까? 행정학적 사유를 자극할 수 있을까? 수년간 행정학을 가르쳐온 경험에 비추어볼 때, 그것은 거의 불가능하다고 생각한다. 그동안 행정학계에서는 행정학의 학문적 위기를 말하고 다양한 대안들이 제안되었지만 실질적인 노력을 발견하기는 쉽지 않다.

이 책은 이러한 문제의식을 바탕으로 저술되었다. 기존의 백화점식 서술 방식에서 과감하게 탈피하여 학생들에게 행정학에 대한 흥미와 사유를 자극하기 위한 실험적 시도라 하겠다. 따라서 이 책은 1편 도입부에서 학문하는 것이 갖는 의미와 그것을 실현하기 위한 방법으로서 철학적 사유에 대해 서술하였다. 2편에서는 행정현상을 이해하는 데 필요한 다양한 주제들, 예컨대 행정의 개념적 의미, 행정이 이루어지는 장소, 행정이 추구하는 목적, 행정을 수행하는 주체, 행정의 대상, 행정의 작동 근거와 원리, 행정에 의한 가치 분배의 원리, 그리고 행정의 범위 등에 대해 살펴보았다. 그리고 3편에서는 행정에 대한 연구 경향을 규범적 차원과 과학적 차원에서 정리하고, 두 가지 관점이 어떠한 관계에 있는지 살펴보았다.

이 책을 통하여 행정학에 처음 접하는 학생들이 행정의 기본적인 특성을 이해하고, 행정학에 흥미를 갖게 되는 것은 물론, 행정학적으로 사유할 수 있는 능력을 함양할 수 있는 계기가 마련되기를 기대한다.

2015년 1월
강원대학교 연구실에서
임의영

차 례

제 2 편 공공행정에 관하여

제 3 편 연구 경향에 관하여

제 1 편

행정학을 하는 것에 관하여

제 1 장

행정학을 한다는 것은 무엇을 의미하는가?

동양적 관점과 서양적 관점에서 학문을 한다는 것의 의미에 대하여 살펴보자. 먼저 동양적 관점을 보자. 『논어(論語)』에 따르면(成百曉 역주, 2011), 학(學) 즉 배운다는 말은 곧 본받는다는 것을 의미한다(學之爲言效也). 다시 말해서 학은 선현들의 말씀을 배우고 본받는 것을 의미한다. 그래서 학의 핵심은 습(習)이다. 습(習)은 어린 새가 날갯짓을 처음 배울 때 날개(羽) 사이에 보이는 겨드랑이의 하얀(白) 털을 의미하는 것으로, 어린 새가 날갯짓을 계속해서 익히는 것과 마찬가지로 배우기를 그치지 않아야 한다는 것을 말한다. 따라서 본받고 익히는 것으로서 학습(學習)은 삶의 가장 중요한 자세로 제시된다.

"배우고 항상 익히면 기쁘지 아니한가(學而時習之不亦說乎)." 그리고 『논어』에서 볼 수 있는 학(學)의 기본적인 방법론은 묻는 것이다(問). 『논어』에서 우리는 공자(孔子)와 제자들이 서로 묻고 답하면서 세상의 이치를 깨우쳐가는 모습을 볼 수 있다. 이러한 측면에서 보면, 학문은 '배움을 묻는 것'이라 하겠다. 만일 학(學)만이 있다면, 새로움은 있을 수 없을 것이다. 그것은 단순히 본받는 것만을 의미하기 때문이다. 물음(問)이라는 성찰의 방법이 있기 때문에 배움은 질적으로 발전하게 되는 것이다. 옛것을 익히고 그것으로 미루어 새 것을 아는 것, 즉 온고지신(溫故知新)은 물음을 통해 가능한 것이다. 옛것으로부터 새것을 알아낸다는 것은 옛것에 대한 성찰적 물음이 없이는 불가능한 것이다. 따라서 학문은 배운 것을 단순히 익히는 데 멈추는 것이 아니라, 배운 것으로부터 새로운 것을 찾아내는 것이기도 하다. 동양적 의미에서의 학문을 한다는 것은 끊임없이 배우고 익히는 것이며, 성찰을 통하여 새로움을 추구하는 것이다. 더불어 학문을 하는 것은 단순히 지적인 차원에 머무는 것이 아니라, 깨달은 것을 몸에 익히고 행동으로 자연스럽게 드러내는 삶의 방식이라 하겠다(知行合一).

공자의 정신을 이어받은 맹자(孟子)는 학문(學問)의 길을 다음과 같이 설파한다. "인(仁)은 사람의 마음이요, 의(義)는 사람의 길이다. 그 길을 버리고 따르지 않으며 그 마음을 잃어버리고 찾을 줄을 모르니 슬프다. 사람이 닭과 개가 도망가면 찾을 줄 알되 마음을 잃고서는 찾을 줄 알지 못하니 학문하는 길은 다른 것이 없다. 그 잃어버린 마음(放心)을 찾는 것일 뿐이다."[1] 맹자는 단순한 지식이 아니라 인과 의를 추구함으로써 도덕적인 인간으로서 자기 자신을 세우는 것이 바

1) 孟子曰 仁은 人心也요 義는 人路也니라. 舍基路而不由하며 放基心而不知求하나니 哀裁라. 人이 有鷄犬放則知求之호되 有放心而不知求하나니, 學問之道는 無他라 求基放心而已矣니라(『孟子』 成百曉 역주, 2013: 473-475).

로 학문을 하는 이유임을 명백하게 보여주고 있다.

이제 서양적 관점에서 학문을 한다는 것의 의미를 살펴보자. 현대적 의미의 학문은 영어 science의 번역어이다. 이 용어는 14세기에 '연구를 통하여 획득된 지식' 혹은 '특정한 지식 분야'의 의미로 사용되었는데, 고대 프랑스어 science에서 유래하였다. 이 말은 본래 '알다'를 의미하는 라틴어 scire의 현재분사 sciēns에서 파생된 scientis(지식)에서 유래하였다. scire는 아마도 '자르다, 나누다'를 의미하는 scindere와 관련된 것으로 본래는 '분리하다, 구별하다'를 의미하였을 것으로 추정된다. science에 비인문적 연구라는 근대적 의미는 1670년대에 붙여졌다. 그것은 실제적 결과에 영향을 미치는 방법(그리스어 tekhne)과 구별하여, 이론적 진리(그리스어 episteme)의 의미로 사용되었다. 그러나 science는 때때로 실제적인 적용이나 기능을 적용하는 기술이라는 의미로 사용되기도 하였다. "특정한 주제에 관한 규칙적 혹은 체계적인 관찰 또는 명제들의 체계"라는 근대적인 의미는 1725년부터 사용되었다. 17~18세기까지만 해도 science는 주로 '철학(philosophy)'으로 이해되었다. science가 오늘날의 자연과학이라는 의미로 사용된 것은 최근의 일이다. 찰스 스노(Charles P. Snow, 2001)가 19세기 후반에 작업한 『옥스퍼드 영어사전』을 조사한 바에 따르면, 영국에서는 1860년대 이전에는 science가 물리학이나 자연과학이라는 의미로 사용된 예가 제시되지 않았다는 것이다. 그리고 윌리엄 워드(William George Ward)의 1867년 『더블린 보고서(*The Dublin Review*)』에서 영어의 science가 물리학적인 의미로 사용되기 시작하였음을 보여주고 있다. "우리는 science라는 단어를 영국인들이 일반적으로 부여하는 의미, 신학적 형이상학적인 것을 배제하고 물리적 실험적 과학을 표현하는 것으로 사용할 것이다." science의 개념사를 보면, 그것은 두 가지 의미를 갖는 것으로 볼 수 있다. 하나는 넓은 의미에서 진리를 탐구하는 학문 일반을 의미한다. 그것은 인문학, 사회과학, 자연과학을 통틀어 이르는 말이다. 다른 하나는 자연 현상에 관한 보편적 원리 및 법칙을 탐구하는 학문의 한 분야로서 자연과학을 의미한다. 서양적 전통에서 학문을 한다는 것은 진리를 탐구하는 것이고, 기본적으로 물음에서 시작되는 철학적 사유의 방법을 따르는 것이다.

동서양을 막론하고 학문을 한다는 것은 지속적으로 묻고 답을 구하는 것이라 하겠다. 이러한 의미에서 보면, 학문하기는 곧 철학하기라 할 수 있다. 그렇다면 행정학을 한다는 것은 무엇을 의미하는 것일까? 그것은 공공행정에 대하여 지속적으로 묻고 답을 탐구하는 것을 의미한다. 그러니까 행정학을 한다는 것은 공공행정에 대해 철학적으로 사유하는 것이라 하겠다. 철학적 사유는 익숙한 것으로부터 익숙하지 않은 것을 찾아나가는 것이다. 그것은 익숙한 것에 대한 비판적 성찰을 통하여 이루어진다. 비판적 성찰은 익숙한 것의 굴레 혹은 고정 관념이나 편견으로부터 벗어나게 하는 '해방적(emancipatory)' 계기를 내포하고 있다.

인간의 역사를 통하여 볼 때, 두 개의 커다란 관심의 흐름이 있는 것 같다. 하나는 자연과 관련된 흐름이다. 원시인들이 마주쳤던 천둥과 번개, 홍수와 가뭄, 일식과 월식, 사나운 짐승들을 생각해보자. 자연을 달래기 위하여 제단을 쌓고 번제물을 바치는 원시인들의 종교적 행위는 그들이 느꼈을 두려움과 공포가 어느 정도였는지를 상상하게 만든다. 그러다 보니 사람들에게는 자연환경에서 발생하는 사건들을 예측, 통제하는 것과 관련된 기술적 관심(technical interest)이 자라게 되었을 것이다. 이러한 기술적 관심이 과학의 발달을 가져왔을 것이다. 과학은 천둥과 번개에 대한 두려움으로부터 인류를 해방시켰다. 이처럼 과학에는 본질적으로 해방적 계기가 내포되어 있다.

다음으로 사람과 관련된 흐름을 보자. 사람들은 사회적 존재이다.

그들은 다른 사람들과 서로 영향을 주고받으며 살아간다. 자기 자신이나 다른 사람에 대한 이해가 충분할 때, 사람들의 행동은 자연스러워진다. 가령 잘 모르는 사람들 사이에 있다 보면, 어떻게 행동하여야 할지 어색하고 불안함을 느끼게 된다. 조심스러운 대화와 관찰을 통하여 우리는 다른 사람들을 이해하게 되고, 그런 과정에서 불안함이 사라지고 자연스럽게 사람들과 교류할 수 있게 된다. 자기 자신과 다른 사람에 대한 이해를 추구하는 실천적 관심(practical interest)은 인류 역사에 뿌리 깊은 것이다. 사람에 대한 이해는 사람들이 가지고 있는 주관적인 의미들, 즉 목적이나 의도 혹은 동기나 이유에 대한 해석을 통해 이루어진다. 사람에 대한 이해는 우리의 행위를 자연스럽게 만든다. 따라서 이에는 해방적 계기가 내포되어 있다고 하겠다.

자연에 대한 기술적 관심과 사람에 대한 실천적 관심에는 해방적 관심이 기저에 깔려 있는 것으로 보인다. 그러나 해방적 관심은 거기에 머물지 않는다. 이것은 기술적 관심과 실천적 관심에 잠재하고 있는 지배와 억압의 가능성에 초점을 맞춘다. 먼저 기술적 관심에 대하여 생각해보자. 사람들은 자연에 대한 기술적 관심이 인간에게까지 확장되는 경우에 발생하는 문제에 불안과 공포를 느낀다. 조지 오웰(George Orwell)의 『1984년(*Nineteen Eighty-Four*)』(1949)에서 빅브라더(Big Brother)에 대한 사랑을 조작해내는 조건반사의 원리나 사람들의 일거수일투족을 감시하는 텔레스크린(telescreen)의 모습, 올더스 헉슬리(Aldous Leonard Huxley)의 『멋진 신세계(*Brave New World*)』(1932)에서 사회적 용도에 따라 인간을 생산하는 공장의 모습, 마이클 베이(Michael Bay) 감독의 영화 〈아일랜드(*The Island*)〉(2005)에서 원본인간의 치료를 위해 대기 중인 복제인간의 모습 등은 극단적이지만 과학의 발달에 대한 내면화된 공포와 혼란이 반영된 것으로 볼 수 있다. 과학은 해방적 계기로서의 과학과 인간에 대한 지배의 도구로서 과학이라는 두 개의 이미지를 동시에 가지고 있다. 해방적 관심은 과학의 해방적 계기를 드러낼 뿐만 아니라 과학이 인간 지배의 도구로 변질되고 있는 현실이나 가능성에 대한 날카로운 통찰을 이끈다.

다음으로 실천적 관심에 대하여 생각해보자. 사람들의 자기 이해나 사람들 간의 상호 이해는 어떻게 이루어지는가? 사람들에 의하여 이루어지는 지각이나 인식은 사회문화적인 환경의 영향을 받지 않을 수 없다. 다시 말해서 인간은 사회적으로 조건화되는 존재이다. 사회는 다양성을 특징으로 하지만, 일반적으로 사회 전체를 관통하거나 지배하는 인식의 체계가 존재한다. 그리고 그러한 인식의 체계는 가정, 또래집단, 학교, 직장, 미디어를 통하여 개인의 머리에 새겨진다. 가령 어떤 문화권에서는 남편이 아내를 살해하는 것은 용납할 수 없는 파렴치한 사건으로 인식된다. 그러나 어떤 문화권에서는 남편의 아내에 대한 명예살인이 당연한 것으로 인식되기도 한다. 전자의 경우는 살인자의 죄의식이나 그에 대한 도덕적 비난이 있겠지만, 후자의 경우는 살인자의 죄의식이나 그에 대한 도덕적 비난이 있을 수 없다. 이러한 인식의 차이는 바로 사회문화적인 차이에서 비롯되는 것이다. 이처럼 자기 이해와 상호 이해를 인도하는 실천적 관심은 사회에 내재하는 지배와 예속이라는 사회의 권력구조에 의하여 왜곡될 수 있다. 따라서 그로 인하여 사회적 약자들은 공포와 불안을 느낄 수밖에 없다. 해방적 관심은 실천적 관심에 내재된 해방적 계기에 주목할 뿐만 아니라 실천적 관심의 배후에서 영향을 미치고 있는 사회의 권력구조에 주목한다. 실천적 관심은 사회의 권력구조를 정당화하고, 다시 정당화된 권력구조는 실천적 관심에 영향을 미친다. 그러다 보면, 사람들은 평범하게 양심에 따라 하루하루를 살면서 왜곡된 권력구조를 더욱 강화하는 기이한 상황에 처하게 된다. 해방적 관심은 이처럼 사회의 권력구조가 실천적 관심을 왜곡시키고 있는 현실이나 가능성에 대한 비판적 통찰을 이끈다.

학문을 한다는 것은 기술적 관심, 실천적 관심, 그리고 해방적 관심을 관철시키는 것이다. 기술적 관심은 자연에 대한 근거 없는 두려움이나 공포로부터 인간을 해방시키는 비판적 통찰을 이끈다. 실천적 관심은 사람에 대한 무지나 오해로부터 발생하는 불안이나 부자연스러움으로부터 인간을 해방시키는 비판적 통찰을 이끈다. 기술적 관심과 실천적 관심에 내재하는 공통된 지향성은 해방이라 하겠다. 그런데 기술적 관심과 실천적 관심은 그 자체의 전개 과정에서 오히려 해방적 계기를 억압하는 자기 한계를 가지고 있다. 해방적 관심은 이러한 억압의 계기를 드러내고 제거할 수 있는 계기를 찾도록 사람들의 비판적 통찰을 이끈다.

공공행정은 정치공동체 구성원들이 가지고 있는 기술적 관심, 실천적 관심, 그리고 해방적 관심을 공적으로 실현하는 구체적인 활동이다. 그리고 이러한 세 가지 관심은 독자적으로 작동하는 것이 아니라 복잡하게 서로 영향을 미치면서 작동한다. 가령 정부가 정보화 사회의 실현을 위하여 그와 관련된 인프라를 구축하고, 컴퓨터와 정보통신 관련 과학기술의 연구개발에 집중적인 지원을 한다고 가정해보자. 여기에서 정부는 질적·양적으로 사회의 정보 처리 능력을 고도화하고자 하는 기술적 관심을 관철시키고 있다. 이러한 정부의 적극적인 노력으로 네트워크 사회가 실현되면, 사람들의 사회적 관계 방식에 놀라운 변화가 발생하게 된다. 사람들은 좀 더 폭넓게 사람들과 교류할 수 있고, 오프라인의 사회 관계에서 작용하는 권력이 배제된 교류도 활성화된다. 사람들에 대한 이해의 방식이나 내용이 다양하고 풍부해진다. 이는 정부가 의도했건 그렇지 않았건 실천적 관심이 작동하는 계기를 제공한다. 정보 처리와 교류의 효율성을 방해하는 장애물을 제거하고, 사회적 교류를 제약하는 시간적·공간적 거리를 제거하는 것은 곧 사람들에게 해방적인 계기를 제공하는 것이다. 그런데 이러한 기술은 개인의 사생활을 침해하거나 감시의 도구로 활용될 수도 있다. 또한 그 기술은 전인적인 교류를 회피하게 함으로써 부분적인 혹은 진정성이 없는 자기 이해나 상호 이해를 바탕으로 하는 사회적 교류가 보편화되는 계기를 제공할 수 있다. 따라서 이러한 문제를 해결하기 위한 다양한 조치들이 만들어지고 시행될 것이다. 이처럼 공공행정은 기술적 관심, 실천적 관심, 해방적 관심이 동시에 작동하는 공적 활동이라 하겠다.

행정학을 한다는 것은 공공행정을 인도하는 기술적 관심, 실천적 관심, 해방적 관심의 본질과 관심들 간의 관계를 종합적으로 밝히는 비판적인 사유를 작동시키는 것을 말한다. 비판은 인간의 존엄성이나 가치에 비추어 그러한 관심들이 부정적으로 작용할 수 있는 가능성을 드러내는 것이다. 그러다 보니 비판은 다양한 시선을 필요로 한다. 앞에서 보면 좋아 보이던 것이 뒤에서 보면 흉측해 보일 수도 있는 것이다. 원근법적 시선이 아니라 입체주의적 시선이 요구된다. 따라서 행정학을 한다는 것은 어느 하나의 입장에 머무는 것이 아니라 다양한 입장을 동시에 성찰한다는 것을 의미한다. 그러기 위해서는 다양한 학문들과의 소통이 필요할 것이다. 따라서 행정학을 한다는 것은 다양한 학문들과 소통한다는 것을 의미한다. 마셜 디목(Marshall E. Dimock)의 생각을 들어보자. "우리는 지금까지 과학의 여정에 있었지만, 이제 행정학은 본질적으로는 인문학의 한 분야라는 사실을 깨닫는 것이 우리 자신에게 유익할 것이다. 행정학은 단지 공학이나 재정 혹은 구조에만 밀접한 것이 아니라 철학, 문학, 역사학, 예술 등과 같은 주제들과도 밀접한 관계에 있으며, 적어도 이러한 주제들과 밀접한 관계에 있어야 한다"(Dimock, 1958: 5). 이러한 의미에서 보면,

행정학을 한다는 것은 다양성의 바다를 항해하는 데 필요한 나침반을 제공하는 것이라 하겠다. 더 나아가서 행정을 철학적 실천으로 이해하고 있는 크리스토퍼 호지킨슨(Christopher Hodgkinson, 1978)의 입장은 음미할 만하다. 그에게 철학은 학문 분야가 아니라 합리적이고 논리적인 사유 방식을 의미한다. 그리고 철학적 사유를 통하여 공공의 가치를 추구하는 실천적 행위가 공공행정이라는 것이다. 그래서 공공행정은 행동철학(philosophy in action)이라는 것이다. 이러한 의미에서 보면, 행정학을 한다는 것은 공공행정의 행동철학에 대하여 사유하는 것을 의미한다.

제 2 장

어떻게 사유할 것인가?

인간은 분명히 생각하기 위하여 만들어진 존재이다.
우리들은 사물을 다른 쪽에서 바라볼 뿐만
아니라 다른 눈으로도 또한 바라본다.
— B. 파스칼, 『팡세』(1996)

현 세계와는 전혀 다른 세계에 관심을 갖고
그로부터 모든 것을 얻어내려는 사고 방식은
기본적인 철학적 및 사회적 원동력이 된다.
— M. 호르크하이머, 『변증법적 상상력』(Jay, 1973)

제 1 절 철학에 관하여

'철학'을 의미하는 philosophy는 본래 '사랑(love)'을 의미하는 philein과 '지혜(wisdom)'를 의미하는 sophia가 결합된 용어이다. 어원에 따르면, 철학은 지혜를 사랑하는 것, 즉 '애지(愛知)'를 의미한다. 이러한 '철학'이라는 말은 플라톤(Platon)의 『향연(*Symposium*)』에서 등장한다(Platon, 2010). 『향연』은 극작가로서 영예로운 상을 받은 아가톤(Agaton)의 심포지엄(향연)에 초대된 사람들이 사랑을 주제로 행한 이야기들을 기록한 것이다. symposium은 본래 함께(sym)와 마신다(posis)는 말이 결합된 용어로 함께 모여 술을 마시는 행위를 뜻한다. 그것은 말 그대로 술의 향연을 의미한다. 그런데 당시 아가톤의 축하연에 참석한 사람들은 술의 향연이 아니라 말의 향연을 나누자고 제안한다. 그리고 그들은 인간에게 가장 중요한 '사랑'을 주제로 대화를 나누게 된다. 많은 사람의 이야기 가운데 소크라테스(Socrates)의 사랑에 대한 이야기는 특히 주목할 만하다. 소크라테스는 본래 자기 이야기를 잘 하지 않는 인물이었다. 대신 그는 다른 사람들의 이야기를 듣고 계속 질문함으로써 이야기한 사람 스스로가 자신의 논리적 결함을 발견하게 하는 방식으로 대화하는 스타일이었다. 이러한 스타일의 대화술을 산파법이라 하는데, 이는 사람들이 자신의 무지를 스스로 깨닫게 하기 위한 것이다. 『향연』에서도 소크라테스는 산파법으로 다른 사람의 이야기가 갖는 결함을 논박하기도 하였지만, 거기에 그치지 않고 자신의 사랑에 대한 이야기를 전달하기까지 하였다. 그러나 역시 그는 신에 대하여 해박한 지식을 가지고 있는 디오티마(Diotima)라는 인물과 나누었던 대화를 소개하는 방식으로 자신의 이야기를 풀어나간다. 그런데 디오티마가 실제 인물인지는 확인할 길이 없다. 다시 말해서 이 이야기가 소크라테스 자신의 것인지 아니면 정말 디오티마로부터 들은 이야기인지는 알 수 없다는 것이다. 어찌되었건 소크라테스의 사랑에 대한 이야기는 '에로스(Eros/Cupid)'를 중심으로 전개되는데, 사랑의 신 에로스가 미와 사랑의 여신인 아프로디테(Aprodite/Venus)의 아들이라는 널리 퍼져 있는 관념과는 다른 이야기이다.

소크라테스가 들은 바에 따르면, 아프로디테가 태어나자 신들이 잔치를 베풀었는데, 그 자리에는 지혜의 여신 메티스(Metis)의 아들 포로스(Poros)가 있었다는 것이다. 식사가 끝나갈 무렵 거지 페니아

(Penia)가 구걸을 하러 왔다가 술을 많이 마시고 깊은 잠에 빠져 있는 포로스를 범하였고, 그렇게 해서 에로스가 태어나게 되었으며, 이것이 인연이 되어 에로스가 아프로디테의 종이 되었다는 것이다. 디오티마에 따르면, 에로스는 완벽한 존재가 아니다. 에로스의 몸에는 귀족 포로스의 피와 거지 페니아의 피가 섞여 흐르고 있기 때문에, 그는 신이 아니라 신과 인간의 중간에 있는 데몬(Demon)이라는 것이다. 그래서 에로스에게서는 풍요와 궁핍 혹은 지혜와 무지의 이미지가 교차하여 나타난다는 것이다. 에로스, 즉 사랑의 탄생과 관련된 소크라테스의 이야기에 따르면, 사랑은 부족한 것을 채우는 것이며, 채웠다고 생각될 때, 다시 비워지는 것이다. 사랑은 채움(포로스)과 비움(페니아)의 영원한 반복이다. 에로스는 포로스적 속성(풍요와 지혜)과 페니아적 속성(궁핍과 무지)의 중간에 있으면서, 끊임없이 포로스적 속성을 추구한다. 지적인 차원에서 보면, 에로스는 무지(無知)에서 '지혜를 추구하는 자' 즉 '애지자(愛知者)'이다. '애지'가 바로 philosophy이다. 에로스는 곧 사랑이다. 그러니까 사랑은 '추구하는 것' 자체를 의미한다. 사랑은 불완전한 상태에서 완전한 상태를 '추구하는 것'이다. '지혜의 사랑'은 곧 '지혜의 추구'를 의미한다.

철학이 곧 지혜를 추구하는 것이라면, 지혜는 무엇을 의미하는 것일까? 지혜는 지식과 다르다. 진리에 대한 지식을 단순히 가지고 있는 것만으로 지혜롭다고 하지는 않는다. 세상에 대하여 아무리 많은 지식을 가지고 있다 하더라도, 그것을 실천하지 않으면 지혜롭다고 할 수 없다. 지혜는 이론과 실천의 조화를 의미한다. 그렇다면 지식을 실행하는 것이 곧 지혜로운 것을 의미하는 것일까? 그렇지 않다. 지식을 가지고 사람을 속이거나 사람들에게 상처를 입힌다면, 지혜롭다고 말할 수 없다. 지혜로운 사기꾼이나 지혜로운 강도라는 표현을 쓰지는 않는다. 지식을 좋은 의도(선의지)를 가지고 행동으로 옮길 때, 지혜롭다는 말을 할 수 있는 것이다. 지혜는 지식이 선의지에 따라 사용되는 경우를 말한다. 그렇다면 선의지만을 가지고 행동하는 것은 지혜로운 것일까? 그렇지 않다. 가령 전염병으로 고생하는 사람들을 위하여 교회에 모여서 기도회를 열었다면, 의도는 선한 것이지만, 더 많은 사람을 위험에 빠뜨리는 결과를 가져올 수 있기 때문에 지혜롭다고 볼 수는 없다. 진리에 대한 지식을 바탕으로 선의지를 행동으로 옮길 때, 지혜롭다고 말할 수 있다. 지혜는 지식이 선의지의 인도를 받는 상태, 혹은 선의지가 지식의 인도를 받는 상태를 의미한다. 다시 말해서 지혜는 진리에 대한 지식과 선의지가 조화를 이루는 상태를 의미하는 것이다. 여기에 지혜를 더욱 빛나게 하는 것은 지식과 선의지가 그냥 조화를 이루는 것이 아니라, '아름답게/멋지게' 조화를 이루는 경우이다. 따라서 지혜는 진·선·미가 조화를 이루고 있는 상태를 의미하는 것이라 할 수 있다. 이렇게 보면, 철학은 진·선·미의 조화를 추구하는 것을 의미한다.

그렇다면 지혜의 추구는 어떻게 촉발되는 것일까? 다시 말해서 철학적 사유는 어떻게 촉발되는 것일까? 그것은 놀라움이나 의심에 의하여 촉발된다. 놀라움이나 의심은 '예외적인 상황'에 대한 경험에서 발생하는 심리적 반응이다. 일상적이고 습관화된 사건을 경험할 때, 우리는 놀라거나 의심하지는 않는다. 가령 밥을 먹을 때마다, 우리는 "어! 내가 왜 밥을 먹지?"하고 놀라거나 의심하지는 않는다. 왜 사람들은 익숙한 것에 대해 놀라거나 의심하지 않는 것일까? 대니얼 카너먼(Daniel Kahneman, 2012)에 따르면, 인간의 머리 안에는 두 개의 생각 시스템이 작동을 하고 있다는 것이다. '시스템 1'은 이미 만들어진 틀에 따라 자동적으로 작동하는 생각 체계이며, '시스템 2'는 의심하고 의식적으로 선택하고 추론하는 생각 체계이다. 언뜻 보기에는 시스템 2가 주인공이고, 시스템 1이 조연 같은데, 실제에서는 시스템

1이 주인공 역할을 하는 경우가 대부분이라는 것이다. 시스템 2는 게으른데 반해, 시스템 1은 자동적이며 즉각적이기 때문이라는 것이다. 그러니까 일상적이고 습관화된 것은 그것이 행동이건 생각이건 시스템 1에 의하여 처리되기 때문에 게으른 시스템 2가 관여하지 않게 된다는 것이다. 즉 놀라거나 의심하지 않게 된다는 것이다. 이러한 의미에서, 소크라테스의 산파법은 시스템 1의 독주에 대항하여 시스템 2를 자극하는 저항전술이라 할 수 있다. '과연 그런가?' 하고 '의식적으로' 끊임없이 의심하고 묻는 것이야말로 시스템 2가 작동하게 하는 계기라는 것이다. 그러니까 놀라움이나 의심이 자동적으로 주어지기를 기다리는 것은 있는 현실을 아무 생각 없이 받아들이는 것과 다를 바가 없다. 철학적 사유를 하기 위해서는 의도적으로 의심하는 노력이 필요하다. "어! 왜 빵이 아닌 밥을 먹지?" "어! 밥을 한 번이 아니라 왜 세 번을 먹어야 하지?" 그래서 그랬을까, 프리드리히 니체(Friedrich Wilhelm Nietzsche)는 현실에 안주하고 만족하는 인간을 '비천하기 짝이 없는 인간'이라 비난한 바 있다. 그에 따르면, 일상적인 것과 습관적인 것으로부터 떠나는 것 혹은 탈주하는 것, 좀 더 과격하게 표현하면 익숙한 것들을 '망치'로 깨버리는 것이 바로 철학의 본질이라는 것이다(Nietzsche, 2004: 24).

정리해 보자. 철학은 지혜를 추구하는 것이다. 지혜는 진 · 선 · 미의 조화를 의미한다. 우리는 어떤 사건을 경험하면서 그것이 지혜로운 것인지를 묻는다. 그리고 그 당시에 최선의 답을 찾아본다. 그러나 그것이 최종적인 답이 될 수는 없다. 의식적으로 그 답이 과연 맞는 것인지를 또 물어야 한다. 이처럼 의심과 물음 그리고 답하기의 영원한 반복을 통하여 우리는 지혜를 추구하는 것이다. 따라서 철학은 에로스에서 볼 수 있는 것처럼, 계속해서 채우고 또 비우는 것이다. 이것은 세상을 끊임없이 다시 보는 것이다. '다시 보기'는 긍정이 아니라 부정이다. 그 부정은 부정 자체를 위한 것이 아니라, 더 높은 차원의 긍정을 추구하는 것이다. 결국 지혜를 추구하는 행위로서 '철학하기(philosophizing)'는 끊임없이 '묻는 것'이다. '묻는 것'은 더 나은 답을 찾기 위하여 의심하는 것, 부정하는 것, 비판하는 것, 그리고 다시 보는 것이다. '묻는 것'은 한 곳에 정주하지 않고, 때가 되면 떠나는 '유목적 사유(nomad thinking)'의 본령이다.

제 2 절 철학하기의 방법

1. 상상하기(imagining): 다른 세상을 꿈꾸는 것

딱딱한 개념을 가지고 논리적으로 생각하는 철학의 이미지는 때로는 기존의 문법을 파괴하고 비약적인 표현을 일삼는 시(詩)의 이미지와 전혀 어울리지 않는 것처럼 보인다. 개념을 의미하는 독일어 Begriff는 본래 '잡다, 쥐다, 붙들다'를 의미하는 greifen에서 유래한다. 철학이 사고의 기초로 삼고 있는 개념은 어떤 대상을 표현하는 용어에 의미를 붙잡아 놓은 것이다. 그에 반하여 시는 개념에 묶여 있는 의미로부터 벗어나려 한다. 가령 철학은 '마음'이라는 개념에 '감정이나 생각, 기억 따위가 깃들이거나 생겨나는 곳'이라는 의미를 붙잡아 놓으려 한다. 그에 반하여 시는 '내 마음은 호수'라는 표현을 통하여, 전혀 관련이 없어 보이는 마음과 호수를 연결시킴으로써 개념에 붙잡혀 있는 의미로부터 벗어나려 한다. 그래서 철학은 합리적으로 보이고, 시는 비합리적인 것으로 보인다. 이성적인 철학이 상상력에 의존하는 시와 어울리지 않는 것으로 보이는 것은 당연한 일인지도 모른다. 그러나 철학하기가 '익숙한 것으로부터 떠나는 것'이라는 점을 상기한다면, 오히려 철학과 시는 먼 여행을 함께 떠나는 잘 어울리는 한 쌍의 기러기와도 같다 하겠다. 그래서 게오르크 빌헬름 헤겔(Georg Wilhelm Friedrich Hegel)과 같은 위대한 철학자도 자신의 철학적 영감의 원천이 바로 요한 볼프강 폰 괴테(Johann Wolfgang von Goethe)의 문학이라고 서슴없이 말할 수 있었을 것이다.

철학하기는 상상하기이다. 상상하는 것은 익숙하게 보이는 것을 보는 것이 아니라, '보이지 않는 것을 보는 것'이다. 그것은 시공(時空)을 초월한다. 상상은 시간적으로 과거, 현재, 미래를 아우르며, 공간적으로는 전 우주를 아우른다. 이처럼 모든 시간과 공간을 담을 수 있는 생각주머니를 가지고 있기 때문에 블레즈 파스칼(Blaise Pascal)의 말대로 인간이 위대한 것인지도 모른다. 상상은 '익숙한 것'에서 '다른 것'을 보는 것이다. 상상은 익숙한 지금의 세상과는 '다른 세상'을 보는 것이다. 그래서 그것은 '꿈'을 꾸는 것일 수도 있다. 마틴 루터 킹(Martin Luther King, Jr., 2000) 목사의 그 유명한 연설을 다시 들어보자. "나에겐 꿈이 있습니다. …예전에 노예였던 사람들의 자식들과 노예의 주인이었던 사람들의 자식들이 한 식탁에 앉아 밥을 먹는…." 킹 목사는 인종 차별이 익숙한 세상에서 벗어나 인종 차별이 없는 '다른 세상'을 상상하며, 그런 날이 오기를 꿈꾸고 있다. 그 꿈은 곧 희망이다. 다른 세상에 대한 꿈이 커질수록, 익숙한 세상은 더욱 이상하게 보일 것이고, 의심스럽게 보일 것이다. 다시 말해서 익숙한 것들에 대하여 "왜 그런가?" 하고 묻게 될 것이다. 우리는 질문을 던지는 순간 익숙한 세상에서 떠날 준비를 하는 것이다. 그것은 익숙하지만, 기이하게 보이기 시작한 세상을 변화시키는 출발점이 된다.

비틀즈(The Beatles)의 멤버였던 존 레논(John Lennon)의 노래 〈이매진(Imagine)〉을 들어보자.

천국이 없다고 상상해 보세요/ 하려고만 하면 얼마든지 할 수 있죠/ 발 아래 지옥도 없고/ 머리 위엔 오직 하늘만 있다고 상상해 봐요/ 모든 사람이 오늘 하루에 충실하게 살아간다고 상상해 봐요 // 국가라는 것이 없다고 상상해 봐요/ 그건 어려운 일도 아니죠/ 죽이는 일도 목숨을 바쳐야 할 일도 없고/ 종교도 없다고 상상해 봐요/ 모든 사람이 함께 평화롭게 살아가는 모습을 상상해 봐요 // 여러분은 날 몽상가라 부를지 모르겠네요/ 하지만 나만 그런 건 아니에요/ 언젠가 여러분도 함께하기를 바라요/ 그러면 세상 사람들이 하나가 될 거예요 // 소유물이 없다고 상상해 보세요 / 여러분이 그럴 수 있을지 모르겠군요/ 욕심을 부리거나 굶주릴 필요도 없겠죠/ 형제애가 넘쳐 흐르겠죠/ 모든 사람이 세상의 모든 것을 함께 공유한다고 상상해 봐요 // 여러분은 날 몽상가라 부를지 모르겠네요/ 하지만 나만 그런 건 아니에요/ 언젠가 여러분도 함께하기를 바래요/ 그러면 세상 사람들이 하나가 될 거예요.[1)]

노랫말에 나오는 천국과 지옥, 국가, 종교, 소유물들은 마치 공기처럼 우리들의 삶에서 너무나 익숙한 것들이다. 그런데 이 노래에서는 이러한 것들이 없다고 상상해 보라고 한다. 사실 이러한 상상을 하게 되면, 사람들이 서로 싸우고, 죽이고, 굶주리는 익숙한 세상이 이상하게 보일 것이다. 다시 말해서 우리는 많은 질문을 던지게 될 것이다. 현세의 삶을 억압하는 것이 '원래' 천국과 지옥을 생각하게 된 동기일까? 개인의 권리를 침해하거나 다른 나라와의 전쟁을 일삼는 것이 '원

---

1) Imagine there's no heaven/ It's easy if you try/ No hell below us/ Above us only sky/ Imagine all the people Living for today // Imagine there's no countries/ It isn't hard to do/ Nothing to kill or die for/ And no religion too/ Imagine all the people/ Living life in peace // You may say I'm a dreamer/ But I'm not the only one/ I hope someday you'll join us/ And the world will be as one// Imagine no possessions/ I wonder if you can/ No need for greed or hunger/ A brotherhood of man/ Imagine all the people/ Sharing all the world // You may say I'm a dreamer/ But I'm not the only one/ I hope someday you'll join us/ And the world will be as one.

래' 국가의 존재 이유일까? 다른 종교를 믿는 사람을 악으로 보라는 것이 '원래' 종교의 가르침일까? 서로 빼앗기 위하여 경쟁하고, 과시하거나 자랑하기 위한 것이 '원래' 소유물의 존재 이유일까? 이러한 질문을 던지는 순간 우리는 '다른 세상'을 꿈꾸기 시작한다. 철학하기는 바로 상상을 통하여 '다른 세상'을 꿈꾸는 것이다.

2. 성찰하기(reflecting): 비판적으로 접근하는 것

철학하기는 성찰하는 것이다. 성찰은 대상에 대한 깊은 관조를 의미한다. 성찰은 익숙한 것이든 익숙하지 않은 것이든 무엇이든 관조의 대상으로 삼는 것이다. 먼저 익숙한 것에 대한 성찰을 생각해보자. 익숙한 것을 성찰하는 것은 그것을 더욱 익숙하게 하는 계기가 될 수도 있지만, 익숙한 것에서 익숙하지 않은 새로움을 발견하는 것이기도 하다. 즉, 성찰을 통하여 익숙한 것으로부터 익숙하지 않은 새로운 의미를 찾아내는 것이다. 가령 몸은 우리에게 너무나 익숙한 것이다. 익숙한 것으로서의 몸은 시간과 공간의 굴레에 속박되어 있으며, 정신의 명령에 따라 움직이는 생명체이다. 몸에 대한 성찰을 통하여 우리는 때로는 정신의 명령에 복종하지 않는 몸을 볼 수도 있다. 몸이 정신에게 묻지 않고 자동적으로 움직이는 경우도 볼 수 있다. 또는 몸이 오히려 정신을 압도하는 경우도 볼 수 있으며, 몸에 의하여 정신이 훈육되는 경우도 볼 수 있다. 이처럼 익숙하지 않은 몸에 대한 발견은 몸을 다른 관점에서 볼 수 있는 계기를 제공한다. 이러한 성찰은 우리의 창조적인 역량을 향유하는 계기가 된다. 다음으로 익숙하지 않은 것에 대한 성찰에 대하여 생각해보자. 익숙하지 않은 것에 대한 성찰은 그것의 정체성(what)을 확인하는 데 초점을 맞춘다. 또한 익숙한 것들과의 관계에 대하여도 생각하게 된다. 가령 자신과는 성장 배경이 전혀 다르고 사고 방식이 전혀 다른 사람을 만나는 경우를 생각해 보자. 성찰을 통하여 우리는 그 사람이 어떤 사람인지 확인하려 할 것이다. 그것은 우리가 익숙하게 적용하는 인식의 틀에 의하여 이루어질 것이다. 그러다 보면, 새로운 유형의 사람을 인식하는 데 한계를 가질 수밖에 없다. 따라서 우리는 익숙하지 않은 새로운 사람과 자신에게 익숙한 인식의 틀을 조정하는 노력을 하지 않을 수 없을 것이다. 이러한 우리의 성찰은 조정과 적응의 역량을 향유하는 계기가 된다.

성찰은 익숙한 것들을 깊게 관조하는 것이다. 따라서 그것은 익숙한 것으로부터 떠나는 것이다. 떠남은 부정이며 비판이다. 이러한 의미에서 성찰은 비판적인 것이다. 그렇다면 비판은 어떻게 이루어지는 것이 바람직할까? 비판적 사유의 과정에서 일반적으로 빠지기 쉬운 함정은 "나는 이런데, 너는 왜 그러냐?" 하는 방식으로 접근하는 것이다. 가령 어떤 자유주의자가 마르크스주의자에게 "마르크스주의는 자유주의가 아니기 때문에 비판받아 마땅하다."라고 주장하는 경우이다. 이러한 비판 방식을 '외재적 비판(external critique)'이라 한다. 이는 입장의 차이를 확인하는 것에 불과할 뿐이고, 진정한 의미의 비판이라 할 수 없다. 비판적 사유는 크게 두 측면에서 이루어지는 것이 비판의 본래적 의미를 살리는 것이라 할 수 있다. 하나는 '전제 비판(premise critique)'이다. 모든 주장이나 입장은 어떤 전제에 의존한다. 따라서 전제 비판은 어떤 주장이나 입장이 의존하고 있는 전제가 타당한 것인지 그 여부를 따져보는 것이다. 만일 전제에서 문제가 발견된다면, 그 주장은 근본적으로 한계를 드러내게 된다. 가령 애덤 스미스(Adam Smith) 이래 고전경제학이 금과옥조로 삼았던 합리적 존재로서의 인간이라는 대전제를 예로 들 수 있다. 고전경제학에 의하면, 인간은 이기적인 존재로서 자신의 이익을 극대화하고자 한다는 것이다. 그리고 이러한 목적을 이루는 데 가장 좋은 방법이나 수단을 찾아낼 수 있는 능력을 가지고 있다는 것이다. 즉, 인간은 자신의 목적이나 목표를 분명하게 알고 있으며, 그러한 목표를 이루기 위한 모든 대안을 다 확인할 수 있고, 그 가운데에서 가장 좋은 대안을 선택할 수 있는 능력을 가진 완벽하게 합리적인 존재라는 것이다. 이러한 가정 위에서 고전경제학의 이론들이 세워진 것이다. 사실 우리는 이러한 고전경제학의 전제에 익숙하다. 성찰 과정에서 우리는 "인간이 과연 완벽하게 합리적인 존재인가?" 하고 물을 수 있다. 아마도 그 물음에 답하는 과정에서 인간이 합리적으로 행동하지 못하는 수많은 사례와 마주치게 될 것이다. 밥을 먹고 이쑤시개를 선택할 때, 합리적인 사람이라면 통에 있는 이쑤시개 중에서 가장 탄력이 좋고 자신의 이빨 간격에 잘 맞는 굵기의 것을 선택하여야 할 것이다. 가능할까? 바둑 경기에서 두 사람은 상대방의 수에 대응하기 위하여 수많은 경우의 수를 모두 계산하여야 하는데 가능할까? 혹시 사람들이 완벽하게 합리적인 것이 아니라 합리적이고 싶어하는 것은 아닐까? 우리는 이러한 질문을 통하여 인간은 '합리적 존재'라는 익숙한 표현에서 인간은 '합리적이고 싶어하는 존재'가 아닐까 하는 익숙하지 않은 생각에 도달할 수도 있다.

비판의 두 번째 표적은 전제로부터 논리적 과정을 거쳐 도달한 결론이다. 전제와 결론이 일관성을 갖는지 여부를 따지는 것으로 이를 '내재적 비판(internal critique)'이라 한다. 어떤 주장의 전제와 결론이 일관성을 갖지 않는 것으로 판명된다면, 그 주장은 근본적으로 타당하지 않은 것이 된다. 고전적 공리주의의 예를 보자. 공리주의는 기본적으로 자유주의의 전통에 있다. 자유주의에서는 개인의 자유를 절대적 권리로 본다. 개인의 자유는 다른 사람의 자유를 침해하지 않는 한 어떠한 이유로도 제약될 수 없다는 것이다. 공리주의는 개인은 기본적으로 자신의 효용을 극대화하는 데 관심이 있다고 본다. 즉, 개인은 자신이 느끼는 쾌(快)의 총량에서 고통의 총량을 뺀 나머지 쾌의 총량을 극대화하는 데 집중한다는 것이다. 그리고 이와 마찬가지로 사회도 사회의 전체 효용을 극대화하는 데 관심이 있다고 본다. 따라서 사회구성원의 쾌의 총량에서 고통의 총량을 뺀 나머지 쾌의 총량을 극대화하는 데 집중한다는 것이다. 따라서 사회적 효용의 총량을 극대화하는 것이 모든 판단의 기준이 되어야 한다는 것이다. 우리는 성찰을 통하여 전제와 결론의 관계를 비판적으로 바라볼 수 있다. 공리주의에 따르면, 사회적 효용의 총량을 극대화하기 위하여 개인의 자유를 제한할 수도 있다는 것인데, 그것은 자유주의의 기본 교의와 일관성을 갖는 것일까? 개인들에게 살인을 허용하지 않을 때보다 살인을 허용할 때 사회적 쾌의 총량이 더 크다면, 개인의 살인을 용인하는 것이 타당할까? 한 사람에게 재산을 몰아주는 것이 여러 사람에게 똑같이 재산을 나누어 주는 것보다 사회적 효용의 총량이 더 크다면, 그렇게 분배하여야 할까? 다양하고 수많은 개인으로 구성된 사회를 마치 하나의 개인처럼 생각하는 것은 논리적인 비약이 아닐까? 이러한 물음들은 공리주의와는 다른 입장에서 비롯된 것이 아니라 공리주의가 가지고 있는 자기 논리에서 비롯된 것이다.

철학하기는 비판적으로 성찰하는 것이다. 그것은 익숙한 것들의 전제에 대한 비판, 그러한 전제로부터 전개되는 논리에 대한 비판, 그리고 전제와 결론에 대한 비판을 의미한다. 이를 통하여 우리는 익숙한 것에서 익숙하지 않은 것으로 떠나게 되는 것이다.

3. 사랑하기(loving): 인정하고 함께하는 것

철학의 어원을 '지혜의 사랑'으로 해석하는 것이 일반적이다. 그러나 또 다른 해석이 가능하다. 그것은 '사랑의 지혜'이다. 철학의 핵심에 사랑이 자리하게 된다. 이러한 의미에서 보면, 철학적 사유는 지혜를 추구하는 과정에서 항상 그것이 사랑을 실현하기 위한 것임을 기억하여야 한다. 사랑은 어떤 대상을 좋아하고, 소중히 여기며 아끼는 애틋한 마음이다. 동사로서의 사랑은 목적어로서의 대상을 필요로 한다. 그 대상은 사람에만 국한된 것이 아니다. 자연이나 환경 혹은 특정한 물건이 될 수도 있다. 문제는 그 대상을 어떻게 사랑하는 것이 지혜로운 것인지를 숙고하는 것이다. 철학적 사유를 통하여 발견한 여러 가지 관념이나 주의주장, 이론들은 항상 또 다른 질문을 받게 되겠지만, 그 가운데 반드시 포함되어야 할 질문은 그것이 진정으로 특정 대상을 사랑하는 지혜로운 길을 제시할 수 있을지 물어야 한다는 것이다. 여기에서 철학은 '사랑의 윤리학'이 된다.

우리는 왜 사랑하여야 하는 것일까? 내가 사람으로서 존재하게 되는 이유에 대하여 생각해보자. 내가 사람이라는 생각을 갖게 되는 것이 어떻게 가능할까? 나는 부모의 몸을 통하여 세상에 나온다. 부모는 나에게 이름을 지어주고 부른다. 나는 그 부름에 응답한다. 그러면 부모는 그 응답에 또 응답한다. 그리고 조금 성장하면, 나는 또래 아이들과 지내게 된다. 또래들은 나를 부모가 지어준 이름으로 부른다. 그리고 그 부름에 응답한다. 그 응답에 또래들이 다시 응답한다. 다른 사람들이 나의 이름을 부르고, 나는 응답한다. 나의 응답에 다른 사람들이 응답한다. 나는 부모를 포함한 다른 사람들이 나를 부르거나 나의 부름에 응답할 때, 나는 그들과 같은 동류의 사람임을 느끼게 된다. 부르고, 부름에 응답하는 것은 서로를 인간으로 인정하는 과정이다. 그러니까 내가 사람이라는 것을 느끼는 것은, 다시 말해서 인간으로 존재하는 이유는 다른 사람들이 나를 사람으로 인정하기 때문이다. 만약 나의 부름에 응하여 줄 사람이 없거나 나의 부름에 응답하는 사람이 없다면, 나는 인간으로 존재할 수 없다. 늑대들이 키운 늑대 소념은 자기 자신을 인간으로 의식할 수 없다. 실험을 한 번 해보자 강아지에게 내가 누구냐고 묻는다면, 그 강아지는 "너는 인간이다."라고 대답할 수 없다. 강아지는 나를 인간으로 인정할 수 없다. 오직 인간만이 인간을 인간으로 인정할 수 있다. 따라서 나를 인간으로 존재하게 하는 다른 사람(타자)은 절대적으로 중요한 의미를 갖는다. 타자가 없어진다면, 나 역시 없다. 그러니까 타자는 나의 인간적 실존을 가능하게 하는 유일한 존재이기 때문에 더 없이 소중하다. 타자를 헤치는 것은 나의 인간적 존립을 훼손하는 것과 같다. 타자를 헤친다는 것은 내가 그를 인간으로 인정하지 않는다는 것을 의미한다. 그렇게 되면 타자 역시 나를 인간으로 인정하지 않을 것이다. 설령 타자가 강압 때문에 어쩔 수 없이 내가 인간임을 인정한다 하더라도 그것은 소용이 없다. 결국 나는 비인간에게 인정을 받는 꼴이 되기 때문이다. 따라서 타자는 소중하며 아낌을 받기에 충분한 자격을 가지고 있다. 우리는 이러한 타자의 절대성에서 사랑의 근거를 찾을 수 있다. 에마누엘 레비나스(Emmanuel Lévinas)의 '타자의 윤리학'은 바로 이러한 정신에 의거하고 있다(김연숙, 2001).

우리는 어떻게 사랑하여야 하는가? 어떤 사람이 꽃을 무척 좋아하는데, 어느 날 산책을 하다가 우연히 길가에 아름답게 피어 있는 꽃을 보았다. 그 사람은 꽃을 가까이에서 보고 싶은 마음에 그 꽃을 꺾어 집으로 가져가서 예쁜 꽃병에 꽂아 자신의 눈에 가장 잘 띄는 곳에 두었다. 그 사람이 진정으로 꽃을 사랑하는 사람이라 할 수 있을까? 물론 꽃을 사랑하는 사람이라 할 수 있다. 그러나 그 방법에 대하여는 다시 생각해볼 필요가 있을 것이다. 이 사람은 그 꽃을 자기가 소유하는 방식으로 사랑을 표현하고 있다. 소유적 사랑에서 우리는 중요한 문제를 관찰할 수 있다. 이 사람은 꽃이 원래 존재하던 방식을 '꺾어 버리고' 자신이 원하는 방식으로 존재하게 하였다. 이 사람은 대상을 있는 그대로 사랑하는 것이 아니라, 자기중심적으로 사랑하고 있는 것이다. 꽃을 사람으로 바꿔 생각해보자. 이 사람은 다른 사람을 사랑하는데 그 사람을 있는 그대로 사랑하는 것이 아니라, 자신이 원하는 사람으로 만들어서 사랑하는 것이다. 그것은 사랑을 자기에게 '동화(同化)'시키는 것으로 보는 것이다. 그런데 동화는 곧 다른 사람의 본래적 개성을 지워버리는 것이며, 사랑이라는 이름으로 상대의 자유를 없애버리는 것이다. 물론 상대가 자발적으로 동화될 수도 있다. 만약 그렇다면 그것은 일종의 노예적 사랑이라 할 수 있다. 진정한 사랑은 상대가 가지고 있는 개성과 가능성이 충분히 꽃을 피울 수 있도록 존중하고 아끼는 것이다. 그것이 앞에서 말한 타자의 절대성을 실현하는 길이다. 대중적으로 잘 알려진 비판이론가 에리히 프롬(Erich Fromm)은 『사랑의 기술(*The Art of Loving*)』(2006), 『소유냐 존재냐(*To Have or To Be*)』(1996) 등을 통하여 소유적 사랑에서 벗어나 진정한 사랑의 길로 향할 것을 제안한 바 있다.

철학하기는 추구하는 지혜가 진정한 사랑을 실현할 수 있는 계기를 제공할 수 있는가에 대하여 심사숙고하는 것이다. 지혜의 핵심은 사람들의 상호 존중과 공존의 가능성에 있다. 아무리 정치하고 화려한 이론이나 주의주장일지라도 그것들이 인간을 도구화하거나 공존의 가능성을 파괴하는 것이라면, 지혜로운 것이라 볼 수 없는 것이다. 사랑의 철학자 묵자(墨子, 2003)의 말을 들어보자.

> 만약 온 천하로 하여금 모두가 아울러 서로 사랑하게 하여 남을 사랑하기를 그의 몸을 사랑하듯 한다면, 그래도 도리에 어긋나는 짓을 하는 자가 있겠는가? 부형이나 임금 보기를 그 자신과 같이 한다면 어찌 도리에 어긋나는 짓을 하겠는가? 그런데도 자애롭지 않은 사람이 있겠는가? 아우와 자식과 신하들 보기를 그 자신과 같이 한다면 어찌 자애롭지 않게 행동하

겠는가? 그러므로 도리에 어긋나는 짓이나 자애롭지 않음이 있지 않게 될 것이다.

그런데도 도둑이 있겠는가? 그러므로 남의 집을 보기를 그의 집과 같이 하는데 누가 훔치겠는가? 남의 몸 보기를 그의 몸과 같이 하는데 누가 해치겠는가? 그러므로 도둑이 없어질 것이다.

그런데도 남의 집안을 어지럽히는 대부와 남의 나라를 서로 공격하는 제후가 있겠는가? 남의 집안을 보기를 그의 집안과 같이 한다면 누가 어지럽힐 것인가? 남의 나라 보기를 그의 나라와 같이 한다면 누가 공격하겠는가? 그러므로 대부들이 남의 집안을 어지럽히고 제후들이 서로 남의 나라를 공격하는 일이 없게 될 것이다.

만약 온 천하로 하여금 모두가 아울러 사랑하게 한다면 나라와 나라는 서로 공격하지 않을 것이며, 집안과 집안은 서로 어지럽히지 않을 것이고, 도둑들은 없어지고 임금과 신하와 아버지와 자식들은 모두가 효도를 하고 자애로울 수 있을 것이다. 이와 같이 된다면 곧 천하가 다스려질 것이다. 그러므로 천하를 다스리는 일에 종사하는 성인이라면 어찌 악을 금하고 사랑을 권면하지 않을 수 있겠는가?

철학에 내포된 '지혜의 사랑'과 '사랑의 지혜'는 동전의 양면과 같다. 어느 하나라도 부족하다면 철학은 무의미해진다. 다시 말해서 지혜의 머리와 사랑의 가슴이 서로 연대하여 진정한 삶의 가능성을 모색하는 것, 그것이 바로 철학하기의 본령이라 하겠다.

제 2 편

공공행정에 관하여

제 3 장

공공행정이란 무엇인가?

나는 형용사 '공적'이라는 말에 의미를 부여하기
위한 신중한 노력을 제안한다.
— D. 왈도, 「행정과 문화」(1965a)

나는 20년 간 행정 관련 과목들을 강의하면서 항상 공공행정(public administration)이 무엇이라고 생각하는지를 학생들에게 물어보았다. '나라의 살림살이'라고 대답한 학생이 대부분이었다. 나 역시도 공공행정을 개념적으로 설명할 때, 학생들이 상상하기 편하게 집안살림을 떠올리며 나라살림이라는 말을 사용하곤 한다. 이러한 설명은 적절한 것일까? 일반적인 용례에 따르면, 나라살림은 주로 경제적인 측면에 초점을 맞추고 있다. 인터넷 상에서 나라살림을 검색해보면, 국가의 재정이나 예산 등과 관련된 내용이 대부분을 차지한다. '살림'은 불교 용어인 산림(山林)에서 유래한다. 산림은 원래 절의 재산을 관리하는 일을 가리켰는데, 이 말이 소리내기 좋게 살림으로 변하여 일반 가정집의 생활이나 재산을 관리하는 것까지 뜻하게 된 것이다. 따라서 나라의 살림살이를 나라의 재정 운영을 의미하는 것으로 이해하는 것이 타당한 것으로 보인다. 나라의 살림살이라는 말은 더 이상의 설명이 없이도 사람들이 공공행정을 바로 이해하는 데 유익한 것 같다. 그러나 행정이 단지 재정 운영만을 의미하는 것으로 보는 것은 코끼리 다리를 만지는 것과 다르지 않다. 그러한 정의는 행정의 한 측면만을 보여주고 있기 때문에, 행정의 의미를 전달하는 과정에서 오해를 불러일으킬 가능성이 없지 않다.

그렇다면 공공행정은 무엇일까? 학자들의 정의들을 소개하는 것으로는 충분하게 그 의미를 설명하기가 쉽지는 않을 것이다. 사람들은 입장이나 전공에 따라 상황을 보는 관점이 다를 수 있다. 가령 정치학을 전공하는 사람은 정치적인 관점에서 세상을 이해하려 할 것이고, 경제학을 전공하는 사람은 경제적인 관점에서 세상을 이해하려 할 것이다. 행정학 안에서도 정치학적인 접근 방법을 취하는 사람과 경제학적인 접근을 취하는 사람은 공공행정을 다르게 정의할 수 있을 것이다. 물론 이러한 차이 때문에 학파도 생기고 이론적 경쟁과 발전이 가능한 것이다. 따라서 공공행정을 이해하는 데 이러한 다양한 주장과 논쟁들을 참고하는 것은 유익하다. 그러나 처음부터 다양한 정의와 주장들을 만나게 되면 혼란에 빠질 우려가 있다. 자칫 자신이 생각하는 공공행정이 개념적 좌표에서 어디에 해당되는 것인지도 의식하지 못하면서 생각을 굳혀버릴 수도 있다.

그렇다면 공공행정을 이해하기 위하여 어떠한 방식으로 접근하는 것이 유익할까? '공공의' 혹은 '공적', 그리고 '행정'이라는 말은 우리들에게 매우 익숙한 표현이다. 개념적인 의미에 대한 의식 없이 상황이나 문맥에 따라 그 말을 사용하기 때문에 공기처럼 익숙하다고 말할 수 있다. 테크닉에 대한 생각 없이 피아노를 칠 때 자연스러운 연주가 가능하고, 오히려 실수가 적다. 말을 할 때마다 의미를 생각하면서 '공공의' 혹은 '공적' 그리고 '행정'이라는 표현을 사용한다면 적잖게 부담스러울 것이다. 철학적으로 사유한다는 것은 익숙한 것을 익숙하지 않은 것처럼 사유하는 것 혹은 익숙한 것에서 익숙하지 않은 것을 생각하는 것이다. 그렇다면 이러한 사유의 출발점은 어디가 되어야 할까? 익숙한 것의 기원과 현재적인 의미를 살피는 데서 시작하여야 할 것이다. 용어의 경우는 어원과 사전적 의미를 살피는 일이 될 것이다.

제 1 절 '공공의 혹은 공적'의 의미에 관하여

공공의 혹은 공적(公的, public)을 의미하는 영어 public의 어원을 추적해보자. public은 사람(people)을 의미하는 라틴어 populus에 근원을 두고 있다. 여기에서 '사람들과 관련된'을 의미하는 라틴어 poplicus가 파생되었다. 이 단어는 '성인(adult)'을 의미하는 라틴어 pubes의 영향을 받아 publicus로 변형되었으며, 여기에서 '사람들과 관련된'을 의미하는 고대 프랑스어 public이 파생되었다.[1] 어원에 의하면, public은 본래 '사람들과 관련된', '성인들과 관련된'의 의미를 가지고 있었던 것으로 보인다. 언어는 사회가 변화하면서 그 형태나 의미가 변화하기 마련이다. 영어로 public이라는 단어가 처음 사용된 기록을 보면, 그것은 '사람들의' 혹은 '공동의' 의미로 사용되었다. 1470년 토머스 맬러리(Thomas Malory)는 "황제 무치오스 … 로마의 공

1) *Online Etimology Dictionary*(etimonline.com)

동선(publyke wele)의 명령자이며 집행자"라고 썼다. 그로부터 약 70년 후에는 '누구나 볼 수 있도록 명백하게 드러난 상태'라는 의미가 첨가되었다. 그리고 17세기 말이 지나면서 public과 private[2]은 오늘날 사용하는 방식과 유사하게 변화되었다. private은 어떤 사람의 가족과 친구로 한정되는 보호된 생활 영역을 의미하는 반면, public은 '어느 누구라도 볼 수 있는 상태'를 의미하였다. public은 현대적인 의미를 갖기까지 가족과 가까운 친구들의 범위에서 동떨어진 사회생활의 영역을 의미하였으며, 지인과 낯선 사람이 함께 존재하는 공공 영역은 상당히 다양한 사람들을 포괄하였다(Sennett, 1982: 35-40). public의 어원과 발달 과정을 보면, 그것은 '사람들의', '공동의', '사람들의 눈에 띄는(현저한)', '사생활 밖에서 이루어지는', '많은 사람과 관련된' 등의 의미를 갖는 것으로 볼 수 있다.

그렇다면 현대 사전에서 '공적(public)'은 어떻게 정의되고 있는가? 『웹스터사전*Webster's New Collegiate Dictionary*)』(1981)에는 다음과 같이 정의되어 있다.

1. (1) 모든 사람 혹은 국가의 모든 영역의, 모든 사람 혹은 국가의 모든 영역에 관련된, 혹은 모든 사람 혹은 국가의 모든 영역에 영향을 미치는; (2) 정부의 혹은 정부와 관련된; (3) 공동체 혹은 국가의, 공동체 혹은 국가와 관련된, 혹은 공동체 혹은 국가에 봉사하는
2. (1) 인류 일반의, 혹은 인류 일반과 관련된, 보편적인; (2) 일반적인, 대중적인

2) '이전(before)'을 의미하는 라틴어 pri에서 '자기 자신의' '개인의'를 의미하는 라틴어 privus가 파생되었다. 여기에서 '분리된' '박탈된'을 의미하는 privare가 파생되고, '분리된' '(국가가 아닌) 자신에게 속하는' privatus가 파생되었다. private은 privatus를 어원으로 한다. 따라서 private은 본래 '자신의', '개인의', '분리된', '박탈된' 등의 의미를 내포하고 있다(*Online Etymology Dictionary*).

3. 사적인 일과 대조되는 것으로서 회사 혹은 공동체의 관심사와 관련된
4. 일반적인 혹은 국가적인 복지에 헌신하는
5. 공동체의 모든 구성원에 의해 접근 가능한 혹은 공유된
6. (1) 일반적인 시야에 노출된, 개방된; (2) 잘 알려진, 현저한; (3) 인지할 수 있는

각각의 의미를 살펴보자. 1번 정의의 핵심어는 '국가', '정부', '공동체' 등이다. 국가는 일정한 영토를 보유하며, 거기 사는 사람들로 구성되고, 주권을 가진 집단을 말한다. 정부는 좁은 의미에서는 입법부, 사법부와 구분되어 나라의 일반 행정을 맡아보는 국가기관을 이르는 말이며, 넓은 의미에서는 국가의 통치 기능을 맡은 부문을 통틀어 이르는 말이다. 공동체는 운명이나 생활, 목적 등을 같이하는 두 사람 이상의 조직체 혹은 혈연, 지연, 우정 등과 같이 인간에게 본래 갖추어져 있는 본질 의사에 따라 이루어진 유기적 통일체로서의 사회를 의미한다. 국가, 정부, 공동체에 내재된 공통된 특징들을 생각해보자. 첫째, 그것들은 구성원 모두와 관련된다는 공통점이 있다. 둘째, 그것들은 질서의 형성이라는 공통점이 있다. 질서를 유지하기 위한 장치들이 고도로 발달되어 있다는 의미이다. 셋째, 그것들은 행위의 공동적 결정과 실행이라는 일련의 과정을 내포한다. 이러한 특징을 우리는 정치적이라 규정할 수 있다. 여기에서 정치적인 것은 단지 좁은 의미의 권력게임이 아니라 공동체의 구성원들이 공동체의 운명을 함께 결정하기 위하여 참여하는 전체적인 과정을 의미한다. 이제 public의 의미를 정리해보자. public은 국가, 정부, 공동체가 행위 주체로서 기능하거나 행위 대상이 되는 경우를 말하며, 더불어 전체적인 것, 사회의 질서와 관련된 것, 정치적인 것 등의 의미를 내포한다. 공직자(public official) 혹은 공무원(public servant)은 공공기관에서 특정한 일을 수행하는 실질적인 주체들을 지칭한다. 이러한 측면에서 보면, public은 또한 공직자나 공무원의 행위와 관련된 경우를 의미한다.

2번 정의의 핵심어는 '인류', '보편성', '일반성', '대중성' 등이다. 인류는 보통 다른 동물들과 구별하여, 인간 종 전체를 아우르는 말이다. 보편성은 모든 것에 두루 통하거나 적용되는 성질을 말한다. 일반성은 모든 것에 두루 미치거나 통하는 성질을 말한다. 그리고 대중성은 일반 대중이 모두 좋아하고 동감할 수 있는 성질이나 일반 대중이 공통적으로 갖추고 있는 성질을 의미한다. 전체적인 의미를 고려해보면, public은 모든 사람이나 다수의 사람에게 두루 관련된 것, 적용 가능한 것, 영향을 미치는 것 등을 의미한다. 영어의 어법에 따르면, 형용사에 정관사(the)를 붙이면, '…하는 사람들'을 의미하게 된다. 'the public'은 어떤 상황에 따라 동일하게 영향을 받는 아무개라고 특정화할 수 없는 다수의 사람이나 사회구성원을 의미하게 된다(足立幸男, 1992: 57). 이를 우리말로는 '공중(公衆)'이라 번역할 수 있다.

3번 정의의 핵심어는 '사적인 일', '회사 혹은 공동체의 관심사'이다. 이 정의는 public을 그 반대말인 private과 대비하여 드러내는 방식을 취하고 있다. 여기에서는 두 가지 측면에서 public의 의미를 생각해 볼 수 있다. 첫째, 사적인 일과 공동체적인 일의 구분과 관련된 것이다. 여기에서 대별되는 것은 부분적인 것과 전체적인 것, 특수한 것과 보편적인 것, 개별인 것과 일반적인 것, 개인적인 것과 사회적인 것 등이다. 그런데 사적인 것과 공동체적인 것을 구분하기는 쉽지 않은 것 같다. 양자를 구분하기 위한 보편적인 기준이 존재할 수는 없다. 가령 과거에는 실업의 문제가 지극히 개인적인 문제였지만, 사회운동의 결과 현대 사회에서는 당연히 정부가 해결하여야 할 공동의 문제로 보고 있다. 사회정치적인 여건에 따라서 사적인 것과 공동체적인 것을 구분하는 경계선이 달리 그어질 수밖에 없다. 이러한 의미에서 보면, 사적인 관심사와 대비되는 것으로서 공동체적인 관심사는 사회정치적 역학에 의하여 결정되는 것으로 보는 것이 타당해 보인다. 따라서 public은 사회정치적인 의미를 내포하고 있는 것으로 볼 수 있다. 둘째, 사적인 일의 처리 방식과 대비되는 것이다. 공동체적인 관심사에는 구성원들의 다양한 관계들이 중첩되어 있다. 따라서 모두가 동의할 수 있는 규칙에 따라서 관심사를 처리하는 것이 타당하다. 이러한 의미에서 public은 '공식적인 것(the official)'을 의미하는 것으로 볼 수 있다.

4번 정의의 핵심어는 '국가적인 복지'이다. 이 정의는 행위의 목적과 관련된 것이다. 여기에서 복지는 '국가가 잘 되는 것'이라는 매우 포괄적인 의미로 보는 것이 타당하다. 국가가 잘 되는 것은 국가의 생존, 정치적인 발전, 경제적인 성장, 사회문화적인 성숙, 구성원의 복지나 이익 등을 포괄한다. public은 이렇게 '국가가 잘 되는 것'을 추구하는 것과 관련된 활동들을 의미한다. 이를 '공익(公益, public interest)'이라 표현할 수 있을 것이다. 공익은 사실 모호한 용어이다. '모든' 사람의 이익으로 해석하는 것이 가장 적절해 보이지만, 현실적으로 '모든'이라는 조건을 충족시키는 것은 불가능하다. 그래서 일반적으로는 조건을 완화하여 '다수의 이익'이라 해석한다. 이는 다수결의 원칙을 따르는 민주주의 이념과도 맥을 같이하는 것으로 보인다. 그러나 그렇게 되면 다수에 포함되지 않는 사람들의 이익 문제에 당장 부딪히게 된다. 또한 가상적이기는 하지만, 논리적으로 '모든' 구성원의 이익이 '국가의 생존'을 위협하는 것이라면, 그것을 공익이라 할 수 있을지 의문이다. 모호한 부분이 있기는 하지만, public은 공익을 추구하는 것을 의미한다. 공익의 측면에서 보면, 공공기관이 아닌 사회단체들을 공적인 것으로 볼 수도 있다. 또한 논쟁의 여지가 크지만 기업의 활동을 공적인 것으로 보는 논의가 등장할 수도 있다.

5번 정의의 핵심어는 '접근가능성'과 '공유(共有)'이다. 이는 이용과 소유의 측면에서 public의 의미를 규정한다. 먼저, 접근가능성에서 말하는 접근의 대상은 자원, 정보, 재화, 서비스 등이다. 접근가능성은 어느 누구도 이러한 대상을 소비하는 데 배제될 수 없는 비배제성과 다른 사람이 대상을 이용하는 것이 내가 그 대상을 이용하는 데 방해가 되지 않거나 이용의 효율이 감소되지 않는 비경합성을 특징으로 한다. 이러한 성격을 갖는 대상들을 우리는 일반적으로 '공공재(公共財, public goods)'라 부른다. 다음으로 공유는 '공유재(共有財, common goods)'와 관련된다. 공유재는 공공의 목적에 사용하기 위하여 국가나 지방공공단체가 소유하는 재산 혹은 공동으로 가지고 있는 재산을 의미한다. 종합하면, public은 재화의 이용과 소비의 측면에서 공공재나 공유재와 관련된 것을 의미한다.

6번 정의에 따르면, public은 사람들에게 잘 보이고, 잘 알려지고, 잘 인지될 수 있는 것을 의미한다. 즉, public은 노출(exposure), 공개(openness), 공지(publicity) 등의 의미가 내포되어 있다고 하겠다. 일반적으로 정부는 국민의 알 권리를 충족시키기 위하여 정부의 활동과 관련된 정보를 투명하게 드러내야 할 의무가 있다. 그러다 보니 일반적으로 정부의 활동과 관련된 것들이 공적인 것으로 이해된다. 그러나 public의 의미는 여기에 국한된 것이 아니다. 가령 사회에서 유명한 사람들을 비록 공직자가 아니라도 '공인(公人)'이라 부르는 관행이 있다. 그것은 그 사람들이 미치는 사회적 영향력이 적지 않기 때문이다. 개인이라 할지라도 그 행위의 노출 정도, 공개 정도, 공지 정도, 그리고 그것의 영향력의 범위가 넓을수록 공적이라는 표현을 사용할 가능성이 크다.

제 2 절 '행정'의 의미에 관하여

이제 행정을 의미하는 영어 administration의 어원을 추적해보자. administration은 to를 의미하는 라틴어 ad와 '봉사하다(serve)'를 의미하는 ministrare가 결합된 administrare를 어원으로 한다. administrare는 '관리하다(manage)', '통제하다(control)', '인도하다(guide)', '감독하다(superintend)', '직접 지배하다(rule direct)' 등을 의미한다. administrare에서 '돕다(help)', '원조하다(aid)', '봉사하다'를 의미하는 고대 프랑스어 amenistrer가 파생되었다. 그리고 이 말에서 14세기 후반에 '집사로서 관리하는 것'을 의미하는 administer가 파생되었다. 18세기 초반에 영국의 어법에서는 명사형 administration에 '정부/통치(government)'의 의미가 더해졌다. 어원에 따르면, 행정은 한편으로는 관리, 통제, 인도, 감독, 지배를, 다른 한편으로는 도움, 원조, 봉사를, 또 한편으로는 정부/통치의 의미를 포함한다.

사전에 따르면, 행정은 사무실, 기업 혹은 조직의 관리, 지휘; 정부의 의무를 수행하는 국가의 기능; 집행 기능을 수행하는 행정인의 의무; 행정인에 의한 그러한 의무들의 관리; 행정인들의 집단, 특히 정부에서 행정인들의 집단; 대통령을 수반으로 하는 집행부; 행정 권력 혹은 집행 권력을 수임한 집단 등의 의미를 갖는다. 사전적 정의에서 볼 수 있는 핵심어는 관리, 국가 기능, 집행/집행부, 행정인의 집단, 행정인의 의무 등이다.[3)]

어원과 사전적 의미를 종합적으로 살펴보면, 행정을 이해하는 데

3) http://dictionary.reference.com/browse/administration

핵심이 되는 용어들은 관리, 집행, 행정인의 의무(책임), 봉사, 정부/통치, 지배 등이다.

관리를 의미하는 management는 본래 '손(hand)'을 의미하는 manus에서 파생된 maneggiare에서 유래한다. 이 용어는 '말(horse)을 다루다 혹은 제어하다'는 뜻이다. 16세기부터 기업 활동과 관련하여 사용되었다. 사전적으로 관리는 성취를 이루는 것, 책임을 지는 것, 어떤 기술을 통하여 지배하거나 영향을 미치는 것, 다루고, 지휘하고, 통제하는 것 등을 의미한다. 어원이나 사전적 의미에 따르면, 관리는 '기술적'이고 '조작적'인 측면이 강하다. 따라서 관리는 집단의 목적을 성취하기 위하여 조직, 사람, 자원, 예산 등을 기술적으로 다루는 일련의 과정을 의미하는 것으로 볼 수 있다.

집행을 의미하는 영어 execution은 본래 out을 의미하는 ex-와 follow를 의미하는 sequi가 결합된 exequi/exsequi에서 유래한다. 여기에서 '성취(accomplishing)'를 의미하는 executionem이 파생되고, '(명령의) 수행'을 의미하는 고대 프랑스어 execucion으로 발전하였다. 어원에 따르면, execution은 '끝까지 완수하는 것(to follow out)', '성취', '수행' 등을 의미한다. 그리고 14세기 후반부터는 '무엇인가가 효력을 갖게 하는 행위'의 의미로 사용되었다. 따라서 집행은 어떤 목적이나 목표, 혹은 법의 명령을 수행하는 것을 의미한다고 볼 수 있다. 그러니까 집행은 결정된 사항이나 주어진 명령을 '수동적'으로 실행하여 완수하는 측면을 강조한다.

행정은 행정인의 의무이다. 다시 말해서 행정은 행정인이 '책임'지고 수행하여야 하는 활동이다. 책임을 의미하는 영어 responsibility는 본래 '반응하다', '응답하다'를 의미하는 respondere에서 유래한다. 그러니까 책임은 어떤 요구나 명령에 대하여 응답하는 것이다. 따라서 행정은 행정인이 인간의 보편적 가치, 헌법, 국민, 의회, 조직상의 관 등 다양한 원천에서 흘러나오는 요구나 명령에 대하여 응답하고 반응하는 것을 말한다.

봉사(serve)는 국가나 사회 혹은 남을 위하여 자신을 돌보지 않고 애쓰는 경우를 말한다. 봉사는 일반적으로 전문성과 창의성이 조화를 이룰 때 진면목을 보일 수 있다. 행정직은 전문직으로서 그 업무에 적합한 지식, 기술, 능력을 갖춘 사람에 의하여 수행되어야 한다. 이것은 관리나 집행을 의미한다. 여기에서는 공급자의 관점이 우선한다. 봉사는 수요자의 관점을 강조한다. 다시 말해서 행정은 수요자들이 자신을 주권자로서 느끼고 행동할 수 있게 하며, 수요자의 욕구 충족과 만족감을 향상시키는 데 초점을 맞추어야 한다는 것이다. 이는 단지 매뉴얼로 실현될 수는 없다. 왜냐하면 매뉴얼은 일반적인 혹은 일상적인 경우를 대상으로 만들어진 것이기 때문에 수요자의 다양성을 반영하는 데는 한계가 있다. 그러한 다양성을 반영하는 데는 상상력과 창의성에 기초한 성실한 노력이 필요하다.

정부/통치를 의미하는 government는 '지휘하는 것', '지배하는 것', '인도하는 것'을 의미하는 gubernare에서 유래하며, 이는 '배를 조종하는 것(to steer a ship)'을 의미하는 그리스어 kybernan에서 파생된 것이다. 여기에서 주목할 만한 개념은 '조종'이다. 국가를 배에 비유한다면, 배의 운전대를 조종하는 것은 정부이다. 운전대를 조종하는 행위를 통치라 할 수 있다. 행정은 '조종'이 구체적으로 이루어지는 기능이라 할 수 있다.

지배는 일반적으로 상대의 의지와는 무관하게 자신의 의지를 관철시키는 것을 의미한다. 그런데 지배를 의미하는 rule은 '규칙'이라는 의미 역시 가지고 있다. 따라서 지배는 규칙에 따라 복종시키는 행위로 해석될 수 있다. 우리는 이러한 경우를 규칙의 지배(rule of rule) 혹은 법의 지배(rule of law)라 부른다. 규칙의 지배나 법의 지배는 지배자의 지배를 정당화하는 가장 기본적인 요소이다. 왜냐하면 규칙이나 법은 그것의 적용을 받는 사람들에 의하여 만들어진 것이기 때문이다. 이러한 의미에서 행정은 정당한 지배행위이다.

종합하면, 행정은 경영적으로 관리, 법적으로 집행, 윤리적으로 의무·책임·봉사, 정치적으로 정부/통치·지배라는 다양한 의미를 동시에 포괄하는 개념이다.

제 3 절 '공공행정'의 의미에 관하여

지금까지 살펴본 공공의 혹은 공적이라는 말의 의미와 행정의 의미를 결합한다면, 어떠한 의미가 도출될 수 있을까? 공적이라는 수식어는 행정의 제약 조건이다. 정부가 행하는 것, 국민 대다수와 관련된 것, 국민의 공동 관심사와 관련된 것, 공익과 관련된 것, 공공재 및 공유재의 관리와 관련된 것, 공개적인 것 등을 의미하는 '공적인 것'은 행정활동을 제한한다는 것이다. 따라서 관리, 집행, 정부/통치, 지배, 책임, 봉사로서의 행정은 공적인 것을 전제로 이루어지는 것이다. 즉, 공적이라는 수식어는 행정의 규범적인 가이드라인을 제공한다. 따라서 공공행정(public administration)은 공적인 것과 행정적인 것의 관계에서 이해되어야 할 것이다. 그런데 이러한 공적인 제약 조건들은 단순히 규범적인 성격만을 갖는 것이 아니라, 정치적인 성격을 갖는 것이기도 하다. 공적인 것의 현실적인 의미는 정치공동체 구성원들에 의하여 해석되기도 하고 선택되기도 하는 것이다. 그러한 해석과 선택의 과정을 우리는 정치라 한다. 따라서 '공적인 것'은 곧 '정치적인 것'이라 할 수 있다. 이러한 측면에서 보면, 공공행정은 규범과 정치를 의미하는 공적인 것과 행정의 관계에 의하여 조망될 필요가 있을 것이다.

이제 '공공의 혹은 공적'의 의미 자원과 '행정'의 의미 자원을 가지고 공공행정에 대한 기존의 정의들을 살펴보자.

첫째, 미국 행정학자들의 행정 개념을 살펴보기 이전에 우선 독일 관방학의 전통에서 공공행정을 어떻게 이해하고 있는지를 살펴보자. 독일 관방학의 발전에 지대한 영향을 미친 로렌츠 폰 슈타인(Lorenz von Stein)의 행정 개념을 살펴보자(신율, 1995 참조). 슈타인의 행정 개념은 국가의 이념에서 도출된다. 그의 사상의 출발점은 사람들이 자신의 문제를 스스로 결정하는 능력을 의미하는 인격 개념이다. 이러한 인격이 완성된 상태는 인간의 모든 욕구가 충족되어 인간 개개인이 자신들의 희망을 실현할 수 있는 상태를 말한다. 슈타인은 국가를 최고로 발달된 인격의 한 형태로서 최고 수준의 공권력을 소유하고 있는 존재로 규정한다. 따라서 국가의 발전은 개인들의 인격의 발전 정도와 비례한다. 즉, 국가와 개인은 유기적인 관계에 있다. 유기체로서의 국가는 개개인의 인격이 최고로 발전할 때, 최고의 상태에 이르게 된다. 따라서 국가의 궁극적인 목적은 국민 개개인의 인격을 완성하기 위하여 노력하는 것이어야 한다. 이를 위한 전제 조건은 개개인이 국가의 목적을 설정하는 데 적극적으로 참여하여야 한다는 것이다. 참여를 통하여 국가와 개인의 유기적 관계는 본격적으로 실현되기 때문이다. 참여의 논리에서 헌법의 개념이 도출된다. "국민 개개인이 국가의 내적인 유기체, 즉 국가의 인격적인 의지와 목표 설정 과정에 참여하는 것을 우리는 한 국가의 헌법이라 칭한다." 참정권이 바로 자유를 의미하는 것인데, 그것이 바로 인격의 본질을 이루는 것이다. 국가의 포괄적인 목표를 결정하는 과정에의 참여가 바로 정치적인 것으로 해석될 수 있다. 그리고 이렇게 결정된 국가의 의지를 구체화하는 것이 행정이다. "순수한 인격의 자결권을 표현하는 국가의 의지는 구체적인 상태를 필요로 하게 된다. 국가가 그 구체적인 상태를 결정하는 과정에서 국가는 하나의 행위의 주체로 변하게 된다 이러한 국가의 행위가 국가의 조직 차원에서 이루어지고, 그로 인하여 국가의 생명력의 표현으로 나타낼 수 있다면, 우리는 이를 국가의 행정이라 칭할 수 있게 된다. 모든 국가는 그가 어떠한 수준에 있든지 간에 그만의 고유한 행정조직을 갖고 있다." 따라서 행정은 국가의 법집행 과정을 통하여 국가의 의지를 실현하는 것을 행정으로 보고 있다. 다시 말해서 행정은 국가의 원리, 즉 인격의 완성을 위하여 이 국가의 원리를 실현하는 행위라 할 수 있다. 슈타인에게 공적인 것은 국가이고, 그 내용은 국가의 인격 혹은 국가를 구성하는 국민들의 인격을 완성하는 것이며, 이를 위한 과정이 바로 정치적 참여를 통한 법률의 제정이다. 그리고 이를 실현하기 위한 구체적인 행위로서의 집행이 바로 행정이다. 그러니까 공공행정에서 공적인 것은 국가의 이념을 의미하며, 행정은 그것을 실현하기 위한 집행을 의미한다.

둘째, 미국행정학의 문을 연 토머스 우드로 윌슨(Thomas Woodrow Wilson)의 「행정연구(The Study of Administration)」(1887)에서 공공행정의 특성에 대하여 서술한 부분을 살펴보자.

> 행정은 정부의 가장 명백한 부분이다. 행정은 정부의 활동이다. 행정은 집행이며 작동이며 정부의 가장 가시적인 부분이다. 그리고 물론 정부만큼이나 오래된 것이다.
>
> 행정은 정치 영역 밖에 있다. 행정적인 문제는 정치적인 문제가 아니다. 비록 정치가 행정에게 과제를 제시하지만, 그 사무실들을 다루기 위하여 수고하여야 하는 것은 아니다.
>
> 행정은 공법의 세부적이고 체계적인 집행이다. 일반적인 법률을 특수한

상황에 맞게 적용하는 것은 행정의 일이다. … 행정이 하여야 할 일을 지시하는 일반적인 법률은 분명히 행정의 밖에 그리고 위에 있다. 정부활동에 대한 광범위한 계획들은 행정적인 것이 아니다. 그러한 계획들의 세부적인 집행이 행정적인 것이다.

이것은 의지와 응답하는 행동의 구별이 아니다. 왜냐하면 행정인은 자신의 일을 성취하기 위한 수단을 선택하는 데 자신의 의지를 가져야 하고 또 그러하기 때문이다. 그는 단지 수동적인 도구가 아니며 그렇게 되어서도 안 된다.

윌슨의 공공행정에 대한 설명에서 공적인 것과 행정적인 것은 어떻게 이해되고 있는가? 행정은 정부의 활동이다. 행정은 그 활동의 주체가 정부라는 점에서 공적이다. 여기에서 정부는 입법부, 사법부, 행정부를 아우르는 넓은 의미의 정부가 아니라 행정부를 의미한다. "행정은 연방정부, 주정부 및 지방정부의 행정부, 연방 및 주의 의회가 설립한 독립규제위원회, 공기업, 기타 일정한 성격을 가진 기관들이 하는 활동이다. 여기서 정부의 입법기관과 사법기관 그리고 비정부적 기관의 행정은 분명히 제외된다"(Simon, Smithburg, & Thompson, 1950). 그리고 행정적인 것은 공법의 집행으로 설명된다. 따라서 공공행정은 정부에 의한 공법의 집행을 의미한다. 그러나 행정이 집행하는 공법은 행정이 아닌 다른 부문, 의회에서 결정된다. 행정은 정치의 영역 밖에 있다는 것이다. 따라서 윌슨의 경우, 공적인 것과 정치적인 것은 기관에 의해 분리된다.[4] 즉, 공적인 것은 집행부로서의 행정부를 의미하며, 정치적인 것은 입법부로서의 의회를 의미한다. 입법부는 포괄적이고 일반적인 법과 정책을 만들고, 행정부는 그것의 실현을 위

4) 본래 정치적인 것도 공적인 것의 범위에 포함된다. 그러나 여기에서는 공공행정의 '공공'에 한정하여 공적인 것의 범위를 표현한 것이다.

한 구체적인 활동들을 집행한다. 그렇다고 해서 집행부의 구성원들이 정치적으로 결정된 것들을 기계적으로 수행하는 도구에 불과한 것은 아니라고 본다. 그들은 당연히 주어진 과제를 실현하기 위하여 나름대로 자율적인 선택을 하기 때문이다. 그렇게 나름대로 과제를 완수하기 위하여 노력하는 행위를 단순히 집행으로 설명하는 데는 한계가 있는 것이 아닐까?

셋째, 최초의 교과서를 저술한 레오너드 화이트(Leonard D. White, 1926)의 경우를 보자. "행정은 국가의 목표를 성취하기 위하여 사람과 물적 자원을 관리하는 것이다. … 행정의 목적은 공적인 사업을 능률적으로 운영하는 것이다." 이 설명에 따르면, 공공행정에서 행정을 제한하는 공적인 것의 의미는 국가의 목표이다. 그리고 행정은 집행이 아니라 사람과 자원을 관리하는 행위로 설명된다. 국가의 목표는 행정에서 결정하는 것이 아니라 정치적으로 결정되어 행정에 주어지는 것이다. 여기에서 공적인 것은 국가의 목표를 의미하며, 정치적인 것은 입법부를 중심으로 하는 정치적 행위를 의미한다. 따라서 공적인 것과 정치적인 것은 다른 차원으로 이해된다. 행정은 기계적으로 집행하는 것이 아니라 자율적으로 선택하고 결정하는 관리행위로 이해된다. 드와이트 왈도(Dwight Waldo)의 행정 개념은 이러한 관리의 의미가 적절하게 반영되어 있다. "행정은 협동적 인간 행위의 한 국면이다. 행정은 정부의 목적을 성취하기 위하여 사람과 물적 자원을 조직하고 관리하는 것이다. 행정은 국가의 업무에 적용되는 관리의 기예이며 과학이다. 행정은 합리적 행동이다"(Waldo, 1955). 여기에서 공적인 것은 정부의 목적이며, 그것은 정치적으로 결정되어 행정에 주어진다. 공적인 것과 정치적인 것은 다른 차원에 있다. 행정은 협동적이며 합리적인 성격을 갖는 관리의 기예로 설명된다. 협동적이라는 특성은 공동의 행위에 참여하고자 하는 자발적 의지를 바탕으로 한다.

그리고 합리적이라는 것은 목적을 이루는 데 가장 좋은 대안을 찾기 위하여 창조적인 노력을 하는 것을 의미한다. 그러한 의미에서 행정은 집행 행위이지만, 단순히 도구적인 것이 아니라 자발적이고 합리적인 관리 행위라 할 수 있을 것이다. 행정을 관리로 이해하는 전통적인 입장은 기업의 경영기법을 수입하는 방식으로 재구성된다. 가령 크리스토퍼 후드(Christopher Hood, 1998)의 행정 개념은 그러한 입장을 잘 보여준다. "공공관리는 행정부의 구체적인 업무와 공공 서비스를 어떻게 설계하고 운영하는가에 관한 문제라고 느슨하게 정의할 수 있다. … 신공공관리(new public management)는 공공 서비스 공급에 대한 결과 중심적이고 관리지향적인 접근 방법이다." 후드에 의하면, 공공행정에서 공적인 것의 의미는 행정부이며, 정치의 영역과는 차원이 다르다. 그리고 행정은 바로 관리로 대치된다. 그러니까 공공행정은 공공관리로 재규정된다.

행정과 관리의 의미를 보면, 행정은 매우 복합적인 의미를 가지고 있는데 반하여 관리는 목적을 이루기 위한 도구적인 측면에 초점을 맞추고 있다. 관리는 전문가적인 지식과 판단을 중요하게 생각한다. 관리에는 일종의 엘리트주의적인 요소가 포함되어 있다고 볼 수 있다. 엘리트주의적인 요소가 강하게 작용하게 되면, 도덕적 가치나 민주주의적 가치들이 의미 있게 고려될 수 있는 가능성이 줄어들게 되지는 않을까?

넷째, 공공행정의 정치적인 속성을 강조한 폴 애플비(Paul Appleby)의 경우를 보자. 그에 따르면, 행정은 두 가지 측면에서 정치적이다. 물론 여기에서 말하는 정치적인 것은 정파적인 것을 의미하는 것이 아니다. "첫째 측면은 … 행정이 정책에 따라야 한다는 것, 즉 행정이 그 시대의 일반적인 정치적 상황을 지향해야 한다는 것이다. 이것은 기술적인 것을 일반적인 것과 정치적인 것에 따르게 하는 것을 의미한다. 둘째 측면은 … 행정이 대중의 비판, 태도, 요구에 적응하는 과정과 관련이 있다. 그것은 공공행정이 민주주의 사회를 지지하고 그것에 기여하도록 하는 행정의 방법, 기법, 그리고 정신과 관련이 있다"(Appleby, 1947). 여기에서 공적인 것은 곧 정치적인 것을 의미한다. 정치적인 것은 정파적인 권력게임을 의미하는 것이 아니라 정책을 수행하는 것과 국민의 통제나 투입을 받아들이는 것을 의미한다. 정책 수행과 국민의 통제는 행정이 민주주의를 수호하고 발전시키는 데 매우 중요한 의미를 갖는 것으로 보인다. 이러한 의미에서 공공행정은 입법부에서 만들어진 정책을 수행하고, 국민들의 존엄성과 가치 그리고 잠재력을 존중하고 그것에 이바지하는 활동이라 하겠다(Appleby, 1965). 여기에서 공적인 것은 행정에 대한 규범적인 가이드라인이 된다. 그러나 행정 자체의 의미에 대하여는 충분한 설명이 포함되어 있다고 보기 어렵다.

다섯째, 정치 과정에서 공공행정의 중요성을 강조한 왈라스 세이어(Wallace S. Sayre, 1958)의 경우를 살펴보자. 그는 공공행정을 중요한 정치 과정들 가운데 하나로 본다. 행정인들의 재량권 행사나 가치 선택 기능이 점차 확대되면서, 그들은 정치에 실질적으로 영향을 미치고 있다는 것이다. 여기에서 공적인 것은 정치 과정에서 실질적인 영향을 미치는 것을 의미한다. 정치 과정에 영향을 미친다는 것은 정책을 형성하고 결정하는 데 중요한 역할을 한다는 것을 의미한다. 따라서 헨리 램브라이트(Henry Lambright, 1971)는 공공행정을 공공정책 결정으로 규정한다. 공공행정의 정치적 속성은 단지 주어진 정책을 수행한다는 의미에 국한되지 않고, 직접 정책을 형성하고 결정하는 기능까지 포함한다. 따라서 공공행정의 공적 측면은 정치 과정에 참여하여 정책을 만드는 데 중요한 역할을 한다는 의미를 내포한다. 그러나 행정 자체의 의미에 대하여는 충분한 설명을 보기 어렵다.

여섯째, 공공행정을 거대한 통치구조 혹은 통치전략의 맥락에서 이해하는 경우를 살펴보자. 정부는 환경의 복잡성으로 인하여 공공의 문제들을 해결하는 데 많은 한계를 노정하고 있다. 상대적으로 시장을 지배하는 기업은 경제력을 바탕으로 사회 모든 영역에 대한 영향력을 더욱 강화시키고 있으며, 공익적 규범을 추구하는 시민사회의 결사체들의 성장 또한 괄목할 만하다. 따라서 정부는 국정 운영에 시민사회와 시장의 참여를 제도화함으로써 정당성을 확보하는 통치전략을 구상하게 된다. 이처럼 정부, 시민사회, 그리고 시장이 파트너십을 형성하여 협력적으로 국정을 운영하는 수평적 통치구조를 거버넌스(governance)라 한다(Jessop, 1998). 이러한 통치구조에서 공적인 것은 사회의 주요 세력인 시민사회 및 시장과 협력적인 파트너십을 구성하는 것을 의미한다. 시민사회의 공익적 판단과 시장의 효율성 논리가 행정의 공적인 의미를 확대 및 심화시켜줄 것이라는 기대가 내포되어 있다. 그러다 보니 거버넌스로서의 공공행정의 공적인 것에는 의회(입법부)에서 이루어지는 정치와는 관련성이 적다. 그렇다면 시민사회와 시장을 대표할 수 있는 기관은 무엇이며, 사람은 누구일까? 세 개의 사회 세력이 국정을 함께 운영한다면, 책임 관계는 어떻게 설정할 수 있을까? 선거를 통하여 선출된 의회의원들의 역할이 오히려 줄어드는 것은 괜찮은 것일까?

일곱째, 공공행정의 규범적 성격을 강조하는 로버트 덴하트(Robert B. Denhardt)의 경우를 살펴보자. 그는 1980년대 이후부터 현재까지 지배적인 공공행정 모델이라 할 수 있는 신공공관리의 규범적 한계를 비판하며, 신공공 서비스(new public service) 모델을 제시한다(Denhardt, 2000; Denhardt & Denhardt, 2007). 그 모델의 특성을 보자.

첫째, 조종하기보다는 봉사하라는 것이다. 점차적으로 강조되는 공무원의 중요한 역할은 사회를 통제하거나 조종하여 새로운 방향으로 이끌어나가는 것이 아니라 시민들이 그들의 공유된 이해를 분명히 하고 대응할 수 있도록 돕는 것이다.

둘째, 공익은 목적이지 부산물이 아니라는 것이다. 공무원들은 집합적으로 공유된 공익의 개념을 세우는 데 기여하여야 한다.

셋째, 전략적으로 사고하고, 민주적으로 행동하라는 것이다. 공공의 요구에 대응하는 정책과 프로그램은 집단적인 노력과 협력적인 과정을 통하여 가장 효과적으로 그리고 책임 있게 완수될 수 있다.

넷째, 고객이 아니라 시민들에게 봉사하라는 것이다. 공익은 사익들의 합이 아니라 공유된 가치에 대한 대화의 결과이다. 따라서 공무원들은 고객들의 요구에 반응하여야 할 뿐만 아니라 시민들과 그리고 시민들 사이에서 신뢰와 협력의 관계를 세우는 데 초점을 맞추어야 한다.

다섯째, 책임은 단순하지 않다는 것이다. 공무원들은 시장 그 이상에 대하여 주의를 기울여야 한다. 그들은 헌법과 법률, 공동체의 가치, 정치적 규범, 직업적인 표준, 그리고 시민들의 이익에 관심을 기울여야 한다.

여섯째, 생산성보다는 사람을 중시하라는 것이다. 공공조직과 그것들이 참여하는 네트워크들은 협력의 과정과 모든 국민에 대한 존중에 기초한 공유된 리더십을 통하여 작동될 때, 장기적으로 성공할 가능성이 더 크다.

일곱째, 기업가적 정신보다는 시민권과 공공 서비스를 중시하라는 것이다. 공익은 공적 자금이 마치 자신의 것인 양 행동하는 기업가적 관리자보다는 사회에 의미 있는 기여를 하고자 하는 공무원과 시민들에 의하여 더욱 향상될 수 있다. 신공공서비스로서 공공행정의 공적인 것은 규범적인 것을 의미한다.

마지막으로 행정을 철학적 실천으로 이해하고 있는 호지킨슨(Hodgkinson, 1978)의 입장은 음미할 만하다. 그에게 철학은 학문 분야가 아니라 합리적이고 논리적인 사고 과정을 의미한다. 그리고 철학적 사유를 통하여 공공의 가치를 추구하는 실천적 행위가 공공행정이라는 것이다. 그래서 공공행정은 행동철학(philosophy in action)이라는 것이다. 여기에서 공적인 것은 공공의 가치를 의미하며, 행정은 합리적인 행동을 의미한다.

지금까지 공공행정에 대한 다양한 설명을 살펴보았다. 전체적으로 공공행정에서 공적인 것은 좁은 의미의 정부(행정부), 정책 결정 및 수행, 민주주의적 가치 실현 혹은 공공의 가치 실현, 정치 과정의 구성 요소, 시민사회 및 시장과의 제도화된 협력 관계, 공익 등으로, 행정은 집행, 관리, 봉사, 행동철학 등으로 인식되고 있다. 공공행정은 공적인 것에 의하여 제어되는 행정이다. 그렇다면 '공적'이라는 수식어와 '행정'이라는 피수식어는 어떠한 방식으로 결합되어 있는 것일까? 기계적 결합물로 볼 수 있을까? 그렇게 볼 수 있다. 공공행정과 사행정을 구분하는 경우, 행정은 공통 요소이지만, '공적(公的)'과 '사적(私的)'이라는 수식어는 상황에 따라 탈부착이 가능하다. 이러한 방식으로 생각하게 되면, 공적인 것의 논리와 행정의 논리가 따로 있다고 할 수 있을 것이다. 그러나 일단 공공행정을 독자적으로 본다면, 생각을 달리할 수도 있지 않을까? 즉, 기계적 결합물이 아니라 화학적 결합물로 볼 수 있지 않을까? '공적'과 '사적'은 다른 원리를 가지고 있다. 공적인 것은 공익의 원리를, 사적인 것은 사익의 원리를 따른다. 그 원리는 행정의 대상에 대하여 적용되는 것이 일반적이지만, 행정을 수행하는 기관이나 주체에도 적용되어야 한다. 만약 공익을 추구하는 정부조직이 비민주적으로 운영된다면, 공공행정의 질을 좋게 평가할 수 있을까? 거꾸로 비민주적인 정부조직이 공익을 추구하는 데 적합한 조직이라 할 수 있을까? 공적인 것과 행정이 화학적으로 결합할 때, 공공행정의 본래적 의미가 적절하게 실현될 수 있는 것은 아닐까? 공적인 것과 행정이 건전하게 화학적인 결합을 이룰 수 방법을 찾는 것이 행정에 대한 철학적 사유의 근본적인 화두가 되어야 하지 않을까?

마지막으로 왈도의 제안을 들어보기로 하자.

> 이러한 관찰의 핵심은 … 우리의 역사에서 많은 것들이 '공적(public)'이라는 형용사에 대한 관심을 빼앗고, '행정(administration)'이라는 명사에 집중적으로 초점을 맞추도록 작용하였다는 것이다. 따라서 역설적으로 자율성을 획득하기 위하여 전략적으로 취하였던 선택이 이제 와서 우리의 생각을 중요한 의미에서 부적절하거나 쓸모없는 것으로 만들 위험에 처하게 되었다. '공적'이라는 말이 단지 형식적인 법적 범주일 뿐, 기술적으로, 조작적으로, 과학적으로 그리고 철학적으로 무의미하다 하더라도, 정부는 계속하여 거대산업으로 성장할 것이기 때문에 행정학과와 교육과정은 매우 번성하게 될 것이다. 그러나 그것들(행정학과와 교육과정)은 시장에 단지 실용적으로 적응함으로써 학문적 정체성을 규정하고 방향을 이끌어 가는 학문의 핵심을 상실하게 될 것이다. 나는 형용사 '공적'이라는 말에 의미를 부여하기 위한 신중한 노력을 제안한다(Waldo, 1965a: 55-56).

제 4 장

공공행정은 어디에서 이루어지는가?

저 방대한 행정적 전제(tyranny)의 네트워크는 … 바로 관료제 체제이다.
그것은 파리에서 네트워크의 줄을 잡아당기는 사람을 제외하고는
프랑스 전역에 자유로운 사람을 하나도 남겨두지 않는다.
— J. S. 밀, 『웨스트민스터 리뷰』(1837)

관료조직에서 사람들은 피할 수 없는 순환의 늪에 빠진다.
계층적인 관료조직은 일종의 지식의 계층조직이다.
상층은 세부적인 수준의 사항들에 대한 이해를 하층에 맡긴다.
반면 하층은 상층이 일반적인 수준의 사항들에 대한 이해를 가지고 있다고 믿는다.
그래서 모두는 서로 속는다.
— K. 마르크스, 『경제학-철학 초고』(2006)

미래는 관료제화에 달려있다.
— M. 베버, 『경제와 사회』(1968)

행정부 조직, 국회, 대법원, 정당, 공기업, 경제정의실천연합, 새마을운동연합회, 노동조합, 기업, 은행, 병원, 바티칸, 유엔, IMF 등 모든 조직에서는 행정이 이루어지고 있다. 공공조직, 준공공조직, 민간조직, 시민사회의 결사체를 지탱하는 것은 조직이라는 골격과 그 골격을 기반으로 이루어지는 행정활동이다. 공공행정은 공공조직이나 준공공조직에서 이루어지는 활동을 말한다. 이러한 의미에서 공공행정활동의 본질과 한계 등에 대한 성찰을 위하여는 그것이 이루어지는 제도적 혹은 조직적 공간에 대한 이해가 불가피하다 하겠다. 그렇다면 공공

행정이 이루어지는 제도적 공간은 어디일까? 그리고 조직적 공간은 어떠한 특성을 가지고 있을까? 일반적으로 정부는 공공행정이 이루어지는 제도적 공간을 대표한다고 볼 수 있다. 그리고 정부의 일반적인 조직적 특성을 관료제에서 찾을 수 있다. 한마디로 공공행정이 이루어지는 곳은 정부관료제라 하겠다. 그렇다면 공공행정이 이루어지는 제도적 공간으로서 정부란 무엇인가? 그리고 정부의 조직적 기반으로서 관료제란 무엇인가?

먼저 정부에 대하여 살펴보자. 정부는 대외적으로 국가를 의미하기도 한다. 가령 한국 정부나 미국 정부라는 표현은 그러한 예라 하겠다. 또한 정부는 정권을 의미하기도 한다. 가령 노무현 정부나 이명박 정부라는 표현은 그러한 예라 하겠다. 그러나 여기에서 우리의 관심 대상이 되는 것은 통치 체제로서의 정부이다. 그 의미를 좀 더 정확히 이해하기 위하여 정부의 어원과 사전적 의미를 추적할 필요가 있을 것이다.

정부를 뜻하는 영어 government의 어원을 추적해보자. government의 동사형인 govern은 13세기 후반부터 사용되었는데, 그 어원은 항해와 관련된 '배를 조종하는 것(to steer a ship)'을 의미하는 그리스어 kybernan에서 유래한다. 추정컨대 kybernan은 에트루리아인(Etruscan)을 거치면서 k가 g로 바뀌어 라틴어 gubernare로 바뀌게 된 것으로 보인다. gubernare는 '지휘하는 것, 지배하는 것, 인도하는 것, 통치하는 것'을 의미한다. 14세기 후반부터는 govern의 명사형으로 '통치 혹은 지배 행위'를 의미하는 government와 '통치 행위 혹은 방법'을 의미하는 governance가 사용되기 시작하였다. 단어의 생김새나 어원 그리고 근본적인 의미가 유사하지만, government는 주로 '통치가 이루어지는 체제(system by which a thing is governed), 특히 '국가'를 의미하는 것으로, governance는 '국가에서의 통치력(the governing power in a state)'을 의미하는 것으로 발전한다.[1)] 어원을 통하여 government는 '통치 행위'와 '통치가 이루어지는 체제'를 본질적인 의미로 담고 있는 것을 확인할 수 있다.

이제 government의 사전적인 의미를 살펴보자. 『메리엄웹스터(*Merriam-Webster*)』 온라인사전에는 다음과 같이 정의되어 있다.

> ① 통치행위 혹은 통치 과정; ② 통치 관청, 통치 당국, 통치 기능; ③ 지배, 정치 단위에 대한 지속적인 권력 행사와 그것을 위한 기능 수행; ④ 하나의 정치 단위가 권력을 행사하고 기능을 수행하는 조직, 그 조직은 권력의 분배에 따라 분화/ 통치 기능이 수행되는 정치적 제도, 법, 관습의 복합체; ⑤ 정치 단위의 통치 당국 혹은 조직을 구성하는 사람들의 집합체/ 정치 단위의 통치체를 구성하는 그리고 활동기관으로서 조직을 구성하는 공직자들의 집합체 / 미국 연방정부의 집행부 / 국가 혹은 다른 정치 단위의 주요한 정치적 집행사무를 담당하고 동시에 공무의 지휘와 감독에 책임이 있는 사람들의 소규모 집합체-의원내각제의 내각, 행정; ⑥ 정치학[2)]

거번먼트(government)에 대한 사전적 정의 역시 어원에서 발견한 것과 마찬가지로 크게 두 가지 의미를 내포하는 것으로 보인다. 하나는 '통치'이며, 다른 하나는 통치 기능을 수행하는 조직으로서 '정부'이다.

먼저 '통치'의 의미를 살펴보자. 통치는 '공권력을 행사하는 과정'을 의미한다. 이러한 의미에서 보면, 거번먼트는 '국가에서 권력을 행사하는 과정'으로 규정된 거버넌스 개념과 구별되지 않는다. 통치는 국가와 사회의 관계에서 이루어지는 권력 현상이다. 국가에 대한 사회

---

1) http://www.etymonline.com/index.php?allowed_in_frame=0&search=govern&search-mode=none
2) http://www.merriam-webster.com/dictionary

의 영향(투입)과 사회에 대한 국가의 영향(산출) 간에 존재하는 비례 관계에 따라서 통치의 성격이 달라진다. 투입과 산출의 비례 관계를 기초로 통치 체제를 유형화하고, 주권과 통치권의 관계를 살펴보자.

첫 번째 유형은 국가의 산출이 일방적으로 사회에 영향을 미치는 반면, 사회의 투입 능력이 완전히 상실되어 국가와 사회의 영역 구분이 사실상 불가능한 형태로서 전체주의적 통치 체제(totalitarian governing system)라 할 수 있다. 이 경우 주권은 전체주의적 통치 체제의 권력 중추에 속하는 것이며, 통치권과 주권은 구분이 되지 않는다.

두 번째 유형은 사회의 투입 기능이 활성화되고, 그것에 의하여 국가의 산출이 제한되는 형태로서 민주주의적 통치 체제(democratic governing system)라 할 수 있다. 이 경우 주권은 국민의 손에 있으며, 통치권은 주권에 의하여 위임된다.

세 번째 유형은 국가를 사회의 영향력으로부터 차단시킨 반면, 국가의 사회에 대한 영향력을 강화하는 형태로서 권위주의적 통치 체제(authoritarian governing system)라 할 수 있다. 이 경우 주권은 형식적으로 국민의 손에 있으며, 통치권은 실질적으로 주권으로부터 자유롭다.

네 번째 유형은 제도적으로 보장된 다양한 사회 세력들이 사회와 국가의 투입 과정에 참여하여 적절한 균형을 찾는 형태로서 제도적 통치 체제(institutional governing system)라 할 수 있다. 이 유형은 국가, 시민사회, 시장의 협치(協治, co-governing)를 내용으로 하는 일반적인 거버넌스 원리와 일맥상통한다. 이 경우 주권은 국민의 손에 있으며, 통치권은 주권에 의하여 위임된다.[3] 요약하면, 통치는 권력이

---

3) 민주주의적 통치 체제를 본래는 '자유'민주주의 통치 체제로 명명하였다. 그러나 민주주의에는 사회적 투입의 영향과 그에 대한 국가의 산출 반응을 강조하는 경우가 자유민주주의 말고도 사회민주주의가 있다. 이러한 투입과 산출의 관계를 자유민주주의로 적시

작용하는 '과정'에 초점을 맞춘 개념이다.

다음으로 '정부'의 의미를 살펴보자. 정부는 지속적으로 권력을 행사하고 기능을 수행하는 사람들의 집합체로서 조직을 의미한다. 그리고 그것은 통치 기능을 수행하는 제도, 법, 관습의 복합체이다. 통치조직으로서 정부는 권력을 분리할 수도 있고, 그렇지 않을 수도 있다. 가령 전체주의적 통치 체제나 권위주의적 통치 체제에서는 권력이 하나의 권력 중추에 집중된다. 그에 반하여 민주주의 통치 체제나 제도적 통치 체제에서는 권력의 분화를 통한 견제와 균형의 원리가 작동한다. 네 가지 통치 체제에서 정부의 의미는 국가의 통치조직(기관) 전체를 아우른다. 그리고 권력의 분화를 전제하는 통치 체제의 경우, 정부는 입법이나 사법 기능과 대비되는 집행 기능을 전담하는 조직을 정부로 보는 경우도 있다. 즉, 정부는 입법부, 사법부, 집행부를 아우르는 넓은 의미와 집행부만을 지칭하는 좁은 의미를 모두 가지고 있다(권영성, 2002: 961). 공간적 차원에서 정부는 중앙정부와 지방정부로 분류될 수 있다. 중앙과 지방정부의 분화가 권력의 계층적 질서에 따라 이루어진 것이라면 중앙집권적 통치 체제이며, 권력의 분화 원리에 따라 이루어진 것이라면 지방분권적 통치 체제라 하겠다. 그 밖에도 컴퓨터 및 정보통신기술(ICT)의 발달과 함께 오프라인(offline) 정부와 대비되는 온라인(online) 정부 혹은 '전자정부'가 등장했다. 한마디로 요약하면, 정부는 권력을 집행하는 '조직구조'에 초점을 맞추고 있으며, 다양한 유형을 포괄적으로 지칭하는 개념이라 하겠다.

다음으로 관료제에 대하여 살펴보자. 관료적 혹은 관료주의적이라는 표현은 정부가 국민의 말을 잘 듣지 않고, 권위적이고, 관료의 집

하는 것은 타당성이 떨어져 보인다. 따라서 이 글에서는 민주주의 체제라는 포괄적 명칭으로 수정하였다(허영, 2008: 203-205).

단이익을 추구하는 부정적인 행태를 비난하는 냉소적인 맥락에서 주로 사용된다.

> 공무원은 시민이 낸 세금을 물질적 기반으로 삼아 삶을 영위한다. 그 대가로 그들은 시민을 위하여 봉사한다. 그런데 요즘 제철을 만난 듯이 활짝 꽃핀 것이 관료주의이다. 고급관료들이 자신의 권한을 공익보다는 그들 집단의 안전을 위해 사용한다. 그들은 공익을 보호하는 데에는 무능하고 무책임하나 자신들의 이익을 추구하는 데에는 유능하다(송기호, 『머니투데이』, 2011.1.24).

실제로 관료제라는 말이 처음 사용된 경우를 보면, 부정적 용법이 일반화된 이유를 알 수도 있을 것이다. 영어의 bureaucracy는 프랑스어 bureaucratie에서 유래한다. 프랑스에서 18세기에 빈센트 드 구르네(Vincent de Gournay)가 정부를 비난하기 위하여 처음 만들어 사용하였던 말이다. bureaucratie는 사무실/관청을 의미하는 bureau와 지배를 의미하는 kratia가 결합된 용어이다. bureau의 어원은 어두운색 혹은 검은색을 의미하는 라틴어 burrus이다. 이 말은 공적으로 높은 지위에 있는 사람이 연설하는 곳의 탁상에 사용하는 천(탁상보)을 의미하는 bure를 거쳐서, 탁상을 의미하는 bureau로 발전하였다. 그리고 bureau는 탁상이 많이 모여 있는 곳을 의미하는 사무실이나 관청의 의미를 갖게 된 것이다. 어원에 따르면, 관료제는 사무실에서 이루어지는 지배를 의미한다. 그러니까 그것은 현실에 대한 구체적인 이해 없이 책상머리에 앉아서 이래라저래라 하는 탁상행정을 냉소적으로 표현한 것으로 볼 수 있다. 그러나 이러한 가치함축적인 관료제라는 용어는 19세기에 막스 베버(Max Weber)를 만나면서 객관적인 조직 유형으로 개념화된다.

제 1 절 베버의 경우

막스 베버(Max Weber)가 개념화한 관료제는 어떠한 특성을 가지고 있는 조직을 말하는 것인가? 베버는 관료제의 순수한 형태, 다시 말해서 이념형(ideal type)으로서 관료제의 특성을 다음과 같이 제시하고 있다(Weber, 1968: 956-963).

첫째, 법규, 즉 법률이나 행정 규정에 의하여 공식적인 권한의 영역이 존재한다. 관료조직이 추구하는 목적을 달성하는 데 필요한 규칙적인 활동들은 직무로 배분되어 있다. 이러한 직무의 수행에 필요한 명령권은 안정된 방식으로 분배되어 있으며, 여기에 할당된 강제 수단 역시 법규에 의하여 명확히 규정되어 있다. 이러한 직무의 계속적이고 규칙적인 완수를 위한, 그리고 직무에 상응하는 권리의 행사를 위한 명확한 규정이 만들어진다. 이러한 일반적 법규에 적합한 사람들이 임용된다.

둘째, 관직계층제(office hierarchy)와 심급제의 원칙이 존재한다. 하급 관청에 대한 상급 관청의 감독이라는 형태의 관청 상호 관계를 명확히 계통화한 상하위의 체계가 형성되어 있으나, 피지배자로 하여금 명확히 규정된 절차에 따라 하급 관청에서 상급 관청에 호소할 수 있는 가능성을 열어둔다. 이 같은 관료제의 유형이 완벽하게 발달하면 관직계층제는 획일적으로 조직화된다.

셋째, 사무의 관리는 원본 또는 초안의 형태로 보존되는 문서로 수행되며, 이런 일은 각급 초급 관리와 서기 등 직원들이 담당한다. 관청에서 근무하는 직원들과 이에 따르는 재물과 문서시설을 통틀어 사무실이라 한다. 근대적 관청조직에서는 원칙적으로 사무실과 사저가 분리되어 대체로 공무활동과 사생활이 구분되고, 공무상의 금전과 재산의 관리는 개인 재산과 별개로 이루어진다.

넷째, 사무관리는 전문적인 훈련을 전제로 한다. 공직자의 직무 수행은 비교적 면밀하고 엄격한, 그리고 습득 가능한 일반 법규에 의하여 행해진다. 따라서 이 같은 규정에 관한 지식은 공직자가 익히는 기술론이다.

다섯째, 직무활동은 직원의 전임노동을 요구한다. 이것은 과거의 겸직적인 업무 집행의 관행과 대조를 이루는 특성이다.

그렇다면 관직(공직)과 관료(공직자)는 어떠한 특성을 갖는가?

첫째, 관직은 전문직이다. 이것은 장기간에 걸친 노력을 필요로 하는 명확히 규정된 교육과정을 거쳐야 한다는 자격 요건과 일반적으로 규정된 특정한 시험의 합격이 임용의 전제 조건이라는 사실에서 잘 나타난다.

둘째, 관료는 피지배자에 비하여 현저하게 높은 신분적 사회평가를 희구하고 또 대체로 그것을 향유한다. 사회계층의 변동이 적고 안정적인 곳에서는 이러한 관료의 지위가 대단히 높고, 상대적으로 사회계층의 유동성이 심한 곳에서는 관료의 지위가 상대적으로 낮다.

셋째, 관직은 임명직과 선출직이 있다. 임명직은 순수하게 행정적 관료라 할 수 있다. 이들은 기술적 기준에 따라 일을 한다. 선출직은 정당과 국민에게 지나치게 의존하고 위계질서의 확립에 방해가 될 수 있다.

넷째, 관료에게는 종신성을 보장한다. 지위의 종신성은 자의적인 해임과 전임을 법률적으로 제한함으로써 개인적인 배려에 구애되지 않고 맡은 바 특정 직책을 단호하고 객관적으로 처리할 수 있도록 하는데 목적을 두고 있다.

다섯째, 대체로 관료는 고정된 봉급 형태의 화폐 보수를 받고 연금에 의한 노후의 보장을 받는다. 봉급은 원칙상 능률에 따라 계산되는 것이 아니고 오히려 신분에 상응하여, 다시 말해 근무의 종류 및 근속 연한에 따라 계산된다.

여섯째, 관료는 중요성이나 급료가 낮은 아래 지위에서 높은 지위에 이르는 출세를 겨냥한다. 이것은 관청의 위계질서에 대응한 것이다. 일반적인 관료는 두말 할 나위 없이 승진의 조건을 가급적이면 기계적으로 고정화하기를 원한다.

베버가 개념화한 관료제는 인력과 물적 자원 그리고 지식이나 기능을 동원하여 효율적으로 활용함으로써 조직의 유효성을 극대화할 수 있는 조직이라 할 수 있다. 그렇다면 관료제는 좋은 것인가? 그렇게 말하기 어렵다. 사실 베버는 관료제의 예찬론자가 아니다. 그가 관료제에 대한 비관적인 전망 속에서 제시한 몇 가지 고민들을 살펴보자.

첫 번째의 고민은 관료제의 도구적 성격과 관련된다. "관료기구는 일단 성립되면 파괴되기가 어렵기 때문에 이 기구가 속성상 가지고 있는 비인격성과 결부되어 그런 기구를 지배할 능력이 있는 사람이면 어느 누구에게나 재빨리 봉사한다"(Weber, 1968: 988). 이것은 관료조직이 정치적·경제적, 그리고 다양한 지배 이익에 봉사할 수 있는 '정밀한 기계'라는 사실에 대한 염려를 표현한 것이다. 관료조직은 악마에게도 천사와 마찬가지로 봉사를 할 준비가 되어 있다는 것이다.

두 번째 고민은 관료제의 권력적 속성에 대한 것이다. 관료제는 '전문성'과 '비밀주의'를 이용하여 권력적 지위를 확보하고자 한다. "관료주의적 행정은 항상 비밀을 고수하고 자신의 지식과 행동이 가급적 비판되지 않도록 숨기려는 경향이 있다"(Weber, 1968: 992). 따라서 행정에 관련된 지식에 문외한인 정치인들은 관료들의 영향을 받지 않을 수 없다.

세 번째 고민은 관료제의 발달이 전문가 양성교육의 중요성을 강조함으로써, 교양을 가진 '문화인'의 양성이라는 교육의 폭넓은 목적을 왜곡하는 문제이다(Weber, 1968: 998-1002).

선하건 악하건 상관없이 지배 권력에 봉사하는 도구로서 관료제, 전문성과 비밀주의에 근거하여 권력적 지위를 추구하는 관료제, 문화인보다는 전문인에 더 큰 의미를 부여하는 관료제는 궁극적으로 민주주의라는 또 하나의 근대적 기획에 위협적인 요소가 되고 있으며, 인간 이성의 비판적 능력을 심각하게 훼손시킬 가능성이 크다. 이처럼 관료제의 발달은 베버에게 대항하기 어려운 비관적인 미래로 나아가고 있는 것으로 비추어지고 있다.

그렇다면 관료제의 경직성과 그로 인한 비효율을 극복할 수 있는 방법은 없을까? 베버에게는 매우 어려운 문제이다. 그는 민주주의가 그 답을 일정 부분 만들어 줄 수 있을 것이라는 실현되기 어려운 희망을 갖는다. 베버에게 민주주의는 정치적 리더를 선출하는 제도적 장치이다. 그러니까 주기적인 선거를 통하여 카리스마가 있는 개혁적인 리더를 선출함으로써 관료조직의 경직성을 극복할 수 있다는 것이다. 조금 복잡하게 표현하면, 비일상적인 카리스마적 권위를 일상화함으로써 혹은 주기적으로 등장시킴으로써 관료조직의 한계를 넘어서자는 것이다. 이것이 왜 실현되기 어려운 희망일까? 그것은 바로 민주적 선거 자체가 가지고 있는 한계 때문이다. 선거는 훌륭한 정치인들 가운데서 가장 훌륭한 정치인을 선출하는 행위여야 하지만, 현실은 그렇게 되기가 매우 어렵다. 무엇보다도 유권자들은 후보자들에 대한 정보를 충분하게 가질 수 없다. 그러다 보니 어떤 후보자가 더 훌륭한지, 혹은 더 카리스마가 강한지를 알 수 없다. 또한 유권자들의 투표 행태가 항상 이성적인 것은 아니다. 때로는 사회적 분위기나 감정에 휩쓸리거나 다양한 사회적 관계에 의하여 동원되기도 한다. 그러다 보면, 어떤 후보가 카리스마가 있는지 설령 알고 있다 하더라도, 다른 후보에게 투표할 수도 있다. 따라서 선거가 카리스마가 있는 리더의 등장을 보장할 수는 없다. 이러한 측면에서 보면, 관료제가 우리에게 주는 혜택만큼, 아니 그보다 더 큰 정도로 우리들의 삶을 위험에 빠뜨릴 가능성이 농후한 것은 아닐까?

제 2 절 헤겔의 경우

지금까지 사회과학 분야에서 가장 많이 알려진 베버의 이념형 관료제를 중점적으로 살펴보았다. 베버의 관료제 이론은 객관적이고 기술적인 차원에서 구성되었기 때문에, 그 안에서 규범적인 의미를 도출하는 것은 쉬운 일이 아니다. 그렇다면 규범적인 차원에서 관료제를 살펴볼 수 있는 방법은 없을까? 관료제라는 말을 직접 사용하지는 않았지만, 게오르크 헤겔(Georg W. F. Hegel)의 철학 체계 안에서 관료제에 대한 규범적 관점을 발굴할 수 있을 것이다. 헤겔은 절대정신이 스스로 운동하는 과정을 거대한 철학체계로 완결시킴으로써(Hegel, 1983), 독일관념론을 완성한 철학자로 알려져 있다. 절대정신은 자기 자신을 밖으로 내보내고, 다시 자기 자신에게로 되돌아오는 변증법적 방식으로 자기 운동을 전개한다. 예컨대 정신의 변증법의 원리는 화가가 자신의 생각을 그림으로 표현하고, 그 그림을 통하여 자신을 확인하는 것과 같은 이치라 하겠다. 이처럼 정신이 자신을 밖으로 내보내는 과정을 외화(外化, externalization)라 하고, 밖으로 내보낸 것을 대상으로 바라보는 과정을 대상화(對象化, objectification)라 한다. 그리고 그러한 대상으로부터 자신을 확인하는 과정을 복귀 혹은 동일화(同一化, identification)라 한다. 그런데 이러한 변증법적인 운동은 단순히 순환적인 것이 아니라 나선형으로 상승하는 방식으로 이루어진다. 이처럼 헤겔의 철학은 절대정신이 가장 저급한 수준에서 가장 높은 수준의 절대정신인 자기 자신에게로 돌아오는 과정이 완결된 체계로 구성되어 있다.

변증법은 정신(正)이 자신을 자신과 대립하는 존재로 세우고(反), 그 존재가 자신임을 확인하는(合) 세 단계로 전개된다. 헤겔의 철학 체계를 크게 그려보면, 논리학→자연철학→정신철학의 세 단계로 전개된다. 그리고 각각의 단계 안에는 또 세 개의 단계가 있고, 다시 각각의 하위 단계 안에는 또 세 개의 단계가 있다. 논리학은 존재론→본질론→개념론으로 전개되며, 개념론에서 최고의 단계는 이념(idea)이다. 자연철학은 역학→물리학→유기적 자연학으로 전개되며, 유기적 자연학에서 최고의 단계는 동물적 유기체이다. 정신철학은 주관적 정신→객관적 정신→절대정신으로 전개되며, 절대정신의 최고 단계는 철학이다.

헤겔의 철학 체계에서 행정은 정신철학의 객관적 정신의 한 단계로 다루어지고 있다. 객관적 정신은 법→도덕성→인륜 단계로 전개되고, 인륜 단계는 다시 가족→시민사회→국가의 단계로 전개된다. 바로 객관적 정신의 최고 단계인 국가에서 행정이 다루어진다. 헤겔에게 국가는 인륜성, 즉 공동체의 보편적 도덕을 실현한 최고의 단계로 설정된다. 따라서 국가는 하위 영역인 가족과 시민사회를 공동체의 보편적인 도덕 원리로 이끌어가는 주도적 역할을 하는 존재로 인식된다. 국가의 보편적 도덕 원리로 시민사회를 계도하는 매개자의 역할을 하는 것이 바로 행정이다. 그러다 보니 행정은 단순히 목적을 이루기 위한 기술적인 활동이 아니라, 국가의 도덕 이념을 실현하는 실천적인 활동으로 이해된다. 따라서 헤겔의 철학 체계 안에서 공직자는 보편계급(universal class)으로 설명된다(Hegel, 1976: § 205). 왜냐하면 공직자의 목표는 보편적인 이익을 실현하는 것이기 때문이다. 공직자의 보편성은 시민들이 추구하는 사적인 이익과 비교해보면 분명해진다. 공직자는 국가의 기둥이다. 왜냐하면 공직자는 공적인 일에 대해 고도의 정치적 의식과 지식을 가지고 있기 때문이다(Hegel, 1976: § 297).

행정은 국가와 시민사회를 매개하는 역할을 한다. 그래서 행정 혹은 공직자들은 시민사회에 대하여, 그리고 군주에 대하여 다음과 같은 역할을 한다. 첫째, 행정은 시민사회의 결사체들이 자기 이익만 추구하는 집단으로 전락하는 것을 막기 위하여 결사체들을 관리 감독한다. 즉, 시민사회 결사체들의 이익 추구 활동이 국가의 보편적인 도덕이념을 지향하도록 유도한다는 것이다. 둘째, 공직자들은 군주가 최종적인 결정을 하는 데 필요한 구체적인 정보를 제공하는 역할을 한다. 또한 의사 결정을 돕기 위하여 일종의 위원회 역할을 할 수도 있다(Hegel, 1976: §§ 283, 289).

이러한 역할을 수행하기 위하여 행정은 어떻게 조직화되어야 할까? 헤겔이 구상하고 있는 조직의 원리는 베버가 이론화한 근대적인 관료조직과 거의 일치한다. 헤겔의 구상을 자세히 나열해보자(Hegel, 1976: §§ 290, 291, 294). 수행하는 과업의 종류에 따라 관할권의 기능적인 분화가 이루어진다. 분화된 부분들은 계층의 원리에 의하여 통합된다. 사무실은 현직자로부터 분리되어 있으며, 그 사이에는 어떠한 필연적인 연계도 존재하지 않는다. 관료조직의 기능들은 객관화되어 있기 때문에, 관료들이 반드시 천재적이어야 할 필요는 없다. 관직을 얻기 위하여는 신분이나 핏줄이 아니라 시험을 통하여 자신의 능력을 입증하여야 한다. 그렇기 때문에 근대 관료제는 전통적인 신분제를 약화시키는 경향이 있다. 그러한 의미에서 그것은 평등사회에 가장 적합한 행정조직이다. 관료들에게는 외부의 영향을 받지 않도록 하기 위하여 국가가 고정된 보수를 지급한다. 따라서 관료들은 공동선에 따라 자신들의 권한을 행사하여야 한다. 중앙 집중화된 관료조직의 가장 큰 이점은 국가의 사무를 처리할 때의 단순화, 속도, 그리고 능률성에 있다.

그렇다면 헤겔은 관료제에서 발생할 수 있는 부작용에 대하여 어떠한 생각을 가지고 있는가? 첫째, 작업의 분화가 지나치게 진행되면, 직원들의 활동이 기계화될 수 있다는 것이다. 그렇게 되면 행정의 중요한 역할인 도덕적 판단 능력을 상실하게 된다. 따라서 헤겔은 보편적인 관점에서 공적인 사건들을 평가할 수 있는 능력을 함양하기 위하여 윤리교육이 필요하다고 본다. 둘째, 관료들은 그들의 행동에 책임을 져야 한다. 그러나 관료들은 책임에 회피적이다. 따라서 관료들의 책임을 확보하기 위하여 통제는 필수적이다. 헤겔은 내적 통제와 외적 통제 방식을 제안한다. 내적 통제는 관료들에 대한 윤리교육과 조직의 규율에 의한 것이고, 외적 통제는 주권자와 시민사회의 결사체들의 감시에 의한 것이다(Hegel, 1976: §§ 295-297).

헤겔이 기술적인 측면에 초점을 맞추고 있는 베버와 결정적으로 다른 점은 규범적으로 관료제의 위상을 설정하고, 그 전제 위에서 기술적인 측면을 살피고 있다는 것이다. 다시 말해서 베버의 경우는 인과관계에 대한 지식을 기술적으로 적용하는 데 초점을 맞추고 있는 반면, 헤겔은 보편적 규범에 대한 지식을 도덕적으로 실천하는 데 초점을 맞추고 있다(Shaw, 1992).

제 3 절 관료제가 인간에 미치는 영향에 관하여

지금까지 관료제를 기술적 관점과 윤리적 관점에서 살펴보았다. 이제 관료제가 인간에게 어떠한 영향을 미칠 수 있는지, 그 가능성에 대하여 생각해보자. 인간은 사회적 존재이고, 어떤 사회적 조건에 노출되느냐에 따라 인성이 달라진다. 그렇다면 관료제는 어떠한 인간형을 창출할 가능성이 있을까? 관료제는 단순한 도구가 아니다. 모든 구성원은 관료제가 요구하는 바에 따라 조직 인격(organizational personality)을 형성하게 된다(Barnard, 1976; Simon, 1976). 조직 인격은 조직이 따르는 이념이나 가치를 내면화하면서 형성되는 인격으로서 개인의 본래 인격과 다를 수도 있다. 관료제가 개인의 조직 인격 형성에 어떠한 영향을 미치는지 살펴보자.

첫째, 관료조직 안에서 개인이 자신의 개성을 유지하면서 집단구성원으로서의 역할을 조화롭게 할 수 있을까? 경제 위기와 함께 실업률이 높아지고, 노동시장의 유연화로 직업 안정성이 심하게 위협을 받고 있다. 따라서 취직을 위한 노력이나 열망은 그 어느 때보다도 크다. 상황이 이렇게 나빠질수록 직장이 있다는 소속감만큼 심리적인 안정에 도움이 되는 것은 없을 것이다. 윌리엄 화이트(William H. Whyte, 1960)에 따르면, 소속감은 조직의 다른 구성원들과의 동질성에서 강화된다는 것이다. 동질화는 곧 개개인의 개성이 억압되는 것을 말한다. 관료제화된 기업이나 공공기관에 취직하고자 하는 열망이 크면 클수록, 그리고 그곳에서 낙오자가 되어서는 안 된다는 강박 관념이 크면 클수록 사람들은 자신의 욕구와 개성을 포기하고 조직에 전적으로 동화될 가능성이 커질 것이다. 이러한 현상이 일반화될수록 개인이 주체성을 갖는다는 것은 더욱 어려워질 것이고, 조직의 혁신 역시 불가능한 일이 되고 말 것이다.

둘째, 명령과 복종의 권력 관계를 토대로 하는 관료조직 안에서 개인은 어떠한 성향을 발달시키게 될까? 어떤 장관이 최근에 임기를 마치고, 정부종합청사를 방문하였다. 그런데 그가 탄 엘리베이터가 움직이지 않았다. 왜 그랬을까? 비서가 없었기 때문이다. 가끔 사람들의 입에 회자되는 우스갯소리이다. 관료조직에 불과 몇 년을 몸담은 사람의 행동이 그렇다면, 20, 30년 몸담은 사람은 어떨까? 명령과 복종의 권력 관계 안에서 잔뼈가 굵은 사람들은 권위주의적인 성향을 발달시킬 가능성이 크다. 그렇다면 권위주의적인 성향을 갖는 사람들은 어떠한 특성을 가지고 있을까? 권위주의는 일반적인 사실이나 상대의 의견은 무시한 채 기존의 권위에 기대어 사람을 대하거나 사태를 바라보는 사고 방식이나 행동 양식을 말한다. 그 내용을 좀 더 자세히 살펴보자. 데오도르 아도르노(Theodor W. Adorno)를 중심으로 한 연구팀에 의하면(Adorno et al., 1950), 권위주의적 성격은 옳고 그름에 대한 인습적인 믿음에 대하여 맹종적이다. 이미 승인된 권위에 대하여 순종적이다. 인습적인 생각에 찬동하지 않거나 생각이 다른 사람에 대하여 공격적이다. 사람에 대하여 부정적인 편견을 가지고 있다. 예컨대 사람들은 기회만 주어지면, 거짓말을 한다든지, 자신의 이익만을 추구한다는 성악설적인 인간관을 갖는다. 강력한 권력을 휘두르는 리더십을 원한다. 상황을 단순화해서 보며 이것 아니면 저것이라는 극단적인 방식으로 생각한다. 창조적이고 도전적인 생각에 저항적이다. 예컨대 자신의 생각을 선으로, 자신의 생각을 위협하는 주의주장들을 악으로 생각하는 흑백 논리를 따른다. 만만한 집단에게 자신의 불편한 감정을 투사하는 경향이 강하다. 예컨대 소수자, 여성, 동성애자 등에 대하여 극단적인 편견을 갖는다. 폭력과 섹스에 탐닉하는 경향이 있다. 권위주의가 가지고 있는 중요한 문제는 권위에 기대어 편안함을 느끼는 경향으로 말미암아 자유를 오히려 부담스러워하게 된다는 것이다. 에리히 프롬(Erich P. Fromm, 2006)은 이러한 경향성을 자유로부터의 도피라는 말로 표현한 바 있다.

셋째, 인간은 미성숙한 인간에서 성숙된 인간으로 성장하고 싶어한다. 다시 말해서 사람들은 의존적이고 순종적인 사람에서 상대적으로 독립적이며, 자율적이고, 당면한 세계에 대하여 상대적으로 통제력이 있는 사람으로, 별로 능력이 없는 사람에서 많은 능력이 있는 사람으로, 피상적인 능력을 가진 사람에서 깊이 있는 능력을 가진 사람으로, 단기적 시간관(時間觀)을 가진 사람에서 장기적 시간관을 가진 사람으로 성장하고 싶어한다. 관료제는 이러한 인간의 욕구를 실현하는 데 도움이 될 수 있을까? 크리스 아지리스(Chris Argyris, 1957; 1973)에 따르면, 조직이 관료제화되면 될수록, 개인은 오히려 미성숙한 사람의 속성들을 발달시키게 된다는 것이다. 게다가 조직에서 명령권의 행사가 강화되거나 리더십이 지시적이거나 혹은 조직의 관리 방식이 획일적일 때, 구성원은 더욱 미성숙한 사람으로 퇴화된다는 것이다. 그러다 보면, 조직의 구성원은 자신이 하는 일이 전체 조직의 목표와 어떠한 연관이 있는지, 장기적으로는 어떠한 의미가 있는지 생각하거나, 창의적으로 새로운 방법을 찾고자 노력하는 것이 오히려 조직생활에서는 불편하다는 경험을 하게 되고, 결국은 수동적으로 시키는 일만 잘하는 것이 가장 편한 길이라는 것을 깨닫게 된다는 것이다.

넷째, 관료제는 주어진 목적을 이루기 위하여 최적의 방법을 찾아 실현하는 데 유효한 조직이다. 다시 말해서 관료제는 목적을 이루기 위하여 잘 설계된 기계와 같다. 그러다 보니 관료제의 구성원들은 주어진 목적을 실현하는 데 가장 효율적인 수단을 강구하는 방식의 사고 방식과 태도를 내면화하지 않을 수 없다. 이러한 사고방식이나 태도를 일반적으로 도구적 합리성이라 부른다(Horkheimer & Adorno, 1972). 그렇다면 도구적 합리성이 사람들의 사고 방식과 태도에 어떠한 영향을 미치게 될까? 도구적 합리성의 초점은 목적이 아니라 수단에 맞추어져 있다. 그러니까 목적은 단순히 주어진 것이기 때문에 고려의 대상이 아니고, 단지 수단의 선택과 실현에 대하여만 집중하게 된다는 것이다. 사람들은 추구하는 목적이 인간의 존엄성이나 인간이 추구하는 가치를 실현하는 데 의미가 있는 것인지 그렇지 않은지를 따질 필요성을 갖지 않게 된다. 그렇게 되면, 관료제 안에서 사람들은 양심에 기초한 도덕적 사유의 능력이나 인간의 구속에 저항하는 비판적 사유의 능력을 상실하게 된다.

다섯째, 관료제는 지위와 지위의 관계 그리고 역할과 역할의 관계로 구조화된 조직이다. 그리고 그 구성원들은 주어진 지위와 역할을 실어 나르는 수레바퀴이다. 그래서 관료제의 특성 가운데 하나를 몰인격적이라 한다. 쉽게 말하자면, 사람들의 관계가 지극히 사무적이라는 것이다. 이러한 관료제의 특성이 인간에게 어떠한 영향을 미칠 수 있을까? 사람과 사람의 관계가 몰인격적인 역할 관계나 지위 관계에 의하여 지배되면, 사람들이 서로를 목적적 존재가 아니라 수단적 존재로 보게 된다. 즉, 사람과 사람의 관계가 인격적인 관계에서 도구적인 관계로 변질된다는 것이다. 사람들은 일을 수행하는 전문적 능력은 탁월하지만 정신 혹은 영혼이 없는 기계와 같고, 사람의 관계에서 느끼는 마음의 평안과 즐거움은 단지 육체의 쾌락으로 대체된다. 그래서 베버는 문명이 최고로 발달한 단계, 또는 관료제가 극단적으로 발달한 단계에서는 '정신이 없는 전문가, 가슴이 없는 향락자'가 최후의 인간으로 등장하게 될 것이라고 선언한다(Weber, 1988). 정신과 가슴이 없는 인간은 기계와 다를 바가 없다. 그래서 관료제는 일종의 거대한 톱니바퀴이고, 사람은 단지 하나의 톱니에 불과하다는 기계의 비유가 적절하게 보이는 것이다(이문수, 2008).

여섯째, 관료제는 분업과 전문화가 고도로 발달한 조직이다. 이러한 분업과 전문화가 인간에게 어떠한 영향을 미칠까? 분업과 전문화는 인간이 창안한 일의 방식들 가운데 가장 생산적인 것이다. 애덤 스미스는 『국부론』의 첫 장에서 분업이 가져다주는 생산성이 얼마나 큰지를 논증한 바 있다. 그런데 상식적으로 생각해보면, 조직 안에서 개인이 한 가지 분야의 일에만 집중적으로 몰입하게 되면, 그 한 가지 일에는 전문가일지 모르지만 다른 일에는 문외한이 되어버리는 결과를 가져올 수 있을 것이다. 이러한 상식적인 생각은 소스타인 베블렌(Thorstein Veblen)과 케네스 버크(Kenneth Burke)의 훈련된 무능력(trained incapacity), 존 듀이(John Dewey)의 직업병(occupational psychosis), 대니얼 워넛(Daniel Warnotte)의 직업적 기형(professional deformation) 등으로 개념화된 바 있다(Merton, 1957; Burk, 1935; Wais, 2005). 훈련된 무능력은 재능이나 기량이 오히려 눈을 멀게 하는 상태를 말한다. 전문성이 오히려 맹점이 되어 눈에 분명하게 보이는 문제를 인식하지 못하는 경향을 의미한다. 직업병은 정신병이라기보다는 개인이 조직이 요구하는 방식으로 조직생활을 하면서 편견을 가지게 되고, 직업적인 편견을 가지고 상황을 보는 마음의 상태를 말한다. 직업적 기형화는 상황을 넓은 관점이 아니라 전문직업적 관점에서 바라보는 경향을 의미한다. 다시 말해서 전문직업적인 훈련과 그와 관련된 사회화로 말미암아 개인이 세계를 바라보는 방식이 왜곡되는 것을 의미한다. 약간씩 주장하는 바의 초점은 다르지만, 전문화가 인간의 의식에 편견의 안경을 씌우고 있다는 점에서는 공통적이라 하겠다. 이러한 현상을 풍자적으로 묘사한 니체(F. W. Nietzsche)의 목소리를 들어보자. 간단히 이러한 풍자가 나오게 된 배경을 보자. 니체의 자라투스트라(Zarathustra)는 사람들로부터 예수처럼 불구자들을 치료해보라는 요청을 받는다. 그러자 자라투스트라는 진정한 불구자는 다른 곳에 있음을 강조한다. 그는 정상적이라고 주장하는 사람들의 초상이 어떤 것인지를 풍자적으로 그리고 있다. 그 초상화는 관료제가 지배하는 사회에서 길러내고자 하는 정상적인 인간의 모습이었다.

이를테면 하나를 너무 많이 갖고 있는 대신에 그 밖의 다른 것은 전혀 갖고 있지 않은 자들이 있는데, 이런 자들은 하나의 커다란 눈이거나 커다란 주둥이거나 커다란 배 아니면 또 다른 커다란 어떤 것일 뿐, 그 이상이 아니다. 나 이런 자들을 일컬어 거꾸로 된 불구자라 부른다. … '저것은 귀다! 사람만큼이나 거대한 귀다!' 나는 좀 더 자세히 살펴보았다. 실로, 그 귀 밑에 뭔가 움직이는 것이 있었다. 그것은 불쌍하게도 왜소하고 궁핍하며 가냘픈 그 무엇이다. 그리고 진정 그 거대한 귀는 작고 말라빠진 줄기에 얹혀 있었다. 줄기, 그것은 사람이었다! 안경을 쓰고 있었다면 작고 질투심으로 가득 찬 얼굴까지 볼 수 있었으리라. 심지어 부풀어 오른 영혼 하나가 줄기에 매달려 흔들거리는 것도 볼 수 있었으리라. 민중들의 말로는, 그 거대한 귀는 어떤 사람, 그것도 어떤 위대한 사람이며 천재라는 것이다. … 나는 그가 한 가지에서는 너무 많이, 그 밖의 모든 것에서는 너무 적게 갖고 있는, 거꾸로 된 불구자라는 생각을 버리지 않았다(Nietzsche, 2004: 236-237).

일곱째, 관료제는 구조적으로 경쟁적이다. 피라미드 조직은 위로 올라갈수록 사람들이 차지할 수 있는 자리의 수가 줄어든다. 그러니까 동일 계층에서 상위 계층으로 이동하는 과정은 치열한 경쟁의 과정이라 하겠다. 이러한 경쟁에서 무엇보다 중요한 것은 자신이 능력이 있음을 보여주는 것이다. 이를 위해서는 맡은 일을 그냥 완수하는 것이 아니라 남보다 잘 하여야 한다. 다시 말해서 다른 사람들보다 탁월한 성과를 만들어내야 한다. 이러한 관료조직의 경쟁적 특성이 사람들에게 어떠한 영향을 미치게 될까? 계층과 경쟁은 그 성격상 폭력적일 수밖에 없다(Thayer, 1973). 그 이유는 그것들이 개인적으로 의도가 있었건 없었건 상관없이 낙오자를 양산하고, 그들에게 사회적 죽음을 강요하기 때문이다. 그러다 보니 사람들은 살아남기 위하여, 그리고 자신의 능력을 보여주기 위하여 다른 사람의 강요 없이도 자발적으로 자기 자신을 착취하게 된다. 그런데 문제는 이러한 자기 착취가 영원히 가능한 것이 아니라는 점이다. 나이를 먹던 아니면 다른 경쟁자가 더 많은 성과를 만들어내던 여러 가지 이유 때문에 사람들은 좌절을 경험하지 않을 수 없다는 것이다. 그래서 사람들은 잠재적으로 우울증의 상태에 빠져 있다고 할 수 있다.

> 우울증은 성과 주체가 더 이상 할 수 있을 수 없을 때 발생한다. 그것은 일차적으로 일과 능력의 피로이다. 아무것도 가능하지 않다는 우울한 개인의 한탄은 아무것도 불가능하지 않다고 믿는 사회에서만 가능한 것이다. 더 이상 할 수 있을 수 없다는 의식은 파괴적 자책과 자학으로 이어진다. 성과 주체는 자기 자신과 전쟁 상태에 있다. 우울증 환자는 이러한 내면화된 전쟁에서 부상을 입은 군인이다. 우울증은 긍정성의 과잉에 시달리는 사회의 질병으로서, 자기 자신과 전쟁을 벌이고 있는 인간을 반영한다(한병철, 2012: 28).

제 4 절 관료제와 민주주의의 관계에 관하여

베버는 관료제와 민주주의의 관계에 대하여 비관적이다. 관료제가 좀 더 완벽하게 발전하면 할수록 민주주의는 위험에 빠지게 된다는 것이다. 과연 관료제와 민주주의의 관계는 비관적일까? 물론 그렇게 보일 수도 있고, 그렇지 않을 수도 있다. 관료제의 특성을 보면, 민주주의에 위협적인 부분이 많이 보인다. 그러한 부분을 집중적으로 보게 되면, 관료제와 민주주의의 관계가 비관적으로 보일 수밖에 없을 것이다. 다른 한편으로 역사적인 사실을 생각해보면, 반드시 그런 것만은 아니다. 대중민주주의의 발전과 관료제의 발전이 함께 이루어졌기 때문이다. 그렇다면 양자의 관계를 어떻게 볼 수 있을까? 일종의 딜레마(dilemma) 관계에 있는 것으로 볼 수 있다(Etzioni-Halevy, 1983). 딜레마는 두 번을 의미하는 di와 명제나 제안을 의미하는 lemma의 합성어로서, 진퇴양난의 상태를 말한다.

먼저 관료제가 민주주의에 대하여 갖는 부정적 측면과 긍정적 측면을 보자. 관료제는 국민에 대한 많은 정보를 다루기 때문에 사생활을 침해할 가능성이 있다. 또한 의회와의 관계에서도 정보와 전문성의 우위를 이용하여 의회를 압도할 수도 있다. 이러한 측면에서, 관료제는 개인의 권리와 대의정치를 훼손함으로써 민주주의를 위험에 빠뜨릴 수 있다. 그러나 관료제는 민주주의의 실현에 도움을 줄 수도 있다. 정치인들은 유권자의 표심(票心)을 얻기 위하여 기회주의적으로 행동함으로써 공공문제 해결 과정에서 균형 감각을 잃어버릴 수 있다. 그러나 관료제는 유권자의 눈치를 보지 않고 전문적인 능력에 기초하여 전체적인 균형을 고려하여 공공의 문제를 해결할 수 있다. 이러한 측면에서 관료제는 민주주의의 발전에 긍정적으로 기여할 수 있다.

다음으로 민주주의가 관료제에 대하여 갖는 이중적인 측면을 보자. 민주주의는 관료제가 어느 정파에도 치우치지 않고 불편부당하게 임무를 수행할 것을 요구한다. 우리는 이를 정치적 중립성이라 부른다. 그런데 민주주의는 관료제가 정치적으로 임무를 수행할 것을 요구하기도 한다. 관료조직은 선거에서 승리한 정파가 공약한 정책을 실현하는 데 최선을 다하여야 한다. 그러다 보면, 관료제는 간접적으로 특정한 정파를 지지하는 것이다. 이처럼 민주주의는 관료제에 대하여 정치적이어서는 안 된다고 하면서 동시에 정치적이어야 한다는 모호한 사인(sign)을 보내고 있는 것이다.

이상에서 관료제가 인간에게 미치는 영향과 관료제와 민주주의의 관계에 대하여 살펴보았다. 인간에게 미치는 부정적인 영향들을 보면, 관료제를 당장 버려야 할 것처럼 느낄 수도 있을 것이다. 그러나 그것은 현실적으로 불가능하다. 부정적인 영향을 강조하는 것은 좀 더 인간적인 관료제의 가능성을 찾고자 노력하여야 한다는 것을 알리기 위한 것이다. 또한 관료제와 민주주의의 딜레마 관계를 보면, 양자의 관계를 지나치게 비관할 것도 낙관할 것도 아니라 하겠다. 그러한 의미에서 우리는 관료제라는 어마어마하게 거대한 공룡을 어떻게 길들일 것인가 하는 과제를 푸는 데 초점을 맞추어야 하지 않을까?

제 5 장

공공행정은 무엇을 추구하는가?

공공행정이 수행하는 기능에 대하여 생각해보자. 공공행정은 무엇보다도 의회에서 결정된 법률을 집행하는 기능을 한다. 법은 포괄적이고 일반적인 사항을 규정한다. 법을 집행하여야 할 현실은 특수하고 다양하다. 법의 집행 과정에는 다양한 이해관계자들이 때로는 상충하는 생각들을 가지고 갈등을 일으키기도 한다. 공공행정은 법에 대한 해석을 통하여 특수한 상황에 적용하거나 이해관계의 갈등을 조정한다. 이처럼 공공행정은 구체적인 상황에서 법의 효력이 발생하게 함으로써 사회의 조화와 질서를 유지하게 된다. 정의의 실현을 통한 사회의 조화와 질서 유지는 결국 사회의 구성원들이 함께 살아가는 데 필수적인 것이다. 사회의 조화와 질서 유지를 위한 일체의 활동은 궁극적으로 사회구성원들에게 '이익'이 된다. 가령 치안을 유지하기 위한 공공행정 활동은 구성원들의 생명과 재산에 대한 권리, 그리고 자유권을 보장하는 것으로 모든 사람에게 이로움을 준다. 또는 고속도로를 건설하는 공공행정 활동은 구성원들의 경제적 활동이나 사회적 이동에 이로움을 준다. 이러한 의미에서 공공행정은 사회구성원들의 이익, 즉 '공익(public interest)'을 추구한다고 말하는 것이다.

제 1 절 슈버트와 맨스브리지의 공익 개념

공익은 논쟁적인 개념이기 때문에, 개념적인 성찰을 위하여 우선 그것에 관한 이론적인 흐름을 참고할 필요가 있다.[1] 그 가운데에서도 공익에 대한 이론들을 범주화한 그렌든 슈버트(Glendon Schubert)와 제인 맨스브리지(Jane J. Mansbridge)의 설명은 공익에 대한 사고의 흐름을 이해하는 데 도움이 될 것이다. 먼저 슈버트(Schubert, 1960)의 경우를 살펴보자. 그는 공익이론가들을 합리주의자, 이상주의자, 현실주의자로 범주화한다. 합리주의자는 모든 시민이 공유하고 있는 가치, 다수가 공유하는 가치, 혹은 공공 의지를 반영하여 정치적 프로그램으로 만들어지거나 법령화된 가치와 같이 사회의 개인들이 이미 지니고 있는 실제적인 가치를 공익으로 이해한다. 따라서 정책결정자는 사회구성원들이 공유하고 있는 가치의 해석자라 할 수 있다. 그러나 개인들이 공유하고 있는 가치를 식별한다는 것이 매우 곤란하다는

---

1) 백완기(1981), 박정택(1990; 2007), 하태수(2002), 임의영(2009), Schubert(1960), Held (1968), Mansbridge(1998), Bozeman(2007) 등 참조.

것이 합리주의자들의 한계라 하겠다. 이상주의자는 공공정책을 결정하는 데 공중(公衆)을 불신한다. 그리고 바람직한 결정에 이르기 위하여는 공무원과 정치가의 지혜에 맡기는 것이 유리하다는 엘리트주의적인 태도를 취한다. 따라서 정책결정자는 공익의 결정자가 된다. 개인적인 욕망과 이해 관계 그리고 제한된 지식을 가진 정치가와 공무원이 양심적으로 지혜를 총동원하여 결정을 내릴 것이라고 생각하는 것은 말 그대로 이상적인 것에 불과한 것이 아닐까? 현실주의자는 사회를 다양한 이익을 추구하는 집단들의 집합체로 이해한다. 즉, 다양한 이익집단의 경쟁을 전제하는 다원주의의 입장을 따른다. 따라서 공동 이익이나 국가 이익은 집단의 이익을 초월하여 존재할 수 없다. 그리고 정책결정자는 결정자의 역할을 수행하기보다는, 오히려 경쟁하는 집단들이 타협점에 도달할 수 있도록 도움을 주는 중재자나 조정자의 역할을 수행할 것이 요구된다. 중재나 조정을 통하여 도달한 합의점이 곧 공익이 된다. 그러나 그렇게 되면, 정책결정자에게는 어떠한 책임도 물을 수 없게 되는 것이 아닐까?

다음으로 맨스브리지(Mansbridge, 1998)의 경우를 살펴보자. 그녀 역시 세 가지 유형의 공익 개념을 제시하고 있다. 첫째, 가장 일반적으로 학자들이 주장하는 공익 개념은 산술적으로 사회구성원 모두에게 혹은 좀 더 다수의 사람에게 이익이 되는 경우이다. 따라서 공익의 결정에 기본이 되는 것은 다수결의 원칙이다. 그러나 이 개념은 소수의 권익이 위협받을 위험성을 내포하고 있다. 둘째, 개인이 아니라 개인이 속한 집단, 공동체, 정치 체제 자체에 이익이 되는 경우를 공익으로 보는 입장이다. 따라서 공익의 결정에 기본이 되는 것은 개인에 대한 집단 우선의 원칙이다. 그러나 이러한 공익 개념은 개인의 권리가 집단의 이익이라는 명분에 의하여 침해될 가능성을 내포하고 있다. 셋째, 공익을 선험적으로 주어지는 것으로 보는 것이 아니라 사회구성원들이 정당한 절차와 토론을 통하여 구성하는 것으로 보는 입장이다. 따라서 공익의 결정에 기본이 되는 것은 소통 합리성의 원칙이다. 그러나 다양한 개인들로 구성된 사회는 대학의 세미나실과 달리 합의 도출이 매우 어렵다.

제 2 절 공익의 일반적 의미

그렇다면 공익이란 무엇일까? 가장 상식적인 차원에서 공익에 대한 고민을 시작해보자. 사람들이 가장 흔하게 하는 대답은 '모든 사람에게 이익이 되는 경우'라는 것이다. 조금 신중한 대답은 '다수의 사람에게 이익이 되는 경우'라는 것이다. 공익, 즉 공공의 이익에서 '공공'은 '일반적인 것', '보편적인 것', '다수와 관련된 것'이라는 의미를 갖는다. 따라서 '모든' 혹은 '다수의' 사람에게 이익이 되는 것이라는 해석은 타당한 것으로 보인다. 그러나 사회는 다양한 사람들로 구성되어 있기 때문에 '모든' 사람에게 이익이 되는 경우를 찾는 것은 흔한 일이 아닐 것이다. 그러다 보니 '다수'는 '모두'보다는 상대적으로 실현가능성이 높은 조건이라 할 수 있다. 실제 공공행정 활동을 보면, 가장 일반적인 공익적 판단은 어떤 결정이 '다수의 이익'을 보장할 수 있을 가능성에 의존한다. 공익을 다수의 이익이라 규정하게 되면, 우리는 당장 다수에 포함되지 않는 '소수의 이익' 문제에 부딪히게 된다. 소수의 이익에 대한 적절한 조치가 없다면, 사회의 조화는 불가능하게 된다. 경험적으로 우리는 이 문제에 대한 답을 가지고 있다. 가령 도로를 건설할 때, 그로 인하여 피해를 보는 사람들에게는 보상을 함으로써 문제를 해결한다. 그러니까 다수의 이익은 소수의 이익을 보장하는 조건 아래서 정당화될 수 있다는 것이다. 그렇게 해서 공익은 '소수의 이익을 보장하는 조건 하에서 다수의 이익'이라는 좀 더 신중한 대답에 도달하게 된다.

'소수의 이익을 보장하는 조건 하에서 다수의 이익'이라는 공익 개념은 도전을 받을 가능성이 적지 않다. 사회 전체가 공멸하는 것이 명약관화한 경우 소수의 이익을 보장하여야 한다는 규범이 받아들여질 수 있을까? 망망대해에 떠 있는 배에 다섯 명의 사람이 타고 있는데, 그들 가운데 어느 한 사람이 배에서 내려야만 모두가 살 수 있다면, 한 사람의 이익을 보장한다는 것이 가능할까? 예가 너무 극단적이라 당황스러울 수도 있을 것이다. 그러나 2001년 9·11 테러는 이러한 문제에 부딪혔을 때 느끼는 당혹감을 덜어주는 결과를 가져왔다. 9·11 테러는 세계사적 사건으로 사람들의 생각과 행동에 심각한 변화를 가져왔다. 특히 9·11테러는 불특정 다수를 대상으로 하는 것이었기 때문에 그것이 불러온 공포는 이루 말할 수 없었다. 세계적으로 테러와의 전쟁이 선포되면서 공공행정의 논리 역시 변화되고 있다. 민주주의는 인권을 금과옥조로 삼는다. 그러나 9·11 이후 보장할 필요가 없는 인권도 있다는 생각이 일반화된다. 어떤 테러단체가 조만간 테러를 감행할 것이라는 첩보를 접한 경찰이 그 단체와 관련되어 있다고 추정되는 용의자를 잡았다고 가정해보자. 그 용의자의 자백 여하에 따라 수천 명의 사람이 생명을 잃을 수도 있는 긴박한 상황이라면, 고문을 허용하여야 할까? 9·11 직후 부시 행정부는 고문을 인정하기도 하였다. 9·11은 공공행정에 '다수의 이익을 위하여 소수의 권익을 보장하지 않을 수도 있다'는 생각을 유산으로 남겼다. 긍정하기도 부정하기도 어려운 문제이다. 9·11테러 이후 '소수의 권익을 보장하는 조건 하에서 다수의 이익'이라는 공익 개념과 '다수의 이익을 위하여 소수의 권익을 보장하지 않을 수도 있다'는 공익 개념이 충돌을 일으키고 있다. 미국에서 테러와의 전쟁을 명분으로 고문을 주도하였던 사람이 자신을 정당화하는 논리와 그에 대한 반론이 어떻게 전개되고 있는지 그 양상을 살펴보자.

'미국판 이근안'의 항변 "내 기술 덕에 추가 대형 테러 막았다"

국가 안위를 위해 필수불가결한 선택인가, 그저 참혹한 인권 유린인가. '테러와의 전쟁'을 선포한 부시 행정부 당시 테러 용의자를 대상으로 정당시됐던 '고문'에 대한 논란이 미국에서 고조될 전망이다. 미 CBS 방송의 대표적 탐사 추적 프로인 〈60분〉은 26일(현지 시간) 호세 로드리게스와의 인터뷰를 녹화했다. 로드리게스는 미 중앙정보부 내 비밀국(Clandestine Service) 책임자로서 2001년 9·11테러 이후 할리드 셰이크 모하메드와 아부 주바이다 등 알카에다 고위 간부들을 심문한 당사자이다. 『강경 수단(*Hard Measures*)』이란 제목의 책을 펴낸 것을 계기로 〈60분〉에 출연한 로드리게스는 "내가 한 행위들로 인해 미국인들의 생명을 구했다는 것을 확신한다고 말했다. 이어 "나는 향상된 심문 기술을 사용했을 뿐이며, 후회는 없다"고 덧붙였다. 그는 알카에다의 추가 테러 계획을 알아내기 위해 물고문과 잠 안 재우기 등의 고문을 했고, 이는 합법적이고 효과적인 직무 수행이었다고 주장했다. 그는 고통스런 자세와 알몸 만들기, 모욕적인 구타 등은 "피의자들이 점차 절망감을 느끼게 하고 차라리 수사에 협조하자는 생각이 들게 만드는" 심문 프로그램이라고 말했다. 그는 이러한 방법으로 "그가 만나본 피의자 중 가장 '강적'이었던" 할리드 셰이크 모하메드마저 입을 열게 만들었다고 전했다. 9·11테러의 주모자로 알려진 모하메드는 처음에는 협조하지 않았지만 물고문과 잠 안 재우기 등 "향상된 심문 기술의 축적 효과 때문에" 마침내 정보를 털어놓았다고 로드리게스는 밝혔다. 그는 모하메드와 다른 알카에다 요원들로부터 얻은 정보로 최소 10건의 대형 테러 계획을 미리 막을 수 있었다고 주장했다. 그러나 그의 '향상된 심문 기술'이 임박한 테러를 예방하는 데 별 도움이 되지 못했다는 CIA 감찰국장의 지적에 대해 로드리게스는 "(자신이 캐낸 정보로 알카에

다의 테러 계획을 방지하지 못했다면) 알카에다는 탄저병 테러나 핵무기 테러, 브루클린 다리 폭파 같은 테러를 감행했을지 모를 일이다"라며 자신을 변호했다. 또 모하메드가 오사마 빈라덴에 대한 정보(은신처 등)를 제공한 것이 아니기 때문에 완전히 그를 꺾은 것은 아니라는 지적에 대해 로드리게스는 "그들이 우리에게 주는 정보에는 한계가 있다"고 인정했다. 그는 오바마 행정부가 '향상된 심문 프로그램'을 중단시킨 것은 유감이라며, 백악관이 테러와의 전쟁에 나서는 미국인들의 손을 묶어둔 셈이라고 주장했다. 그는 "우리는 더 이상 아무도 체포할 수 없게 됐다. 현 정부의 태만한 선택은 전쟁포로들을 모두 죽이는 것이다. 그러면 더 이상 테러범 수감자들은 없을 테니까. 현 정부의 선택은 드론(무인폭격기)이다. 이것이 어떻게 테러범들을 체포하는 것보다 더 윤리적일 수 있는가"라고 말했다 (머니투데이, 2012.4.27).

테러 용의자에 대한 고문을 찬성하는 입장은 한 사람을, 그것도 테러 용의자를 고문하여 수많은 사람의 목숨을 구할 수 있다면, 고문이 허용되어야 한다는 것이다. 100명의 테러 용의자들 가운데 고문을 통하여 99명은 혐의가 없고, 한 명에게서 자백을 받았다 하더라도, 그것이 1억 명의 생명을 구하는 데 도움이 되었다면, 99명의 희생은 불가피하다는 것이다. 그리고 선의의 피해자를 줄이기 위하여는 좀 더 향상된 고문 기술이 활용될 필요가 있다는 것이다. 이는 다수의 이익을 위하여 소수의 이익을 보장하지 않을 수도 있다, 혹은 희생시킬 수도 있다는 생각을 내포하고 있다. 일반적으로 공리주의적인 사고 방식은 이러한 원리를 주장하는 근거가 된다. 공리주의에 의하면, 사회 전체의 효용이 극대화될 수 있다면, 소수의 희생도 불가피한 것으로 정당화될 수 있다. 테러 용의자에 대한 고문을 반대하는 입장은 기사에 나온 것처럼 고문의 실효성이 낮다는 점을 강조할 수 있다. 그러나 이는 결국 고문의 실효성이 크다면 허용할 수도 있다는 어중간한 입장이라 할 수 있다. 좀 더 일반적인 반대 주장은 어떠한 이유라도 개인의 권리를 침해하는 것은 허용될 수 없다는 원칙에 의존할 것이다. 인권은 보편적인 것으로서 내외국인을 구분하지 않는다. 이러한 측면에서 보면, 고문은 단지 폭력에 불과할 따름이다. 설령 고문을 하지 않았기 때문에 많은 사람이 희생되었다 하더라도 고문은 허용되어서는 안 된다는 것이다. 이러한 입장은 개인의 권리에 절대적인 중요성을 부여하는 자유주의 전통에 의존하는 것이다. 이는 다수의 이익을 위하여 소수의 이익이 희생되어서는 안 된다는 입장이다. 두 입장 가운데 어느 것이 옳은 것일까? 어느 것이 진정으로 공익에 가까운 것일까? 분명한 것은 기존의 인식 프레임에서는 답을 찾기 어렵다는 것이다. 두 입장은 다수의 이익과 소수의 이익 간의 '갈등'을 주어진 것으로 전제하는 프레임을 가지고 문제를 바라보고 있기 때문에 해결책을 찾기 어렵다. 오히려 다른 프레임에서 접근하는 것이 '소수의 이익을 보장하는 조건 하에서 다수의 이익'이라는 공익의 의미에 좀 더 가까이 접근할 수 있을 것이다. 고문은 테러라고 하는 극악무도한 행위를 배경으로 한다. 그리고 국제적 테러는 국가 간의 이해 관계가 조화보다는 갈등적 상황에 있을 때 발생한다. 그러니까 고문의 문제를 초월하는 방법은 국제적 테러가 발생하게 된 근본적인 원인을 찾아 제거하는 것이다. 그러니까 반(反)테러 장치로서 고문이 논의되는 것이라면, 테러가 없어지는 상황에서는 고문이라는 기술이 논의될 필요가 없을 것이다. 그렇게 된다면 소수의 이익과 다수의 이익이 조화를 이루는 결과를 가져올 수 있지 않을까?

'소수의 이익을 보장하는 조건 하에서 다수의 이익'이라는 공익의 의미에 내포된 문제들을 성찰하기 위하여는 '다수'와 '이익'의 의미를 좀 더 정교하게 살펴볼 필요가 있다.

제 3 절 다수의 의미에 관하여

다수의 의미에 대하여 생각해보자. 첫째, 다수는 말 그대로 '수가 많은 것'을 의미한다. 그렇다면 무엇의 수가 많다는 것을 의미하는가? 가령 1인 1표제와 다수결의 원칙을 따르는 민주주의적 정치 체제에서는 사람의 수가 많은 것을 다수라 한다. 그리고 1주 1표의 원칙을 따르는 주주총회에서는 주식의 수가 많은 것을 다수라 한다. 그러니까 같은 다수결의 원칙이라 할지라도, 사람의 수에 의하여 결정될 수도 있으며, 주식의 수에 의하여 결정될 수도 있다. 공익의 개념은 상식적인 관념상 돈이나 권력이 아니라 사람을 단위로 한다. 공익 개념의 다수라 함은 사람 수가 많은 것을 의미하는 것으로 보는 것이 타당하다. 이러한 전제 위에서 다시 다수의 의미를 검토해보자. 다수의 의미는 다수결의 원칙을 충실하게 따르는 의회의 의사 결정 과정이나 국민투표에서 가장 쉽게 확인할 수 있다. 다수결의 원칙에서 다수는 '사람의 수가 많은 것'을 의미한다. 여기에서 유념하여야 할 것은 많고 적음은 절대적인 것이 아니라 상대적인 것이라는 점이다. 하나보다는 둘이 많고, 둘보다는 열이 많으며, 열보다는 백이 많다. 여기에서 둘이 하나보다 많은 정도는 열이 하나보다 많은 정도 혹은 백이 열보다 많은 정도에 견주면 크지 않다. 어느 정도의 차이가 있어야 많다고 할 수 있을까? 백 명이 투표에 참여하여 50대 50의 찬반이 나왔다면, 다수를 결정할 수 없다. 그렇다면 50명 찬성, 49명 반대, 1명 기권의 경우, 50표의 찬성이 다수이고, 49표가 소수라고 말할 수 있을까? 그렇게 말할 수도 있고, 그렇지 않을 수도 있다. 만약 투표 전에 '과반수 이상'을 다수의 의미로 정하였다면, 다수라고 말할 수 있다. 그럼에도 불구하고,

우리는 그 '과반수 이상'이 왜 다수인지를 묻는다면, 답하기 어렵다. 과반수를 넘는 한 표가 다수와 소수를 나누는 정도의 차이를 반영할 수 있을까? 답하기 어렵다. 우리는 헌법에서부터 동호회 규정에 이르기까지 다양한 다수결의 기준을 볼 수 있다. 1/2, 2/3, 3/4 등등. 그렇다면 이러한 다수의 기준은 무엇에 근거하고 있는 것일까? 이런 정도의 대답은 가능하다. 사안의 중요성에 따라 다수의 기준이 달라야 한다. 헌법 130조의 헌법 개정에 관한 다수결의 기준을 보자. 헌법개정안이 국회에서 의결되기 위하여는 재적의원 2/3 이상의 찬성이 있어야 한다. 그리고 국민투표에서는 국회의원 선거권자 과반수(1/2) 이상의 투표와 투표자 과반수(1/2) 이상의 찬성을 얻어야 한다. 헌법은 가장 중요한 국가의 기본법이다. 그렇게 중요한 헌법을 개정하는 데 재적의원 3/4 이상의 찬성이 아니라 왜 2/3 이상의 찬성인가? 그 근거는 무엇인가? 그리고 국민투표에서는 국회의원 선거권자의 2/3 이상 투표에 3/4 이상의 찬성이 아니라 왜 과반수 이상 투표에 과반수 이상 찬성인가? 그 근거는 무엇인가? 의결하여야 할 사안의 '중요도'와 '다수'의 상관 관계를 정당화할 수 있는 근거를 찾기는 쉽지 않다. 민주주의가 발달한 국가들은 대부분 그러한 기준을 따른다고 말할 수도 있을 것이다. 그러나 문제는 민주주의가 발달한 국가들조차도 다수의 근거를 제시할 수 없다는데 있다. 다수의 기준은 우연적이고 관행적인 것에 불과하다. 그러다 보니 더욱 복잡한 문제가 발생하게 된다. 어떤 의제에 대하여 다수의 기준을 선택할 때도 역시 다수결의 원칙을 적용하여야 한다. 그렇다면 다수의 기준을 선택하기 위한 다수의 기준은 어떻게 결정하여야 할 것인가? 또 다시 다수의 기준을 선택하기 위한 다수의 기준을 선택할 때, 역시 다수결의 원칙을 적용하여야 한다. 그렇다면 다시 다수의 기준을 선택하기 위한 다수의 기준을 선택하기 위하여 다수의 기준을 어떻게 선택하여야 할까? 우리는 무한회귀의 함정에 빠지고 말 것이다. 그렇다면 다수의 기준은 무의미한 것일까? 다수의 기준이 갖는 이러한 한계 때문에 일반적으로 다수결 원칙에 대하여 갖는 사람들의 신뢰가 흔들릴 수 있다. 따라서 다수의 기준이 의미를 갖기 위하여는 다수의 기준이 갖는 우연성을 보완할 수 있는 장치가 필요하지 않을 수 없다. 그러한 장치가 만들어진다면, 한계는 있지만 다수의 기준에 대한 회의에서 어느 정도 벗어날 수 있을 것이다. 다수결의 원칙에 따른 선택 이후 다수의 기준에 따라 선택된 대안 이외에 선택되지 않은 대안들에 대한 관심과 다수에 의하여 선택된 대안을 선택하지 않은 사람들에 대한 관심이 병행된다면, 그 다수의 기준이 갖는 우연성을 어느 정도 보완할 수는 있을 것이다.

둘째, 다수는 사회구조와 그것의 지배적인 경향이나 관행에 일치하는 사람들을 의미한다. 이러한 의미의 다수는 단순히 수의 측면에서 이해할 수 없다. 몇 가지 예를 살펴보자. (i) 사회가 남성의 역할에 절대적인 중요성을 부여하는 방식으로 구조화되고, 그러한 구조에 맞는 제도와 관행이 지배적인 가부장적인 사회를 생각해보자. 남성에게는 다양한 방식으로 사회적 삶을 향유할 수 있는 기회들이 주어지는 반면, 여성들에게는 제한 방식의 사회적 삶을 살 수 있는 기회만이 주어진다. 이러한 사회에서 남성은 다수로 이해되고, 여성은 소수로 이해된다. (ii) 사회가 백인의 역할에 절대적인 중요성을 부여하는 방식으로 구조화되고, 그러한 구조에 맞는 제도와 관행이 지배적인 백인 중심적인 사회를 생각해보자. 백인에게는 다양한 방식으로 사회적 삶을 향유할 수 있는 기회들이 주어지는 반면, 유색인들에게는 제한 방식의 사회적 삶을 살 수 있는 기회만이 주어진다. 이러한 사회에서 백인은 다수로 이해되고, 유색인은 소수로 이해된다. (iii) 사회가 비장애인의 역할에 절대적인 중요성을 부여하는 방식으로 구조화되고, 그러한 구조에 맞는 제도와 관행이 지배적인 비장애인 중심적인 사회를 생각해보자. 비장애인에게는 다양한 방식으로 사회적 삶을 향유할 수 있는 기회들이 주어지는 반면, 비장애인들에게는 제한 방식의 사회적 삶을 살 수 있는 기회만이 주어진다. 이러한 사회에서 비장애인은 다수로 이해되고, 장애인은 소수로 이해된다. (iv) 사회가 자국인의 역할에 절대적인 중요성을 부여하는 방식으로 구조화되고, 그러한 구조에 맞는 제도와 관행이 지배적인 자국인 중심적인 사회를 생각해보자. 자국인에게는 다양한 방식으로 사회적 삶을 향유할 수 있는 기회들이 주어지는 반면, 외국인에게는 제한 방식의 사회적 삶을 살 수 있는 기회만이 주어진다. 이러한 사회에서 자국인은 다수로 이해되고, 외국인은 소수로 이해된다. (v) 사회가 이성애에 절대적인 중요성을 부여하는 방식으로 구조화되고, 그러한 구조에 맞는 제도와 관행이 지배적인 이성애 중심적인 사회를 생각해보자. 이성애자에게는 다양한 방식으로 사회적 삶을 향유할 수 있는 기회들이 주어지는 반면, 동성애자에게는 제한 방식의 사회적 삶을 살 수 있는 기회만이 주어진다. 이러한 사회에서 이성애자는 다수로 이해되고, 동성애자는 소수로 이해된다. 여기에서 다수와 소수를 단지 수의 의미로 이해하기보다는, 사회구조를 매개로 이루어지는 권력 작용의 표현으로 이해하는 것이 타당해 보인다(전영평 외, 2010). 다수와 소수는 사고 방식이나 삶의 방식의 '다름' 때문에 나뉘는 것이지만, 실제적인 삶에서는 '다름'이 '차별'의 근거로 작동하는 경향이 강하다. 물론 다수에 포함되는 개개인이 소수자들을 괴롭히거나 업신여긴다는 말이 아니다. 대체로 그들은 사회적 규범을 따르며 충실하게 일상적인 삶을 단지 살아가고 있을 뿐이다. 그럼에도 불구하고 다수자들의 일상적인 착한 삶이 그들의 의지나 의도와는 무관하게 소수자들의 삶을 차별하거나 심지어 억압하는 결과를 가져온다는 것이다. 그러니까 개인의 삶이 사회구조를 매개로 하여 소수자의 삶을 억압하는 결과를 가져온다는 것이다. 여기에서 문제가 되는 것은 구조적인 것이다. 다수자를 중심으로 배치된 사회구조는 그 자체의 메커니즘을 통하여 자동적으로 소수자들을 차별하고 억압한다는 것이다. 가장 심각한 문제는 다수자와 소수자를 정상과 비정상, 선과 악의 구도로 바라보는 것이다. 그렇게 되면 공익으로서 다수의 이익은 사회적으로 지배적인 사고 방식과 삶의 방식을 따르는 사람들의 이익을 의미하게 된다. 공익은 다른 사람들을 배제함으로써 얻어지는 다수의 이익으로 변질된다는 것이다. 그것은 소수자를 배제하는 것이기 때문에 사회적으로 조화를 이루는 데 한계를 가질 수밖에 없다. 따라서 이 경우 역시 소수의 이익은 매우 중요한 의미를 갖는다. 소수의 관점에서 공익을 바라보는 접근 방식을 고민해 볼 필요가 있을 것이다. 예컨대 비장애인의 관점에서 계단은 별문제 없어 보이지만, 장애인에게 그것은 이동을 어렵게 하는 장애물로 보인다. 장애인의 경우 계단보다 슬로프가 이동에 편리하다. 따라서 건물에 슬로프를 더 설치하거나 아니면 계단을 슬로프로 대체한다면, 장애인뿐만 아니라 비장애인에게도 이동에 편리함을 줄 수 있다. 이처럼 소수자의 관점에서 공익에 접근하면, '다수'가 '모두'를 의미할 수 있는 가능성이 커진다고 할 수 있다.

약자 · 소수자에 '보편적 접근권' 활짝 열다.

'유니버설 디자인(universal design)'은 특히 사회적 편의시설이나 건축물에서 장애와 비장애인, 성인과 노약자 · 임신부 등의 이용 공간을 별도로 구획하지 않고 함께 사용할 수 있도록 한 디자인을 가리킨다. '유니버설 디자인'의 발상은 '정상=비장애 성인 남성'이라는 편견과 근대적 사고를 부정한다. 이 단어와 개념을 처음 제안한 사람은 미국의 건축가이자 교육자인 로널드 메이스(Ronald L. Mace)다. 휠체어를 사용하는 장애인이기도 했던 그는 1974년 세계보건기구(WHO)로부터 의뢰받은 '배리어프리

(Barrier Free)' 보고서에서 "장애가 있는 사람에 대한 제품과 디자인을 위해서는 특별한 비용을 필요로 한다"는 개념을 부정하며 '유니버설 디자인'을 주창했다. 미국에선 이미 1990년 건축시설에서의 장애인 이용권, 장애인 고용, 제품과 서비스의 보편적 접근권 등을 담은 ADA(Americans with Disabilities Act)라는 장애인법이 마련됐으나 국내에선 아직 '유니버설 디자인'의 적용은 법제화되지도 않았고, 사실상 연구 단계 및 일부 사례에 불과한 '걸음마 수준'이다. '배리어프리 영화'는 당초 시청각장애인 관람권 확대를 위해 출발했지만 현지 언어가 익숙지 않은 외국인·다문화 가정, 영화 이해나 청력, 집중력이 떨어지는 어린이·고령자층, 다운증후군 등 지적장애인 등 다양한 관객층을 위한 서비스로 확대되고 있다. 이은경 배리어영화위원회 대표는 "'배리어프리 영화'는 '유니버설 디자인' 운동과 맥을 같이한다"고 말했다. 이와 함께 영화진흥위원회와 CJ CGV는 최근 업무 협약식을 맺고 이달부터 매월 셋째 주 화요일을 장애인 무료 관람일로 정해 전국 극장에서 배리어프리 영화를 상영한다(헤럴드경제, 2012. 4. 20).

제 4 절 이익의 의미에 관하여

이익의 의미에 대하여 생각해보자. 통상적으로 이익은 정신적·물질적으로 이롭고 보탬이 되는 것을 의미한다. 그렇다면 어떠한 것들이 사람들에게 이익을 가져다주는 것일까? 그것은 개인이 필요로 하거나 욕망하는 것들일 것이다. 사람들이 필요로 하거나 욕망하는 것은 어떠한 것들일까? 필요로 하거나 욕망하는 것들의 목록을 완전하게 작성하는 일은 불가능하겠지만, 구체적인 고민을 위하여 몇 가지 예를 찾아보기로 하자. 경제적으로는 재화, 이윤, 이자 같은 것들; 정치적으로는 권력, 지위 같은 것들; 사회적으로는 기회, 명예, 교육, 인정 같은 것들; 심리적으로는 만족, 행복 같은 것들; 신체적으로는 건강, 보건, 장수 같은 것들; 환경적으로는 청정한 환경 같은 것들; 법적으로는 권리 같은 것들. 더 세분화하면 그 목록은 더욱 세밀하게 만들어질 수 있을 것이다. 사람들이 필요로 하고, 욕망하는 것에 대하여 몇 가지 문제를 생각해보자. 일반적으로 개인이 어떤 대상에 대하여 필요나 욕망을 느끼는 이유는 마치 물에 대한 욕망이나 필요는 몸에 물이 없기 때문에 발생하는 것처럼, 그것이 결핍되어 있기 때문이다. 그렇다면 결핍되어 있지 않은 경우에도 필요나 욕망을 느낄 수 있을까? 물론 그럴 수 있다. 가령 며칠 뒤에 물이 없는 사막을 횡단하여야 한다면, 지금 당장은 물이 필요하지 않지만 며칠 뒤의 결핍을 대비하여 물을 필요로 하거나 욕망할 수 있다. 이처럼 특정한 대상의 예상되는 결핍을 대비하여 필요와 욕망을 느낄 수 있다. 또 다른 경우도 있다. 사람들은 현재 돈이 많음에도 불구하고, 더 많은 돈을 욕망한다. 그것은 돈이 가지고 있는 교환과 저장의 기능 때문이다. 우리는 미리 필요로 하는 것들을 실물로 준비할 수 없다. 따라서 필요한 때에 원하는 것을 교환하기 위하여 돈을 욕망할 수 있다. 불특정한 대상의 결핍을 대비하여 돈과 같이 교환과 저장의 기능을 하는 대상에 대한 필요와 욕망을 느낄 수 있다. 다른 한편 상상적으로 특정한 대상에 대한 필요와 욕망을 가질 수도 있다. 욕망은 모방될 수 있다. 가령 아이들은 부모가 욕망하는 것들을 보면서 자신들도 그것을 욕망하게 된다. 또는 경쟁자 간에도 상대가 욕망하는 것을 욕망하는 경우가 있다. 이러한 경우는 실질적인 결핍과 무관하게 상상적으로 결핍을 느끼는 경우라 하겠다. 좀 더 독특한 경우를 생각해볼 수도 있다. 즉, 이익이 내가 원하는 것을 갖는 것만을 의미하는 것이 아니라, 남이 원하는 것을 갖지 못하게 하는 것을 의미하는 경우이다. 다시 말해서 남의 불행이

나의 행복이 되는 경우라 하겠다. 의외로 이러한 예가 적지 않다. 버나드 드 맨더빌(Bernard de Mandeville, 1670?-1733)의 『꿀벌의 우화: 개인의 악덕, 사회의 이익(*The Fable of the Bees*)』(2010)은 이와 관련하여 많은 생각을 하게 만든다. 그에 의하면, 노동자들에게 최소한 먹고 살만큼만 주고, 교육도 살아가는 데 필요한 최소한의 정도만 시키는 것이 자신들의 삶에 만족하고 살아가게 하는 방법이고, 일을 더 열심히 하게 만드는 방법이라고 말한다. 말 그대로 남이 원하는 것만큼 가질 수 없게 하는 것이 자기에게 이익이 되는 경우라 하겠다. 종합해보면, 이익은 사람들이 생명을 유지하는 데 기본적으로 필요한 물질적 가치들과 사회적 존재로서 살아가는 데 필요한 물질적·정신적 가치들을 향유하거나 소유하는 기회와 관련된 개념으로 이해될 수 있다.

이익의 개념에 '시간' 변수를 결합하면 어떻게 될까? 1968년 스탠퍼드대학의 월터 미셸(Walter Mischel)이 653명의 어린아이들을 대상으로 자제력을 테스트한 '마시멜로 실험'을 보자. 마시멜로 하나가 올려져 있는 책상과 의자 이외에는 아무것도 없는 방안에 4세 어린아이를 들어가게 한다. 그리고 실험자는 어린아이에게 15분 동안 의자에 앉아 있으면서 마시멜로를 먹지 않으면, 두 개의 마시멜로를 주겠다고 약속한다. 나중에 추적해본 결과 15분 동안 참은 아이들은 성인이 되어서도 상당한 자제력을 보인 반면, 그렇지 않은 아이들은 자제력에 문제가 있는 것으로 나타났다고 한다.[2] 물론 이 실험은 자제력을 테스트하는 것이 목적이지만, 시간의 관점에서 이익의 문제를 고민하는 데 재미있는 자료가 될 수도 있다. 이 실험은 희망찬 미래를 위하여 현재의 희생과 고통을 감내하자는 우리들의 일반적인 관념을 그대

---

2) 더 큰 보상을 기대하고 15분을 참은 아이들은 참가자의 30%에 불과하였다. 아이들이 유혹을 견딘 평균 시간은 3분이었으며, 그나마 대부분은 30초도 지나지 않아 마시멜로를 먹어버렸다. 이와 관련된 대중서로는 Posada & Singer(2005) 참조.

로 보여주고 있다. 과연 미래를 위하여 현재를 희생하는 것이 이익일까? 실험에서 요구하는 시간은 15분에 불과하지만, 할 일 없는 방 안에서 무료하게 있어야 하는 아이들의 입장에서는 엄청나게 긴 시간이다. 관찰자의 입장에서는 다음과 같은 계산을 할 수도 있을 것이다. 만약 15분간 아이가 느끼는 고통의 총량이 15분 후에 두 개의 마시멜로를 받아먹으면서 느끼는 쾌락의 총량보다 크다면, 방에 있는 마시멜로를 먹어야 한다. 반대로 15분 동안의 고통보다 15분 후의 쾌락이 크다면, 방에 있는 마시멜로를 먹지 말아야 한다. 혹은 방 안에 있는 마시멜로를 먹을 때의 쾌락이 15분 후에 두 개의 마시멜로를 먹을 때의 쾌락보다 크다면, 마시멜로를 먹어야 한다. 반대로 당장 먹을 때의 쾌락보다 15분 후에 먹을 때의 쾌락이 크다면 먹지 말아야 할 것이다. 그런데 문제는 참는 동안에 느끼고 고통이나 쾌락은 현재적인 것인 반면, 15분 후에 느끼게 될 쾌락의 크기는 측정할 수 없는 미래의 사건이라는 점이다. 다시 말해서 고통과 쾌락의 계산이 실질적으로 불가능하다는 것이다. 따라서 어떤 선택을 하는 것이 더 이익인지를 예단할 수 없다. 이처럼 미래에 마시멜로를 받을 수 있다는 확실한 조건 하에서도 그에 대하여 느낄 수 있는 쾌락의 정도는 불확실하다. 그런데 만약 미래에 마시멜로를 얻을 수 있는 확률이 높지 않거나 불확실하다면, 어떻게 행동하는 것이 이익일까? '미래의 불확실성'은 현재의 이익과 미래의 이익 간의 교환방정식을 매우 어렵게 만든다.

제 5 절 공익의 확인 방법: 민주주의

지금까지 다수와 이익의 의미에 대하여 성찰해보았다. 이제 공익을 확인하는 방법에 대하여 살펴보자. 공익은 정치공동체 구성원 다수의 이익을 의미한다. 따라서 그것을 확인하는 가장 일반적인 방법으로 다수결의 원칙을 떠올리게 될 것이다. 민주주의 국가에서는 국가의 중대사를 결정하는 경우를 제외하고는 일반적으로 국민을 대표하는 의회에서 다수결의 원칙에 따라 법, 제도, 정책 등을 결정하게 되는데, 이들을 공익이라 할 수 있을 것이다. 의회는 국민을 대표하기 때문에 다수 의원의 선택이 곧 국민 다수의 선택을 의미한다고 보는 것이다. 여기에서 한 가지 유념하여야 할 것은 다수결 원칙은 '정답' 혹은 '진리'를 찾는 것이 아니라 구성원들이 '원하는 것' 혹은 '선호하는 것'을 결정하는 것이라는 점이다. 그런 의미에서 다수의 이익은 곧 선호의 합산에 의하여 판단되는 것이다. 이처럼 구성원들의 선호를 합산하여 다수가 원하는 것을 선택하는 방식을 우리는 '합산민주주의(aggregative democracy)'라 부를 수 있을 것이다. 그렇다면 합산민주주의는 국민들의 선호를 적절히 반영한다고 할 수 있을까?

첫째로 선호의 정도 차이에 대해 생각해보자. 무엇인가를 좋아하거나 원하는 '정도'는 사람에 따라 다를 것이다. 가령 특정 후보자에게 투표를 하는 경우, 어떤 사람은 그 사람이 너무 좋아서 그에게 투표할 수도 있고, 또 어떤 사람은 달리 찍을 사람이 없어서 할 수 없이 그에게 투표할 수도 있다. 이 두 사람의 선호를 똑같은 것이라 할 수 있을까? 합산민주주의는 이러한 차이를 무시하고, 모든 선호를 동일한 것으로 가정하여 합산하기 때문에 사람들의 선호를 적절하게 반영한다고 보기 어려울 것이다.

둘째로, 조정 문제에 대하여 생각해보자. 조정은 의견의 차이를 조율함으로써 합의의 수준을 높이는 고도의 정치적 기제라 할 수 있다. 일반적으로 회의를 진행하는 과정에서 조정이 어려울 때, 마지막으로 선택하는 것이 거수나 투표이다. 그러다 보니 역으로 생각하면, 다수결 원칙은 사실상 조정의 필요성을 반감시키는 구실을 할 수도 있을 것이다.

셋째로, 선택의 합리성에 대하여 생각해보자. 합리성은 일반적으로 특정한 목적을 이루는 데 가장 좋은 대안을 선택하고자 하는 성향을 의미한다. 그러니까 개인은 자신에게 가장 큰 이익을 가져다 줄 것으로 예측되는 대안을 선택하게 된다는 것이다. 합산민주주의에 의하면, 개인의 합리적 선택이 결국 사회 전체의 합리성을 보장한다는 것이다. 과연 그럴까? 먼저 누구나 의문을 가질 만한 것은 과연 사람은 합리적 선택을 할 수 있을까 하는 것이다. 자신의 이익이 무엇인지, 장기적인 이익인지 단기적인 이익인지 명확히 알 수 있을까? 복잡한 변수들이 동시에 작동하는 방정식을 정확히 만들고, 그것을 정확하게 풀어낼 수 있을까? 사람들은 완전하게 합리적일 수는 없다. 단지 그러고 싶을 뿐이다.

이제 개인들의 합리적 선택들의 합이 전체의 합리성이라는 등식이 성립될 수 있을지 살펴보자. 하나의 예를 보자. 두 명의 공범이 체포되었다. 형사는 두 명의 공범을 분리해놓고, 다음과 같은 제안을 한다. 두 사람이 자백을 하지 않으면, 두 사람 모두 1년 형을 받는다. 두 사람이 자백을 하면, 두 사람 모두 5년 형을 받는다. 두 사람 가운데 한 사람만 자백하는 경우, 자백한 사람은 무죄가 되고, 자백하지 않은 사람은 10년 형을 받는다. 두 명의 공범은 어떤 선택을 할 것인가? 관찰자가 보기에는 두 사람이 자백을 하지 않음으로써 1년 형을 받는 것이 합리적이다. 그러나 개인에게 가장 이익이 되는 것은 풀려나는 것이다. 만약 자백하지 않으면, 상대가 자백하여 자신이 10년을 사는 최악의 상황이 발생할 수도 있다. 따라서 공범 각자는 자백하는 것이 유리하다고 판단하게 될 것이다. 그것이 개인에게는 최선이지만, 결국 모두에게 불합리한 결과를 가져오고 만다. 개인의 합리성이 전체의 불합리성을 가져올 수도 있는 것이다.

이상에서 살펴본 것처럼 합산민주주의는 다수의 이익을 적절히 드러내는 데 한계가 있다. 따라서 이에 대한 보완이 필요할 것으로 보인다. 공동체의 선택과 관련하여 만약 구성원들이 특정한 의제에 대하여 함께 토론하는 절차를 제도화하거나 관례화한다면 어떨까? 민주주의를 단순히 '다수의 지배'로 이해하는 것이 아니라 '공적인 토론 과정'으로 보자는 것이다. 물론 이를 위해서는 다음과 같은 몇 가지 조건이 충족될 필요가 있을 것이다. 첫째, 의제와 관련된 사람은 누구나 토론 과정에 참여할 수 있어야 할 것이다. 자신에게 영향을 미칠 수 있는 문제에 대하여 자신의 의견을 말할 수 있는 기회가 주어져야 한다는 것이다. 둘째, 토론에 참여하는 사람들에게는 동등한 참여의 기회가 주어져야 할 것이다. 토론 과정에 힘의 논리가 작용하여 토론을 왜곡하는 일은 없어야 한다는 것이다. 셋째, 토론에 참여하는 사람들은 토론에 합당한 태도를 견지하여야 할 것이다. 즉, 열린 마음을 가지고 합의에 도달하기 위하여 노력하여야 한다는 것이다. 넷째, 토론에 참여하는 사람들은 자신들의 입장을 정확히 그리고 정직하게 전달함으로써 상호 이해를 심화시키는 데 집중하여야 할 것이다. 이러한 형태의 민주주의를 '심의민주주의(deliberative democracy)'라 부를 수 있다.[3] 다수의 지배 모형과 공적 토론 모형을 결합한 민주주의적 의사 결정 방식을 통하여 다수의 이익에 좀 더 부합하는 선택의 가능성을 높일 수 있을 것이다.

그렇다면 심의민주주의적 의사 결정 방식에는 문제가 없을까? 몇 가지 측면에서 성찰해보자.

---

3) 심의민주주의에 대하여는 장동진(2012), 정무권(2011), 문태현.(2010; 2011), Gutmann & Thompson(1996; 2004), Dryzek(2002), Bohman & Rehg(ed. 1977), Benhabib (1996) 등 참조.

첫째, 일반적으로 토론에 참여하는 사람들은 논리적이고 체계적인 방식으로 자신의 의견을 제시하여야 한다는 규범을 따른다. 그러다 보니 말의 내용보다는 형식 때문에, 다시 말해서 비논리적이거나 감정적이라는 이유 때문에 의견이 반영되지 않을 수도 있다. 따라서 다양한 표현의 방식들이 토론에 포용될 수 있는 방법을 고민할 필요가 있다.

둘째, 공적 토론과 세미나실의 토론을 동일시하는 오류를 범할 수 있다. 학교의 세미나실에서는 진리를 기준으로 논의가 이루어지기 때문에 합의가 가능하다. 그러나 공적 토론의 경우는 참여자들의 전제나 입장이 상이하기 때문에 합의가 가능하지 않을 수 있다. 합의 없는 토론은 무의미하다는 편견에서 벗어나 토론 자체가 다양성을 드러내는 과정으로 이해될 필요가 있다.

셋째, 일반적으로 토론은 대면적인 방식으로 이루어지는 것으로 본다. 그러나 대규모 대중사회에서는 대면적 토론이 물리적으로 제한되어 있다. 따라서 대규모의 대중사회에 적합한 토론 모델을 고민할 필요가 있다.

넷째, 일반적으로 토론은 질서와 규범, 다시 말해 예의를 강조한다. 그러다 보니 정치적 의사 표현의 일부는 수용되고 일부는 배제되는 일이 발생할 수 있다. 다양한 의사 표현의 방식들을 포용할 수 있는 토론문화의 형성에 대하여 고민할 필요가 있다.

이상에서 성찰해본 심의민주주의의 문제들은 전체적으로 볼 때, 가능하다면 다양한 다수의 입장과 의견이 좀 더 포용적으로 표출될 수 있도록 하자는 데 초점을 맞추고 있다. 그것은 심의민주주의를 더욱 심화시키는 혹은 강화시키는 작업이 필요하다는 말이기도 하다.

그렇다면 심의민주주의가 활성화되기 위한 조건 혹은 토대는 무엇일까? 크게 두 가지 측면에서 생각해보자. 하나는 공적 토론이 이루어지는 시민사회가 민주화되어야 한다는 것이다. 시민사회의 민주화란 결사체들의 질적 다양화와 양적 확대를 의미한다. 질적 다양화는 사회의 미시적인 문제들을 집중적으로 다루는 결사체들이 다양하게 등장할 필요가 있다는 것이다. 이를 통하여 다양한 집단의 이해가 다양한 관점에서 다양한 방식으로 표출될 때 문제에 대한 상호 이해의 가능성이 더욱 깊어질 수 있을 것이다. 양적 확대는 말 그대로 결사체들의 수가 증대함은 물론 결사체의 활동에 참여하는 사람들의 수가 증대하는 것을 의미한다. 참여하는 만큼 사람들은 다양한 삶에 대한 이해 가능성을 더욱 심화시킬 수 있을 것이다. 사회의 조화로운 삶은 표준적인 삶의 기준을 가지고 모든 다양성을 하나로 동화시킴으로써 이루어지는 것이 아니라, 다양한 삶의 가치에 대한 상호 인정에 기초한 연대를 통하여 가능하기 때문이다. 이러한 입장이 '다수의 이익'을 확대시키는 데 더욱 도움이 될 것이다. 다른 하나는 언론이 공정하여야 한다는 것이다. 언론은 공적 토론이 이루어지는 공간을 창출하는 매우 중요한 기능을 한다. 그러다 보니 정치 권력을 가지고 있거나 경제 권력을 가지고 있는 세력에게 언론은 유혹의 대상이 될 수밖에 없다. 만약 언론이 정치 권력이나 경제 권력에 무릎을 꿇게 되면, 언론은 공정성을 잃게 되고, 공적 토론의 내용이나 방향이 왜곡될 것이다. 언론은 결국 힘 있는 소수의 이익을 다수의 이익으로 둔갑시키는 마술쇼가 이루어지는 공간을 창출하여야 된다. 따라서 다수의 이익을 확보하는 데 언론의 공정성은 아무리 강조해도 지나치지 않다.

제 6 장

공공행정은 누가 수행하는가?

실무진에서 안 된다고 하는 건 제가 확실히 접는다.…
그런데 '노'를 잘 안하는 것 같다.
한 번은 '이거 하면 좋겠다' 했더니,
담당 과장이 그렇게 하자고 하더라.
밤에 가만 생각해보니 아닌 듯 싶어서
다음 날 '어제 말한 건 안 하는 게 좋겠습니다' 했더니
그분이 '저도 그렇게 생각했습니다' 하더라.
다음엔 그러지 말고 처음부터 의견을 얘기해달라고
다시 한 번 다짐을 받았는데, 그런데도 참 ….
– 박원순, 『시사IN』(245호: 17)

우리는 "정부는 ○○○을 하였다"는 발표를 들을 때, 아무런 생각 없이 발표 내용에 주목한다. 아무런 생각이 없다는 말은 '정부'라고 하는 기구 자체가 행위의 주체가 될 수 있는가 하는 문제에 대하여 의심을 하지 않는다는 것을 의미한다. 물론 정부는 법적 인격을 갖는 것으로 볼 수는 있으나, '실제로' 행동하는 것은 아니다. 정부가 무엇을 하였다는 말은 정부의 구성원들이 그러한 일을 수행하였다는 것을 의미한다. 즉, 공공행정을 수행하는 행위자는 정부의 구성원이다. 정부의 구성원을 지칭하는 용어는 공무원, 공직자, 공복, 관료, 공인 등 다양하다. 공무원(公務員)은 공적인 업무를 담당하는 사람을 의미하는 것

으로, '업무 수행'에 초점을 맞춘다. 공직자(公職者)는 공적인 자리에 있는 사람을 의미하는 것으로, '자리'나 '지위'에 초점을 맞춘다(윤견수, 2011). 공복(公僕)은 공공의 종 또는 국가나 사회의 심부름꾼을 의미하는 것으로, '봉사'에 초점을 맞춘다. 관료(官僚)는 국가기관에서 일을 하는 공무원, 특히 정치에 영향력을 가지는 고급 관리의 무리를 이르기도 한다. 공인(公人)은 공적인 일에 종사하는 사람을 말하며, 매우 포괄적이다. 상황에 따라 혹은 필요에 따라 강조하고자 하는 의미를 드러내기 위하여 정부의 구성원에 대한 다양한 명칭이 사용되는 것이 일반적이라 하겠다(이 글에서는 공무원이라는 표현을 사용한다).

공무원은 무엇을 하는 사람인가? 당연히 공공의 일을 수행하는 사람들이다. 그런데 공공의 일의 목록을 만들면 두툼한 한 권의 책이 될 것이다. 그리고 같은 종류의 일이라 해도 일의 어려운 정도나 책임의 정도가 다르다. 수평적·수직적으로 공무원들이 수행하는 일은 다양하다. 그러다 보니 공무원의 이미지는 다양할 수밖에 없다. 공무원은 의회에서 만들어진 법제도가 효력을 발휘하게 하는 집행자(executor)의 역할을 하기도 하고, 때로는 정부의 입장을 의회에 관철시켜 법제도를 만드는 데 실질적인 영향을 미치는 정치가(politician)의 역할도 한다. 공무원은 정부 관료조직 안에서 목표를 세우고 그것을 달성하기 위한 전략을 구상하는 기획가(planner)의 역할, 인적·물적 자원을 관리하는 관리자(manager)의 역할, 특정한 공공의 문제를 해결하는 전문가(specialist)의 역할을 수행한다. 대민 관계에서 공무원은 공공재화와 공공 서비스를 생산하는 생산자(producer)의 역할과 그것을 제공하는 봉사자(servant)의 역할, 시민들 간의 갈등을 해결하는 데 도움을 주는 조정자(coordinator)의 역할을 수행한다. 그리고 공무원은 다양한 물적 자원을 사용하는 소비자(consumer)의 역할을 하기도 한다.

공무원은 계층상의 직위에 따라 혹은 맡은 업무의 종류에 따라 다양한 역할 가운데 어느 하나에 집중하기도 하지만 다양한 역할을 동시에 수행하기도 한다. 공무원을 이해하는 데 그 역할이나 일의 종류를 가지고 접근하는 것은 적절하지 않다. 공무원은 어찌 보면 모든 종류의 일을 다 하기 때문이다. 따라서 오히려 공무원에게 주어진 의무를 중심으로 접근하는 것이 공무원을 이해하는 데 유익할 것이다.

공무원은 사회적 지위나 수행하는 업무의 성격 때문에 다른 직업인들과는 다른 직장인으로서의 삶을 살고 있다고 할 수 있다. 정부조직에는 공무원이기 때문에 누릴 수 있는 혜택이 잘못 사용되는 것을 제어하기 위한 윤리적 장치가 고도로 발달되어 있다. 그것은 일반적으로 기본법, 법률, 각종 법령들에 의하여 '의무'로 규정되어 있다. 가령 우리나라의 국가공무원법을 보면, 선서의 의무(제55조), 성실의 의무(제56조), 복종의 의무(제57조), 직장 이탈의 금지(제58조), 친절·공정의 의무(제59조), 종교 중립의 의무(제59조의 2), 비밀 엄수의 의무(제60조), 청렴의 의무(제61조), 외국 정부의 영예를 받을 경우 허가받을 의무(제62조), 품위 유지의 의무(제63조), 영리 업무 및 겸직 금지(제64조), 정치운동의 금지(제65조), 집단행위의 금지(제66조) 등 공무원의 의무가 다양하게 규정되어 있다.

국가공무원법 제55조에 의거하여 구성된 국가공무원복무규정(대통령령 제23015호) 제2조 2항에서 정하고 있는 공무원의 선서에서 공무원이 공공행정을 수행할 때 추구하여야 할 기본 방향을 확인할 수 있다. "나는 대한민국 공무원으로서 헌법과 법령을 준수하고, 국가를 수호하며, 국민에 대한 봉사자로서의 임무를 성실히 수행할 것을 엄숙히 선서합니다." 선서에서는 법의 준수, 국가 수호, 국민에 대한 봉사를 공무 수행의 기본 방향으로 제시하고 있다. 합법성은 일을 수행하는 과정에서 지켜야 할 규범에 해당되며, 국가 수호와 국민에 대한 봉사는 공공행정이 추구하는 목표로서 공익을 의미한다. 동 규정의 제2조의2에서는 책임을 완수하는 데 지켜야 할 규범을 밝혀주고 있다. "공무원은 국민 전체의 봉사자로서 직무를 민주적이고 능률적으로 수행하기 위하여 창의와 성실로써 맡은 바 책임을 완수하여야 한다." 여기에서는 민주성과 능률성을 핵심적인 행동지침으로 제시하고 있다. 우리나라의 국가공무원복무규정에 의하면, 공무원이 추구하는 목표는 공익이며, 그것을 추구하는 과정에서 따라야 할 행동지침은 합법성, 민주성, 능률성이다. 공익에 대해서는 4장의 내용을 참고하면 될 것이다. 합법성은 법에 적합한 방식으로 공공행정을 수행하라는 것으로 공무원의 자의적인 행동으로 인하여 국민들의 권익이 훼손되는 것을 막기 위한 것이다. 민주성은 국민의 요구를 잘 들을 것과 요구에 적절하게 반응하라는 것이다. 그리고 능률성은 국민의 세금으로 이루어지는 행정이니만큼 낭비가 없어야 하고, 가능하면 최소한의 비용으로 최대의 효과를 낼 수 있도록 하라는 것이다. 그리고 무엇보다 중요한 것은 이러한 의무 수행은 봉사정신에 바탕을 둔 것이어야 한다는 것이다.

공무원의 활동을 제어하기 위한 의무 조항들을 일별하다 보면, 두 가지 문제가 당장 부각될 것이다. 하나는 공무원으로서의 의무와 일반 국민으로서의 권리 간에 충돌이 발생하는 경우에 어떻게 하여야 할 것인가 하는 문제이다. 다른 하나는 다양한 의무들 간에 충돌이 발생하는 경우에 어떻게 하여야 할 것인가 하는 문제이다. 두 문제는 대체로 혼합된 형태로 나타난다. 앞에서 예시된 다양한 의무들 가운데 특히 주목할 만한 몇 가지 의무들에 대하여 살펴보자.

제 1 절 복종의 의무에 관하여

복종의 의무는 공무원은 직무를 수행할 때 소속 상관의 직무상 명령에 복종하여야 하는 의무이다. 정부조직은 명령과 복종의 사슬 체계로 이루어진 관료조직이다. 따라서 명령과 복종의 수직적 권력 관계는 조직의 근간을 이루는 틀이라 할 것이다. 여기에서 우리가 초점을 맞추어야 할 것은 '직무상 명령'이라는 말이다. 직무상 명령은 두 가지 측면에서 검토될 필요가 있다. 하나는 '직무의 범위'와 관련된 문제이다. 명령이 복종의 의무를 발생시키기 위하여는 해당 직무의 범위 내에서 이루어지는 것이어야 한다는 것이다. 가령 상관이 부하에게 개인적인 심부름을 시킨다면, 그것은 직무의 범위를 벗어나는 것이기 때문에 복종의 의무를 발생시킬 수 없다. 이 예에서는 직무의 범위가 명확하지만, 현실에서는 그 경계가 모호한 경우 또한 적지 않다. 그러다 보면, 직무의 범위에 대한 상관과 부하의 해석이 다를 수 있다. 게다가 계층적 권력 관계에서 직무의 범위에 대한 해석의 권한은 일반적으로 상관에게 있다. 그러다 보면 부하에게는 복종의 의무만 있지, 자신의 의견을 주장할 수 있는 권리를 행사하지 못할 가능성이 크다. 특히 군대조직처럼 계층적인 조직문화가 경직된 경우에는 이러한 현상이 더욱 심하게 나타날 수 있다.

다른 하나는 '명령의 내용'과 관련된 문제이다. 비록 직무와 관련된 명령이라 할지라도 그것이 일단은 실현 가능한 것이어야 한다. 아무리 직무와 관련된 것이라 할지라도, 쏟아지는 폭우를 멈추게 하라는 명령은 실현 불가능한 것이기 때문에 복종의 의무를 발생시킬 수 없다. 이런 경우는 실현가능성을 판단하기가 상대적으로 용이하다. 문제는 일반적으로 명령의 실현가능성을 판단하기가 모호한 경우가 적지 않다. 실현가능성은 일반적으로 일을 수행하는 사람의 개인적인 능력과 해결하여야 할 문제의 난이도와 연결된다. 가령 덧셈을 막 배워서 잘하는 아이에게 함수문제를 풀라는 것은 실현가능성이 거의 없는 것이기 때문에 잘못된 명령이라 할 수 있다. 그러나 덧셈을 막 배워서 잘하는 아이에게 간단한 곱셈을 풀라는 것은 실현가능성 여부를 판단하기 어렵다. 여기에서 상관과 부하의 실현가능성에 대한 해석의 차이가 있을 수 있다. 이러한 경우 계층조직에서는 해석의 권한이 상관에게 주어지는 것이 일반적이다. 그러다 보면 부하에게는 의견을 주장할 수 있는 권리가 실현되기 어려울 수 있다.

그렇다면 명령의 내용이 직무의 범위에 포함되고 명령의 내용이 실현 가능하다면, 복종의 의무는 반드시 발생한다고 말할 수 있을까? 그렇지만은 않다. 만일 '직무상의 명령'이 헌법의 기본 정신이나 보편적인 도덕적 가치와 충돌을 일으킨다면, 복종의 의무를 무조건 강제할 수는 없을 것이다. 예컨대 국민이 정부에 대하여 저항을 할 때, 정부가 병력을 동원하여 발포명령을 내린다면 병사들에게는 복종의 의무가 있다고 할 수 있을까? 어떤 사람들은 국가의 수호라는 측면에서 발포명령이나 이에 대한 복종이 모두 정당하다고 주장할 수 있을 것이다. 그에 반하여 어떤 사람들은 무장하지 않은 일반 국민들에게 발포하는 것은 보편적인 도덕적 가치를 훼손하는 것이기 때문에 정당화될 수 없다고 주장할 수 있을 것이다. 어느 것이 정당하다고 판단하기에 앞서 먼저 고려되어야 할 문제가 있다. 바로 관료조직의 문제이다. 계층조직이 지나치게 엄격하거나 경직되어 있으며 헌법의 정신이나 보편적인 도덕적 가치에 대한 판단이 허용되지 않게 되면, 그것은 사실상 복종의 의무가 있는 병사들에게서 생각할 수 있는 자유를 박탈하는 것이다. 그렇게 되면 정당하지 않은 직무상의 명령들이 복종의 의무에 의하여 불행한 결과들을 만들어낼 수 있다. 조직이 경직될수록 복종의 의무는 개인을 관료기계의 부속품으로 전락시킬 가능성이 더욱더 커지게 된다. 다시 말해서 아무리 평범한 사람일지라도 경직된 조직 안에서는 상상할 수 없는 악행을 서슴없이 저지를 수 있게 된다는 것이다. 그렇게 되면 악행은 가치 판단의 대상이 아니라, 단지 평범한 직무에 불과한 것이 되고 만다.

제 2 절 비밀 엄수의 의무에 관하여

비밀 엄수의 의무는 공무원이 재직 중은 물론 퇴직 후에도 직무상 알게 된 비밀을 엄수하여야 하는 의무이다. 일반적으로 공공행정은 국민을 주인으로 섬기고, 국민에게 봉사하는 활동이다. 따라서 국민이 공공행정에 대하여 알 권리를 가지고 있다는 것은 굳이 재론할 필요가 없을 것이다. 국민의 알 권리는 정부의 입장에서는 개방성이나 투명성을 의미한다. 이러한 의미에서 보면, 비밀 엄수의 의무에서 특히 우리의 눈길을 끄는 것은 '비밀'이라는 말이다. 과연 비밀로서의 가치가 있는지 그렇지 않은지를 판단할 수 있는 근거는 무엇인가? 이문옥 감사관의 내부고발 사건을 중심으로 이 문제를 살펴보자.

이문옥 감사관은 기업의 비업무용 토지 소유 현황에 대한 감사 과정과 감사 자료에 대한 문제들을 언론에 폭로하여, 감사원으로부터 파면처분을 받았다. 이에 파면처분 취소를 선고한 대법원의 판례(1996.10.11)를 통하여 우리는 비밀의 의미를 이해하는 데 도움을 받을 수 있을 것이다. 판례에 의하면, 국가공무원법상 직무상의 비밀은 "국가 공무의 민주적 · 능률적 운영을 확보하여야 한다는 이념에 비추어볼 때 당해 사실이 일반에 알려질 경우 그러한 행정의 목적을 해할 우려가 있는지 여부를 기준으로 판단하여야 하며, 구체적으로는 행정기관이 비밀이라고 형식적으로 정한 것에 따를 것이 아니라 실질적으로 비밀로서 보호할 가치가 있는지, 즉 그것이 통상의 지식과 경험을 가진 다수인에게 알려지지 아니한 비밀성을 가졌는지, 또한 정부나 국민의 이익 또는 행정 목적 달성을 위하여 비밀로서 보호할 필요성이 있는지 등이 객관적으로 검토되어야 한다"고 보고 있다. 판례에 따르면, 민주성과 능률성의 행정 이념에 위협이 되는 경우, 정보 내용의 실질적인 비밀성을 인정할 수 있는 경우, 그리고 국민의 이익이나 행정 목적을 위한 경우에 직무상의 비밀로 볼 수 있다는 것이다. 비밀 엄수의 의무는 공공행정을 수행하는 과정에서 얻게 된 정보가 국민의 이익이나 행정 목적과 민주성이나 능률성을 훼손할 가능성 때문에 만들어진 것이다. 따라서 공무원의 비밀 엄수가 오히려 공익, 행정 목적, 행정의 민주성과 능률성을 훼손할 가능성이 있다면 비밀을 엄수하여야 할 가치가 있다고 보기 어려울 것이다. 그리고 비밀로서의 가치가 없는 정보를 비밀로 삼는 데 동조하거나 침묵하는 것은 단순히 은폐 행위에 해당되는 것으로서 오히려 공익을 저해하고 성실의 의무를 위반하는 것으로 볼 수 있다. 그러한 의미에서 조직 내부에서 이루어지는 불법적인 혹은 탈법적인 행위나 비도덕적인 행위들에 대한 내부고발은 공익을 제고하는 행위라 할 수 있다. 따라서 이는 법적으로 보호되고 장려될 필요가 있을 것이다. 그렇다면 무조건 내부고발은 바람직한 것일까? 그렇지는 않다. 유념하여야 할 것은 내부고발의 정당성은 내부고발자의 순수성을 전제로 한다는 점이다. 만일 내부고발자가 정치적인 목적을 이루기 위하여, 혹은 조직 내부의 갈등에서 우위를 선점하기 위한 권력 게임의 일환으로 정보를 폭로한다면, 내부고발이 갖는 본래의 취지를 살리기 어려울 것이다. 따라서 이러한 순수성을

판단하여야 하는 매우 어려운 문제가 여전히 남게 된다.[1)]

제 3 절 정치운동의 금지 의무에 관하여

정치운동의 금지 의무는 일반적으로 정치적 중립성을 의미한다. 정치적 중립성은 전문가로서 공무원은 정파적 이해 관계를 초월하여 공익적 차원에서 업무를 수행하여야 한다는 것을 의미한다.[2)] 다시 말해서 그것은 공무원이 특정 정당이나 정치단체 혹은 정치인을 지지하여서는 안 된다는 것이다. 우리나라는 헌법 제7조 2항에서 법률에 따라 공무원의 신분과 정치적 중립성을 보장하도록 하고 있다. 이에 따라 국가공무원법 제65조에서는 공무원의 정치적 중립을 구체적으로 규정하고 있다. 공무원은 정당 및 정치단체의 결성에 관여하거나 가입할 수 없다. 또한 공무원은 선거에서 특정 정당이나 정치인을 지지 혹은 반대하여서는 안 된다. 그리고 공무원은 다른 공무원에게 이러한 금지 조항을 요구하거나, 정치적 행위의 결과에 따른 이익·불이익을 약속하지 못하도록 규정하고 있다.

그렇다면 공무원이 정치적 중립성을 지켜나가는 데 방해가 되는 요인들은 무엇일까? 우리가 먼저 생각할 수 있는 것은 공공행정을 둘러싼 다양한 이해관계자들이 다양한 방식으로 공무원들에게 접근하여 유혹하거나 압력을 행사하여 자신들의 이익을 실현하고자 한다는 사실이다. 그러다 보니 현실적으로 정치적인 중립을 지킨다는 것이 쉽

1) 내부고발에 대하여는 박흥식(1991; 1999), 김재한(2004), 윤혜진(2009), 장용진·박성은·민지혜(2011), 장용진·윤수재·조태준(2012) 등 참조.

2) 공무원의 정치적 중립에 대하여는 장영수(2012), 박천오(2011), 윤병태(1999), 한인섭(2000) 등 참조.

지 않을 것이다. 또 하나는 행정국가화가 진행되면서 정부관료제 자체가 엄청난 권력집단이 되어가고 있다는 사실이다. 행정국가에서는 정치적 중립이 오히려 정치적 견제를 무력화시키는 이념으로 왜곡될 수 있다. 정치적 중립이 행정에 의한 정치의 포섭을 강화하는 논리가 된다는 것이다. 따라서 진정한 의미의 정치적 중립이 어렵게 될 수 있다.

공무원이 정치적 중립을 지켜나가는 데 본질적인 딜레마가 있다. 그것은 민주주의의 자기 모순이기도 하다. 민주주의는 선거를 통하여 특정한 정당에게 권력을 부여하는 메커니즘이다. 각 정당은 경쟁적으로 당의 공약을 제시하고 국민들의 선택을 요청한다. 선거를 통하여 선택받은 정당은 자신들이 내세운 공약을 임기 안에 성공적으로 실현하고자 한다. 공약은 구체적인 정책이 되어 공무원들에 의하여 수행된다. 공무원들은 주어진 업무를 수행하는 것에 불과하겠지만, 실질적으로는 집권당의 공약을 실현하는 업무를 수행하는 것이기도 하다. 공무원들이 성공적으로 업무를 수행하게 되면, 국민들은 집권당이 일을 잘하는 것으로 평가하게 된다. 그러다 보면 다음 선거에서 집권당이 재집권할 가능성이 커진다. 공무원은 정치적으로 특정한 정파를 지지해서는 안 된다. 선거에 유리하게 직·간접으로 도움을 주어서도 안 된다. 그러나 공무원들은 의도적이건 비의도적이건 집권에 성공한 특정 정당에게 도움을 줄 수밖에 없다. 그러다 보니 공무원은 정치적으로 중립적이어야 하지만 또한 정치적이어야 한다. 이러한 딜레마 상황은 공무원의 정치적 중립성을 해석하는 데 상당한 어려움을 준다.

이명박 정부 출범 직전인 2008년 1월 대통령직 인수위원회의 국정홍보처 업무보고에서 유명한 말이 되어버린 '영혼 없는 공무원' 문제를 살펴보자. 이 말이 나오게 된 경위는 이렇다. 당시 인수위원들이 홍보처 폐지를 강조하자 홍보처 직원들은 "대통령중심제 하에서 국정홍보는 어쩔 수 없는 일이다. 우리는 영혼이 없는 공무원이다"라고 하소연하였다. 이후 '영혼 없는 공무원'은 일종의 관용구가 되어버렸다. 기존의 집권당이 선거에서 패하고 승리한 정당이 업무를 인수하는 과정에서 공무원들에게 "당신들은 왜 집권당을 이롭게 하는 일을 하였는가?"라고 질문을 던지는 것은 공무원의 어쩔 수 없는 운명에 시시비비를 따지는 것이다. 공무원이 집권당의 정책을 수행하는 것은 공무원의 의무이다. 그런데 이것을 새로운 집권 세력이 정치적으로 해석하면, 공무원의 행위는 정치적인 것이 될 수밖에 없다. 이러한 비판에 어떻게 답할 수 있을까? 구조적으로 정치적일 수밖에 없는데 정치적으로 중립적이어야만 하는 공무원의 미묘한 운명을 "공무원은 영혼이 없다"라는 말로 표현하여 많은 논란을 일으켰다. 영혼이 없는 공무원이라는 말은 어떤 맥락에서 읽느냐에 따라 그 의미가 달라진다. 이 말을 정치적인 맥락에서 읽으면, 영혼이 없는 공무원은 공무원의 정치적 딜레마를 피하기 위한 답변으로 해석될 수 있다. 어찌 보면 절묘한 정치적 딜레마에 빠져 있는 공무원에게 그러한 말이 나오게 만든 질문이 오히려 문제일 수도 있다. 그러나 영혼이 없는 공무원이라는 말을 윤리적 맥락에서 읽으면, 그것은 매우 위험한 의미를 담고 있는 것으로 보인다. 공무원은 인간의 보편적 권리나 국민의 기본적인 권리 혹은 헌법의 정신에 대하여 생각할 필요 없이, 오직 상관의 명령에 죽고 사는 기계에 불과하다는 말로 해석될 수 있기 때문이다.

사실상 정치적 중립이 윤리적 중립을 의미하는 것은 아니다. 집권당이 어떤 당이건 국민의 선택을 받은 당이기 때문에 공무원이 그 당의 공약과 정책을 실현하는 데 최선을 다 하는 것은 당연한 일이다. 이것을 정치적 중립의 위반으로 몰아세우는 것은 정당한 것으로 보기 어렵다. 물론 그렇다고 해서 집권 세력의 명령에 무조건 복종하라는 의미는 아니다. 정치적 중립이 기계적으로 집권당의 요구를 수행하여야 한다는 것을 의미하는 것은 아니다. 집권당의 요구가 인간의 보편적 가치나 국민의 기본적인 권리 혹은 헌법의 정신에 반하는 것이라면, 공무원이 이러한 요구에 복종하여야 할까? 이 문제는 윤리적인 문제이다. 공무원이 윤리적으로 중립적이어야 할 의무는 없다. 그리고 윤리적으로 중립적이라는 것은 참으로 위험하기조차 한 것이다. 물론 문제가 없는 것은 아니다. 공무원이 집권당의 요구가 인간의 보편적 가치나 헌법의 정신에 반한다고 판단하여, 복종을 거부한다면, 공무원의 선택은 윤리적으로 정당하다 할 수 있다. 그러나 그러한 거부 행위는 결국 집권당의 정책적 의지에 반하는 것으로서 간접적으로 야당에게 유리한 결과를 가져다 줄 수도 있다. 그러다 보면 집권당은 공무원의 윤리적 행위를 정치적인 맥락에서 읽음으로써 공무원이 중립의 의무를 심각하게 위반한 것으로 해석할 수도 있다. 교과서적으로 보면, 정치적 중립성은 특정 정당에 대한 지지를 금지하는 것이고, 인간의 보편적 가치와 헌법의 정신을 위해 저항하는 것은 정치적 중립의 의무와 무관한 것으로 해석된다. 그러나 현실에서는 정파적 이해 관계가 작용하기 때문에 공무원의 행위가 정치적인 맥락에서 해석될 가능성이 매우 크다.

공무원은 제도적으로 정치적일 수밖에 없는데, 규범적으로 정치적인 중립을 지키라는 요구를 받고 있다. 그러다 보니 공무원의 행위는 정파적인 이해 관계에 따라 중립적인 것으로 혹은 그렇지 않은 것으로 해석될 수 있다. 또한 인간의 보편적 가치나 헌법의 정신을 우선시하는 공무원의 윤리적인 선택이나 행위가 정치적으로 해석될 수 있는 가능성이 농후하다. 왜냐하면 정파적 이해 관계가 작용하는 곳에서는 객관적 기준이라는 것이 존재할 수 없기 때문이다.

공무원의 정치적 활동에 대한 제한을 풀어버린다면, 공공행정이 심각한 혼란에 빠지게 될까? 미국의 경우는 엽관주의의 폐해 때문에 정치와 행정을 분리하여야 할 필요성이 컸다. 그러다 보니 공무원의 정치적 중립이 근본적인 행정 이념으로 자리를 잡게 되었다(임재홍, 2006). 일본의 경우는 제1차 세계대전 이후 미군정의 영향으로 미국 형태의 공무원 제도가 정착하면서 공무원의 정치적 중립에 대한 엄격한 규정이 마련되었다. 미국과 일본은 우리나라의 공공행정 체제에 매우 큰 영향을 미쳤다. 그러다 보니 공무원의 정치적 중립을 법적으로는 매우 엄격하게 적용하고 있다. 이러한 분위기 때문에 우리는 자칫 정치적 중립을 일종의 진리로 받아들일 가능성이 있다. 그러나 그것은 영원 불변의 진리가 아니다. 가령 독일이나 프랑스의 경우는 공무원의 정당 가입이나 정당활동이 허용되고 있다. 그럼에도 불구하고 공공행정에 혼란이나 난맥상이 일상적으로 나타난다는 보고는 없다. 제도가 만들어지면 거기에 맞는 행태상의 변화가 있겠지만, 그 변화는 다른 제도들과의 상호작용 과정에서 제어되고 조절되어 어느 정도의 조화 상태로 나아가게 될 것이다. 따라서 공무원의 정치활동에 대한 고정 관념에서 벗어나 전향적으로 헌법에서 보장하는 표현의 자유를 제고할 수 있는 가능성에 초점을 맞춰 고민해보는 것도 필요할 것이다.

제 4 절 집단행위의 금지 의무에 관하여

집단행위의 금지 의무는 공무원의 노동운동을 제한하는 근거를 제공한다. 우리나라 헌법 제33조는 근로자에게 근로조건의 향상을 위하여 자주적인 단결권, 단체교섭권, 단체행동권 등 노동3권을 보장하고 있다. 단결권은 근로자가 근로조건의 향상을 위하여 자주적으로 노동조합이나 기타 결사체를 조직 및 가입하거나 운영할 권리를 말한다.

단체교섭권은 근로조건의 유지·개선과 경제적·사회적 지위 향상을 위하여 사용자와 교섭하는 권리이며, 단체교섭의 주체는 원칙적으로 노동조합이 된다. 단체행동권은 쟁의권이라고도 하며 동맹파업, 태업, 직장폐쇄권 등이 있다. 일반적으로 고용주는 피고용인들에 비하여 경제적으로 우위에 있기 때문에 피고용인들이 조직화되지 않고서는 교섭이 쉽지 않다. 따라서 노동3권은 노동자의 권리를 보호하는 데 없어서는 안 되는 기본적인 권리에 해당된다고 볼 수 있다. 그러나 헌법은 공무원에 대하여는 노동3권을 일반 근로자와 동일하게 허용하지 않을 수 있는 근거를 남겨놓았다. 즉, 공무원의 경우는 법률로 인정하는 범위의 공무원에 한하여 노동3권을 갖도록 하고 있으며, 법률이 정하는 주요 방위산업체에 종사하는 근로자에 대하여는 단체행동권을 법률로 제한하거나 인정하지 않을 수도 있다는 조항을 마련하여 놓았다. 일반적으로 국민에 대한 봉사자로서의 공무원의 지위와 공무원이 수행하는 직무의 공공성에서 공무원의 노동3권을 제한하는 근거를 찾고 있다.

이러한 헌법의 규정에 따라, 공무원의 노동조합 설립 및 운영 등에 관한 법률(2011.8)에서는 구체적으로 노동3권의 보장 범위에 대하여 규정하고 있다. 노동조합의 가입 범위, 교섭의 대상, 그리고 쟁의행위에 대한 규정을 살펴보자.

첫째, 가입 범위에 대하여 살펴보자(제6조). 동법은 계층적으로는 6급을 기준으로 하고, 직무의 특성을 반영하여 노동조합의 가입 범위를 규정하고 있다. 계층적으로 노동조합의 가입 범위를 6급 이하의 일반직 공무원 및 이에 상당하는 일반직 공무원, 특정직 공무원 중 6급 이하의 일반직 공무원에 상당하는 외무행정·외교정보 관리직 공무원, 기능직 공무원, 6급 이하의 일반직 공무원에 상당하는 별정직 공무원 및 계약직 공무원 등으로 제한하고 있다. 그러나 이러한 허용 범위 안에 드는 모든 공무원이 노조에 가입할 수 있는 것은 아니다. 직무의 성격에 따라서는 노조에 가입을 허용할 수 없는 경우가 있다. 그래서 동법에서는 다른 공무원에 대하여 지휘·감독권을 행사하거나 다른 공무원의 업무를 총괄하는 업무에 종사하는 공무원, 인사·보수에 관한 업무를 수행하는 공무원 등 노동조합과의 관계에서 행정기관의 입장에서 업무를 수행하는 공무원, 교정·수사 또는 그 밖에 이와 유사한 업무에 종사하는 공무원, 업무의 주된 내용이 노동 관계의 조정·감독 등 노동조합의 조합원 지위를 가지고 수행하기에 적절하지 않은 업무에 종사하는 공무원 등에 대하여는 노조 가입을 허용하지 않고 있다.

둘째, 교섭 대상의 범위에 대하여 살펴보자(제8조). 공무원의 노동조합 설립 및 운영 등에 관한 법률은 노동조합에 관한 사항 또는 조합원의 보수·복지, 그 밖의 근무조건에 관한 사항을 교섭의 대상으로 규정하고, 정책 결정에 관한 사항, 임용권의 행사 등 그 기관의 관리·운영에 관한 사항으로서 근무조건과 직접 관련되지 않는 사항은 교섭의 대상이 될 수 없음을 규정하고 있다. 즉, 순수하게 근로조건에 한정하여 교섭을 허용하고 있는 것이다.

셋째, 쟁의 행위에 대하여 살펴보자(제11조). 공무원의 노동조합 설립 및 운영 등에 관한 법률은 노동조합과 그 조합원의 파업, 태업 또는 그 밖에 업무의 정상적인 운영을 방해하는 일체의 행위를 금지하고 있다. 이는 쟁의행위로 인한 공공행정의 공백이나 공익의 훼손을 방지하기 위한 제한 규정으로 볼 수 있을 것이다. 여기에 하나 더 덧붙인다면 공무원노조는 정치활동을 해서는 안 되는 것으로 규정하고 있다(제4조)(문무기, 2009).

공무원 노동조합과 관련하여 쟁의권 없는 단결권 및 교섭권의 문제와 정치활동 금지 문제에 대하여 살펴볼 필요가 있다.

먼저 쟁의권 문제에 대하여 살펴보자. 과연 쟁의권 없는 교섭이라는 것이 실효성을 가질 수 있을까? 노사 간의 교섭에서 힘의 균형을 이룰 수 있는 이유는 노동자의 입장에서 교섭이 이루어지지 않을 때, 행동으로 자신들의 의지를 표현할 수 있는 기회가 허용되어 있기 때문이다. 사용자의 입장에서 무엇보다도 노조의 쟁의권이 위협적인 것으로 보일 것이다. 노동조합의 목적이 노조원들의 권익을 보호하고 신장시키는 데 있다면, 무엇보다 중요한 것은 노사 간의 힘의 균형을 이룰 수 있는 지렛대를 마련하는 것이다. 그러한 점에서 공무원노조의 쟁의권을 원천적으로 배제시키는 것은 노조의 실효성을 의심하게 만든다. 물론 일반적인 쟁의 수단들을 포괄적으로 허용하는 것은 다소 무리일 수 있다. 공무원의 지위나 업무의 공공성 때문에 쟁의 수단을 모두 허용한다면, 국민의 생활을 곤란하게 만들 가능성이 있다. 그렇다고 쟁의 자체를 완전히 금지하는 것은 노조의 실효성을 떨어뜨리는 것이 된다. 그렇다면 어떻게 하여야 할까? 두 가지 생각을 해볼 수 있다. 하나는 공무원 노조가 갖는 특수성을 다른 관점에서 보는 것이다. 쟁의를 반대하는 입장은 공무원의 지위와 업무의 공공성을 주로 강조한다. 그러나 공무원노조의 특수성을 강조하게 되면, 쟁의권에 대하여 다른 생각을 할 수도 있다. 공무원노조는 일반 노조와는 다르게 국민들의 관심을 받지 않을 수 없다. 그만큼 명분이나 도덕성을 중요하게 생각하지 않을 수 없다. 국민의 지지를 받지 못하는 공무원노조는 그 정당성을 확보할 수 없기 때문이다. 그러니까 공무원노조에는 교섭은 말할 것도 없고, 쟁의에 돌입하기 전에 국민들로부터 공감을 얻는 것이 중요하다. 그러다 보면 우려하는 만큼 공무원노조의 쟁의가 공익을 위협하는 방식으로 전개될 가능성이 크지는 않을 것이다. 이러한 측면에서 보면 쟁의권을 허용하는 것이 그렇게 위험한 것만은 아닐 것이다. 다른 하나는 쟁의권을 원천 봉쇄하는 방식에서 벗어나 '적정 수준'에서 혹은 '적정한 방법'을 선택적으로 허용하는 방식을 취하는 것이다. 적정 수준을 찾는다는 것이 쉬운 일은 아니다. 이해관계자들이 생각하는 적정성의 범위가 당연히 다를 것이기 때문이다. 적정선을 찾기 어렵다는 것이 불가능하다는 것을 의미하는 것은 아니다. 공무원에게도 직장인으로서 자신의 권익을 보호하고 주장할 수 있는 권리가 있다. 그리고 당연히 공무원에게 그러한 기회가 주어져야 한다. 따라서 어려운 일이지만, 적정한 선에서 쟁의권을 허용하는 방안을 고민하고 토론하여야 할 필요가 있을 것이다.

다음으로 공무원노조의 정치 참여 문제에 대하여 생각해보자. 노조의 정치 참여 금지는 공무원의 정치운동 금지 의무의 연장선에 있다. 이는 개인적이건 집단적이건 정치적 참여는 공익을 훼손시킬 수 있다는 염려 때문이다. 특히 노조의 집단적인 정치행위는 개인적인 정치적 행위와는 그 영향력이나 파급력에서 비교할 수가 없을 것이다. 따라서 공무원노조가 특정 정당을 지지하거나 비난하는 정파적 행위는 금지하는 것이 합당하다고 할 수 있다. 그렇다면 공무원노조는 정부의 정책에 대하여 아무런 발언을 해서는 안 되는 것일까? 만일 공무원노조가 정부의 활동과 관련해서 보편적인 인간적 가치와 헌법의 정신에 비추어 어떤 발언을 한다면, 그것을 정치활동이라 볼 수 있을까? 가상적인 예를 하나 들어보자. 정부가 공무원노조의 활동을 더욱 약화시키기 위한 다양한 내용을 담은 법안을 추진한다고 가정해보자. 이 안건은 국회에서 통과되어야 한다. 집권당은 정부와 함께 개정을 서두르고, 야당에서는 강력하게 반대한다고 생각해보자. 이는 직업인으로서 공무원의 이익과 직결된 문제이기 때문에 당연히 이해당사자로서 법안에 대한 반대 입장을 표명할 것이다. 기존의 법에 따르면, 공무원노조의 입장 표명은 합당한 행위라 할 수 있다. 그럼에도 불구하고 공무원노조의 행위는 다르게 해석될 수도 있다. 카를 슈미트(Carl Schmitt)는 마치 학문이 진위(眞僞)를 가르고, 윤리가 선악(善

惡)을 가르며, 미학이 미추(美醜)를 가르듯이 정치는 적과 동지를 가르는 행위로 해석한 바 있다. 이 말은 정치적 역학이라는 것이 중립적인 것을 허용하지 않는다는 것을 의미한다. 만약 노동법 개정을 반대하는 야당이 공무원노조의 입장 표명을 거론하며 집권당에 대한 압박을 강화한다면, 노동법 개정을 찬성하는 입장에서는 공무원노조의 행위가 야당을 지지하는 정치적 행위로 해석될 수 있을 것이다. 그러다 보면, 공무원노조가 아무리 중립적인 입장을 강변한다 하더라도, 노조의 행위는 정치적인 프레임 안에 갇히게 된다. 특히 개인과는 달리 노조는 파급력이 강한 집단적인 방식으로 행동하기 때문에 정치적 프레임에 갇힐 가능성이 더 크다. 노조는 단지 이해 관계 때문에 이익집단으로서 노동조건과 관련된 사안을 문제 삼은 것에 불과하지만, 정치적 역학 속에서는 정치적인 행위가 되고 만다. 정치는 살아 있는 생물과 같아서 고정된 것이 아니다. 법적으로 인정된 행위도 정치 과정에서 인정할 수 없는 행위로 뒤바뀔 수도 있다.

공무원노조가 전국적 수준의 노동조합연합체에 가입하는 문제를 어떻게 볼 수 있을까? 일반적으로 노동조합은 전국적인 연대를 통하여 자신들의 세력을 확대시키고자 한다. 이를 통하여 노조들은 노동자 전체와 관련된 정책적인 문제에 공동 대처함으로써 정부와의 교섭능력을 강화시킨다. 그리고 노조들은 전국적 규모의 노조연합체의 지원을 받음으로써 사용자들과의 교섭 능력을 강화시킬 수 있다. 공무원노조의 입장에서도 정책적으로 이해 관계를 관철시키는 문제나 노조의 교섭력을 강화시키기 위하여 전국적인 노조연합체에 가입하는 것이 유익할 수 있을 것이다. 공무원노조가 노조연합체에 가입하는 것을 허용하는 데 대하여 어떠한 반대 의견이 있을 수 있을까?

첫째, 활동의 내용을 보면, 노조연합체는 정치적인 성격이 강하다는 것이다. 노조연합체는 이익집단으로서 정책적인 투입 과정에 자신들의 이해 관계를 관철시키는 데 초점을 맞추어 행동하지 않을 수 없다. 예컨대 노조연합체는 노동자들에게 호의적인 혹은 노동자들의 근로 조건을 개선하는 데 도움이 되는 제도를 구상하는 정당, 정치 세력, 정치인을 지지하거나, 선거운동에 직·간접적으로 영향력을 행사하는 전략을 구사할 수 있다. 노조연합체의 활동은 많은 경우 정치적이다. 따라서 공무원노조가 노조연합체에 가입하는 행위 자체가 정치적인 것으로 해석될 가능성이 크다. 반대론자들은 공무원노조가 노조연합체에 가입하는 것은 정치활동 금지 의무를 위반할 가능성이 크다는데서 반대의 논리를 제시할 가능성이 있다.

둘째, 노조연합체의 연대적 특성에서 문제를 제기할 수도 있을 것이다. 노조연합체는 개별 노조가 사용자와 교섭하는 과정에서 지원 세력으로서 중요한 역할을 할 수 있다. 따라서 공공 부문의 노사문제가 노조연합체의 직·간접적인 개입으로 더욱 확대될 가능성이 있다. 또한 노조연합체의 개입으로 공공 부문이 갖는 특수성이 특별한 고려의 대상이 되지 않을 수도 있다. 즉, 공공 부문의 일에 민간 부문의 이익집단 연합체가 개입하는 것이 타당한가에 대한 의문이 생길 수 있다. 이러한 연대적 특성 때문에 반대론자들은 공무원노조의 노조연합체 가입을 반대할 가능성이 있다.

반대의 논리는 일면 타당해 보인다. 그러나 이미 지적하였듯이 공무원노조는 성격상 명분과 도덕성을 생명으로 하지 않을 수 없다. 공무원노조의 요구는 국민들이 보기에 공감을 받을 만한 수준에서 이루어져야 수용가능성이 높아진다. 따라서 아무리 이익집단이라 하더라도 이익 추구의 정념이 윤리적 정념에 의하여 통제되기 때문에 반대론자들이 생각하는 최악의 상황이 발생할 가능성이 크지 않을 것이다. 공무원노조가 노조연합체에 가입한다면, 개별 노조로서는 그 규모 면에서 가장 큰 세력일 것이다. 일방적으로 노조연합체에 끌려다니는 방식으로 활동하지는 않을 것이다. 노조연합체가 특정한 정치 세력을 지원한다는 입장을 공개적으로 표명한다고 하여, 그것이 곧 공무원노조의 정치적 활동으로 해석되어야 할 필연성이 있는 것도 아니다. 공무원은 근로자이다. 근로자로서 다른 부문에서 일하는 근로자들과 연대하는 것은 자연스러운 일일 수도 있다. 그러한 연대가 반드시 공공부문의 노사관계를 악화시킬 것이라는 필연성이 있는 것도 아니다. 반대론은 어찌 보면 최악의 상황을 예단하며 논리를 제시하는 것일 수 있다. 만일 그렇다면 찬성론 역시 최선의 상황을 예단하며 논리를 제시할 수도 있을 것이다. 문제의 핵심은 공무원노조의 노조연합체 가입을 단순히 반대하거나 찬성하는 논리를 제시하는 데 있는 것이 아닐 것이다. 오히려 그것은 공무원노조의 노조연합체 가입이 갖는 의미를 공공 부문의 특수성과 공무원의 권리가 서로 조화를 이루는 데 기여할 수 있는 방식으로 재고하는 데 있을 것이다. 특히 이러한 문제를 바라볼 때, 어떠한 정치・사회・문화를 배경으로 하는지가 중요하다. 민주주의적 정치・사회・문화가 확대되고 심화될수록 권리의식뿐만 아니라 의무와 책임 의식이 심화됨으로써 공무원노조에 대한 전반적인 의식이 전향적으로 변화될 가능성이 크다. 거꾸로 보면, 공무원노조에 대한 좀 더 허용적인 인식이 확대되고 있다는 것은 그 사회가 그만큼 정치사회적으로 민주화되고 있음을 반증하는 것이라 할 것이다.

제 7 장

공공행정의 대상은 무엇인가?

공공행정의 대상은 무엇일까? 공공행정은 모든 국민과 국가의 영역 안에 있는 모든 것을 대상으로 한다. 그렇다면 공공행정의 기초적인 작업은 무엇일까? 그것은 모든 것을 관리할 수 있도록 정리하는 일이다. 인구 및 국가의 영역과 관련된 정보를 체계적으로 정리하는 일이다. 통계는 수집된 자료를 정리하고 그 내용을 특징짓는 수치를 산정하여 일정한 체계에 따라 숫자로 나타내는 것으로 공공행정의 기초가 된다. 이러한 측면에서 보면, 공공행정은 곧 '통계'를 의미한다고 할 수 있다. 전혀 어울리지 않을 것 같은 통계와 국가는 매우 밀접하게 연관되어 있다.

영어의 통계학과 국가의 어원을 살펴보자. 통계학을 의미하는 영어의 statistics는 "국가나 공동체의 상황에 관한 자료를 다루는 학문"을 의미하는 독일어 Statistik에서 유래했다. Statistik은 1770년에 독일의 정치학자 고트프리트 아쉔발(Gottfried Aschenwall)에 의하여 『국가학개론(*Vorbereitung zur Staatswissenschaft*)』에서 만들어진 신조어인데, '국가사무(에 관한 강의)'를 의미하는 근대 라틴어 statisticum에서 따온 것이다. statisticum은 본래 '국가통치술에 능한 사람'을 의미하는 이탈리아어 statista에서 파생되었으며, 이는 '있는 방식, 지위, 상황'을 의미하는 라틴어 status에서 유래한 것이다. 다른 한편 라틴어 status는 근대 독일어권에서 주로 정치적인 의미로 채용되기도 하였다. 예를 들어, '국가'를 의미하는 Staat는 status에서 유래한 것이다. '국가'를 의미하는 영어의 'state'의 어원을 바로 여기에서 찾을 수 있다. 흥미롭게도 통계학과 국가의 어원이 동일하다. 역사적으로도 국가가 성립되었을 때, 일반적으로 가장 먼저 하는 일이 인구와 토지조사를 통하여 국가의 관리 대상을 체계적으로 정리하는 것이었다. 이러한 조사사업은 국가를 유지하는 데 필요한 조세수입의 원천을 안정적으로 확보하는 것이기 때문에 무엇보다 중요한 것이었다. 이상의 관찰에서 우리는 어원뿐만 아니라 역사적으로도 통계와 공공행정이 본질적으로 밀접한 관련이 있다는 것을 알 수 있다.

통계의 핵심은 자료를 체계적으로 정리할 수 있는 분류 체계를 만드는 것이다. 공공행정은 사무의 분류 체계에 따라 수행된다. 다양한 부처들은 자료를 분류하기 위한 기준이 된다. 이처럼 정보를 체계적으로 정리하는 이유는 무엇일까? 그 이유는 다양하지만, 가장 본질적인 것은 '가독성(可讀性)'이다(Scott, 1998). 가독성은 눈으로 읽을 수 있도록 되어 있는 상태를 의미한다. 그러니까 통계 기법을 통한 자료의 정리는 가독성을 높이는 것이고, 궁극적으로 국가가 국가에 속하는 모든 것을 읽을 수 있는 능력을 향상시키는 것이다. 논리적으로 보면, 공공행정이 양질의 서비스를 효율적으로 제공하기 위하여는 주먹구구식보다는 체계적인 방식으로 사람들을 대우하거나 국토를 활용하는 것이 훨씬 유익하고, 당연한 것이라 할 수 있다. 더 좋은 서비스를 제공하기 위하여는 더 많이 알아야 한다. 그렇다면 국가가 국민이나 국가의 영역에 대한 정보를 더 많이 알면 알수록 바람직한 것일까? 어려운 문제이다. 가령 국민과 관련하여 생각해보자. 국민들의 상태와 원하는 것을 정확히 알수록 그것에 맞는 서비스를 제공함으로써 국민들의 만족도를 높이는 것이 공공행정의 궁극적인 목적이라 할 수 있다. 그럼에도 불구하고 국민 개개인의 내밀한 사적인 정보를 체계적으로 관리하는 정부의 이미지는 좋은 의도에도 불구하고 국민에게는 불안의 근원이 될 수 있다. 내가 알지 못하는 누군가가 나를 보고 있다는 느낌은 불안과 함께 묘한 권력의 작동 방식을 경험하게 만든다. 정부가 공공행정의 수행을 위해 우리를 읽고 있는 모습을 생각해보자. 특히 자신에게 부여된 각종 번호들이 들어 있는 다양한 장치를 생각해보자. 주민등록증, 운전면허증, 건강보험증, 신용카드, 저금통장, 휴대전화, 교통카드, 컴퓨터(인터넷, 이메일), 거주지(주소) 등등. 물론 이들은 서비스의 효율을 위하여 만들어지고, 개인별로 번호가 부여된다. 그러나 이것이 다른 용도로 활용될 가능성을 배제할 수는 없다. 바로 이러한 가능성이 불안과 공포를 불러일으키고, 보이지 않는 권력의 절대성에 우리의 자유를 양도하게 될지도 모를 일이다. 이러한 이유 때문에 정보의 분산 관리 방식을 취하고는 있으나, 정보의 집중관리에 대한 유혹을 떨쳐버리기 쉽지 않다. 가령 우리나라에서는 행정의 효율성을 높이기 위하여 개인과 관련된 20여 가지의 정보가 담긴 전자신분증을 활용하여야 한다는 주장이 정부에서 간헐적이지만 지속적으로 흘러나오고 있다. 당연히 많은 논쟁을 불러일으키고 있다.

공공행정의 대상은 통계적으로 관리되어야 할 가치가 있는 것으로 인정된 것들이다. 그것들은 앞에서 열거한 우리나라의 정부부처의 임무를 통하여 볼 수 있다. 그것들을 일일이 논의하는 것은 우리의 관심이 아니다. 여기에서는 공공행정의 대상을 크게 두 범주로 나누어 살펴보고자 한다. 하나는 국민이며, 다른 하나는 국가의 영역이다.

제 1 절 국민에 관하여

공공행정의 대상으로서 국민에 대하여 살펴보자.[1] 당연히 공공행정의 대상은 국가에 속하는 사람이어야 할 것이다. 이처럼 국가에 소속하는 개개인은 자연인으로서 국가의 통치권에 복종할 의무를 가진 사람들을 우리는 국민이라 부른다. 특히 주목할 것은 국민은 국가적 질서를 전제로 하는 법적 개념이라는 점이다. 우리나라의 경우는 「국적법」에 의거하여 국민의 자격을 규정하고 있다. 이러한 의미에서 국민은 사회적 개념으로서 사회의 구성원을 의미하는 '인민'이나, 혈연을 기초로 한 자연적·문화적 개념인 '민족'과 다르다.

그렇다면 공공행정의 대상으로서 국민은 어떠한 지위를 가지고 있는가? 우리나라의 헌법에 따르면, 세 가지 측면에서 국민의 지위를 생각해볼 수 있다. 하나는 헌법 제1장 총강에서 부여하고 있는 주권자로서 국민의 지위이다. 다른 하나는 헌법 제2장 국민의 권리와 의무에서 부여하고 있는 기본권의 주체로서 국민의 지위이며, 또 하나는 의무의 담지자로서 국민의 지위이다. 각각의 국민의 지위에 대하여 살펴

1) 국민 개념의 형성사에 대하여는 한승연(2011) 참조.

보자.

첫째, 국민은 주권자이다. 헌법에 의하면, 대한민국의 주권은 국민에게 있고, 모든 권력은 국민으로부터 나온다(제1조 2항). 주권은 대내적으로는 최고의 권력을, 대외적으로는 독립적인 권력을 의미한다. 이러한 권력의 주체가 바로 국민이라는 것이다. 주권자로서 국민의 지위는 행정과 정치의 측면에서 다시 강조된다. 공공행정의 차원에서 공무원은 주권자로서의 국민에게 봉자로서의 역할을 충실히 수행하고, 일에 대한 책임은 최종적으로 국민에게 져야 한다는 것이다(제7조 1항). 그리고 정치의 차원에서 정당은 국민이 정치적 의사 형성에 참여하는 데 필요한 조치를 취하여야 한다는 것이다(제8조 2항). 주권자로서 국민은 자신들의 의지를 표출하고 결집할 수 있는 권리가 있다는 것이다. 주권자로서 국민의 지위가 갖는 주요한 특징은 국민이 국가의 운영과 관련된 법제도에 대한 최종적인 결정권을 갖는다는 것과 그렇게 결정된 법제도에 따라 공무원들의 봉사를 받을 권리가 있다는 것을 의미한다. 국민을 주권자라는 관점에서 보면, 국민은 공공행정이 수행하여야 할 일과 일하는 방법을 결정하는 주인이다. 그리고 공공행정은 그러한 주인의 요구에 따라 성실하게 책임을 완수하는 것이 되어야 한다.

둘째, 국민은 기본권의 주체이다. 기본권은 국민으로서 당연히 누려야 할 권리를 말한다. 기본권의 특징은 다음과 같다. (i) 기본권은 인종, 성, 종교, 사회적 신분 등에 구애받지 않고 모든 인간이 누리는 보편적인 권리이다. (ii) 기본권은 국가나 헌법에 의하여 만들어지는 권리가 아니라 인간으로서 누려야 할 천부적인 권리이다. (iii) 기본권은 일정 기간에만 보장되는 권리가 아니라 영구적으로 보장되고 박탈당하지 않는 항구적인 권리이다. (iv) 기본권은 불가침적인 권리이다. 기본권의 주체로서 국민은 보편성, 천부성, 항구성, 불가침성을 특징으로 하는 절대적인 권리를 담지하고 있는 주체이다. 헌법에 따르면, 기본권 보장의 근거는 인간의 존엄성에 있다. 또한 포괄적인 의미에서 모든 인간에게는 행복을 추구할 권리가 있는 것으로 규정한다. 무엇보다 중요한 것은 국가는 이러한 개인의 불가침의 기본권을 확인하고 보장할 의무가 있다는 점이다(제10조). 그렇다면 이러한 기본권에는 어떠한 것들이 있는가? 일반적으로 기본권은 평등권(법 앞의 평등), 인신의 자유권(생명권, 신체를 훼손당하지 않을 권리, 신체의 자유), 사생활 자유권(사생활의 비밀과 자유, 주거의 자유, 거주・이전의 자유, 통신의 자유), 정신적 자유권(양심의 자유, 종교의 자유, 언론・출판의 자유, 집회・결사의 자유, 학문과 예술의 자유), 경제적 기본권(재산권, 직업 선택의 자유, 소비자의 권리), 정치적 기본권(정치적 자유, 참정권, 그 밖의 정치적 활동권), 청구권적 기본권(청원권, 재판청구권, 국가배상청구권, 국가보상청구권, 범죄피해자구조청구권), 사회적 기본권(인간다운 생활권, 노동의 권리, 노동3권, 교육을 받을 권리, 환경권, 쾌적한 주거생활권, 건강권) 등이다. 그렇다면 이러한 기본권은 무제한적인 것인가? 기본권의 성격에서 볼 수 있는 것처럼, 그것은 불가침성을 갖는다. 따라서 기본권의 범위는 제한될 수밖에 없다. 내가 다른 사람의 권리를 침해하여서도 안 되고, 다른 사람이 나의 권리를 침해하여서도 안 된다. 기본권은 서로의 권리를 침해하지 않는 범위 내에서 보장되어야 한다. 공공행정은 국민의 기본권을 보장하고 신장시키기 위하여 노력하여야 하고, 국가 권력(공공행정 활동)이 기본권을 침해하지 않도록 하여야 하며, 개인들 간에 기본권 침해가 발생하지 않도록 조치를 취하여야 한다.

셋째, 국민은 의무 담지자이다. 국민은 일종의 피지배자로서 국가가 요구하는 의무를 이행하여야 할 의무를 갖는다. 가령 헌법에서는 국방, 납세, 교육, 근로, 환경 보전을 의무로 규정하고 있다. 국방은 외부의 위협으로부터 국가와 국민을 수호하기 위한 것이며, 납세는 국가의 활동 전체를 지원하는 데 필요한 재정적 기초를 마련하기 위한 것이다. 또한 교육은 국가의 구성원으로서 권리를 주장하고 의무를 이행하는 데 필요한 정보와 지식을 공유하는 데 필수적이며, 근로는 국가 공동체 구성원들의 기본적인 욕구를 충족시키는 데 필수적이다. 그리고 환경 보전은 자원과 삶의 지속가능성을 확보하는 데 필수적이다. 따라서 의무로서 규정된 것들은 국가 공동체의 생존과 발전에 기초적인 것이라 할 수 있다. 공공행정은 이러한 국민들의 의무가 적절하게 준수되도록 하는 데 초점을 맞추어야 한다.

주권자로서의 국민, 기본권의 주체로서 국민, 그리고 의무담지자로서 국민은 별개의 국민이 아니라 하나의 국민이다. 가령 나는 동시에 주권자, 기본권의 주체, 그리고 의무담지자이다. 이것이 의미하는 바가 무엇일까? 국민은 주권자이며 기본권의 주체로서 자신의 삶의 방식을 스스로 결정하고, 의무담지자로서 국가와 국민의 수호를 위하여 자신들이 만든 원칙에 스스로 복종하는 자라는 것이다. 즉, 국민은 결정하고 복종하는 역할을 동시에 수행한다. 공공행정은 국민이 의사결정을 하고, 결정된 것을 행동으로 옮기는 데 매개자의 역할을 한다.

그렇다면 국민은 하나인가? 포괄적으로 대한민국의 국민은 하나의 국민을 지칭할 수 있다. 그러나 실제 정치공동체에서 국민은 하나가 아니다. 국민은 다양성을 내용으로 하는 전체이다. 국민 개개인은 매우 다양하다. 남성이기도 하고, 여성이기도 하다. 어른이기도 하고, 아이이기도 하다. 백인이기도 하고, 흑인이기도 하다. 장애인이기도 하고, 비장애인이기도 하다. 기독교도이기도 하고, 이슬람교도이기도 하다. 이성애자이기도 하고, 동성애자이기도 하다. 직장인이기도 하고, 실업자이기도 하다. 서울사람이기도 하고, 시골사람이기도 하다. 교육을 많이 받은 사람이기도 하고, 적게 받은 사람이기도 하다. 돈이 많기도 하고, 적기도 하다. 병자이기도 하고, 건강하기도 하다. 비만이기도 하고, 마르기도 하다. 키가 크기도 하고, 작기도 하다. 흡연자이기도 하고, 비흡연자이기도 하다. 트로트를 좋아하기도 하고, 클래식을 좋아하기도 한다. 이기적이기도 하고, 이타적이기도 하다. 진보적이기도 하고, 보수적이기도 하다. 능동적이기도 하고, 수동적이기도 하다. 평화적이기도 하고, 호전적이기도 하다. 일관성이 있기도 하고, 변덕스럽기도 하다. 실리를 우선하기도 하고, 명분을 우선하기도 한다. 정부에 우호적이기도 하고, 비판적이기도 하다. 경쟁적이기도 하고, 협동적이기도 하다. 개인적이기도 하고, 집단적이기도 하다. 권위적이기도 하고, 민주적이기도 하다. 이 밖에도 많은 특성을 나열할 수 있을 것이다. 개개인의 특성은 이러한 다양한 목록의 조합으로 이루어진다. 국민을 구성하는 개개인의 특성은 인구 수만큼 다양하다고 해도 과언은 아닐 것이다. 여기에 복잡함을 더하는 것은 개개인이 가지고 있는 특성이 일관성을 갖는 경우도 있고, 그렇지 않은 경우도 있다는 것이다. 가령 정치적으로는 진보적이면서도, 동성애에 대하여는 보수적인 태도를 보일 수도 있다. 잘 모르는 남에게는 이기적이면서도, 가까운 사람들에게는 이타적일 수도 있다. 집 밖에서는 민주적이면서도, 집 안에서는 권위적일 수도 있다. 국민을 구성하는 개개인은 참으로 다양하고 복잡하다.

이러한 개인들의 다양성을 전제하게 되면, 국민은 정태적인 것이 아니라 매우 역동적인 것임을 알 수 있다. 다양성은 곧 개인들이 가치관, 욕구, 이해 관계, 신념, 삶의 방식, 관점, 의견 등의 차이 때문에 서로 갈등할 가능성이 있음을 시사한다. 또한 개인들은 자신들의 입장을 보호하거나 좀 더 강력하게 주장하기 위하여 의식적으로 조직화할 수 있다. 어떤 사람들은 사적인 이익을 위하여, 또 어떤 사람들은 공적인 이익을 위하여 결사체를 만들거나 거기에 가입할 수도 있다. 또는 신념이나 가치관 혹은 취미를 공유하기 위하여 결사체를 만들거나 거기에 가입할 수도 있다. 어찌되었건 다양한 개인들이 다양한 이유 때문에 다양한 결사체들을 만들거나 거기에 참여할 수 있다는 것이다. 이러한 측면에서 보면, 사람들은 독립적인 개인으로 존재하기도 하지만, 또한 자신이 선택한 결사체의 구성원으로서 존재하기도 하는 것이다. 그리고 개인이 하나의 결사체에만 소속하는 경우도 있지만, 동시에 여러 개의 결사체에 소속할 수도 있다. 수많은 결사체가 존재한다는 사실을 더욱 복잡하게 만드는 요소들을 생각해보자. 결사체들은 규모가 다양하다. 응집력 역시 다양하다. 공식화의 수준이 다양하다. 권위의 배분 방식이 다양하다. 구성원들 간의 관계 방식이 다양하다. 결사체가 구성원에게 요구하는 규범이 다양하다. 결사체들은 서로 상호작용하기도 하고, 전혀 상호작용하지 않기도 한다. 상호작용은 우호적이기도 하고 갈등적이거나 경쟁적이기도 하다 등등.

국민을 구성하는 개인들의 다양성은 공공행정의 필연적인 조건이다. 그렇다면 이러한 다양성에 대하여 공공행정은 어떻게 반응할까? 현실적으로 개개인의 다양성에 맞추어 공공 서비스를 제공한다는 것은 불가능하다. 따라서 다양한 사람을 행정의 필요에 따라서 분류하는 것은 필연적인 수순일 것이다. 이것이 바로 행정이 통계인 이유이다. 그러나 사람들은 그러한 분류 체계를 수동적으로 받아들이기만 하는 것은 아니다. 행정의 분류 체계나 실제로 분류가 이루어지는 현상에 대하여 문제를 제기할 수도 있으며, 병리적인 반응을 보일 수도 있다. 예를 들어보자. 정부가 극빈자를 지원하는 프로그램을 만들면서, 극빈자의 기준을 월수입 50만 원 이하로 정했다고 가정해보자. 이에 대하여 사람들이 별 반응 없이 그 기준을 받아들일 수도 있다. 그러나 월수입이 50만 원보다는 많지만 60만 원 이하인 사람들이 기준을 높여달라고 요구할 수도 있다. 다른 차원에서 극빈자들은 지원 프로그램의 도움을 받기는 하면서도 극빈자라는 꼬리표 때문에 심리적으로 어려움을 겪을 수도 있다. 사람을 대상으로 하는 공공행정은 국민을 단순히 수동적으로 행정 서비스를 소비하는 고객집단으로만 보아서는 안 된다. 그럼에도 불구하고 공공행정의 편의성 때문에 국민은 반응하고 요구하는 능력이 있는 주권자들로 구성된 집단이라는 사실을 잊기 쉽다. 공공행정이 '공공'이라는 수식어를 의식하지 못하면, 국민의 주권자적 지위를 망각할 가능성이 커진다.

제 2 절 국가의 영역에 관하여

공공행정의 대상으로서 국가의 영역에 대하여 살펴보자. 국가는 일정한 범위의 공간을 존립 기반으로 한다. 이러한 공간을 국가의 영역이라 하는데, 이는 국가의 법이 적용되는 공간적인 범위를 의미하며 동시에 국가적 지배의 물적 대상을 의미하기도 한다. 일반적으로 국가의 영역은 영토, 영해, 영공으로 구성된다. 영토는 국가의 기초가 되는 일정한 범위의 육지를, 영해는 영토에 접한 일정한 범위의 해역을, 그리고 영공은 영토와 영해의 수직 상공을 의미한다. 국가의 존립 기반이 되는 국가의 영역을 관리하는 것은 공공행정의 기본적인 임무라 할 것이다.

국가의 지배를 받는 물적 대상으로서 국가의 영역은 그 특성상 소유와 이용의 대상일 수밖에 없다. 그렇다면 그것을 어떠한 방식으로 소유하고 이용하는 것이 바람직할까? 이 물음에 응답하기에 앞서 우리는 소유의 의미와 근거에 대하여 생각해볼 필요가 있다. 소유는 자기의 것으로 갖는 것을 의미한다. 그리고 법률적으로 소유권은 어떤 물건을 자기의 것으로 가지는 권리로서 물건을 자유로이 사용, 수익, 처분할 수 있는 물권(物權)을 말한다. 그렇다면 이러한 소유의 권리는 어떻게 발생하는 것일까? 사람들이 정당하게 내 것이라고 주장할 수 있는 근거는 무엇일까? 일반적으로 사람들은 자신의 노력이나 노동에서 소유의 근거를 찾는다. 자신의 노동을 통하여 생산한 것에 대하여 사람들은 자신의 것이라 주장할 수 있으며, 그것을 향유하고 파괴하고 사용하고 교환하고 증여할 수 있다. 이러한 소유의 의미와 권리의 근거를 바탕으로 국가의 영역의 대표적인 요소인 토지의 문제를 살펴보기로 하자. 토지에 대한 소유의 권리는 어디에서 찾을 수 있을까? 당연히 토지에 노동을 가함으로써 토지에 대한 소유권을 주장할 수 있다. 우리는 울타리를 침으로써 그 안에 있는 지역에 대한 소유를 주장할 수 있을 것이다. 아니면 불모지를 개간함으로써 그 지역에 대한 소유권을 주장할 수도 있을 것이다. 울타리를 치거나 개간하는 노동이 토지에 대한 소유권의 근거가 된다는 것이다. 이러한 생각은 존 로크(John Locke) 이래로 소유권의 근거에 대한 사고의 표준이 되었다. 그럼에도 불구하고 이러한 사고에는 확실하게 정리하기 어려운 문제가 있는 것 같다. 울타리를 치는 노동이 울타리 안에 있는 토지 전부에 대한 소유권의 근거라면, 노동이 가해지지 않은 울타리 안의 토지까지 소유권을 확대할 수 있는 근거는 무엇일까? 울타리가 세워진 바로 그 부분에 대하여만 소유권의 주장이 가능한 것은 아닐까? 토지를 개간하는 노동이 토지 소유의 근거가 된다면, 개간을 통하여 거두어들인 부가가치 이외에 토지 자체에 대한 소유권을 주장할 수 있는 근거는 무엇일까? 부가가치에 대하여만 소유권을 주장하는 것이 타당한 것은 아닐까? 이러한 의문과 응답을 통하여 볼 때, 모든 물건을 동산이나 부동산으로 분류할 것이 아니라 노동의 생산물과 자연의 부존물로 분류하는 것이 소유의 문제를 이해하는 데 도움이 될 것이다. 토지의 관점에서 보면, 노동의 생산물은 부가가치이며, 자연의 부존물은 토지 자체를 의미한다. 부가가치는 본질적으로 노동의 결과로서 인간의 노력에 의존한다. 그에 반하여 토지는 본질적으로 노동의 결과가 아니다. 즉, 인간의 노력과는 무관하다. 더욱이 인간 자체와도 무관하게 존재한다. 토지는 인간이 존재하는 터전이자 환경이며, 필요한 물자를 공급받는 창고이며, 노동의 필수 불가결한 재료이다. 이러한 논리에 따르면, 부가가치에 대하여는 소유권을 주장할 수 있으나, 토지에 대하여는 소유권을 주장할 수 없을 것이다. 부가가치에 대한 사유를 인정하면, 노동에 대한 적절한 대가를 보장함으로써 모든 사람에게 평등한 조건이 부여된다. 그러나 토지에 대한 사유를 인정하게 되면, 노동하는 자에 대한 자연의 대가를 노동하지 않는 자가 취득할 수 있게 함으로써 인간의 평등권이 거부된다. 여기에서 우리는 토지에 대한 공적 소유 관념을 발견할 수 있다. 그렇다면 토지의 공적 소유는 토지 사용의 효율성을 극대화하는 데 도움이 될 수 있을까? 사람들은 자기 것은 소중히 여기면서도, 자기 것이 아닌 것에 대하여는 그렇지 않다. 토지에 대한 공적 소유가 제도화된 상황에서는 토지의 선용보다는 악용이 보편화될 가능성이 있다. 다시 말해서 사람들은 토지에서 얻어지는 부가가치에만 관심을 가질 것이며, 토지 자체의 관리에 대하여는 무관심할 수 있다는 것이다. 따라서 공적인 관리가 필요한 토지를 제외하고는 토지에 대한 사적 소유권을 인정함으로써 토지 활용의 효율성을 극대화하자는 주장이 가능할 수 있다. 그러나 이에 대하여도 다른 생각이 있을 수 있다. 예컨대 사적 소유가 토지의 효율적인 활용을 가능하게 할 수 있다는 긍정론과 오히려 무계획적으로 토지를 활용함으로써 국토 전체의 효율적인 활용을 어렵게 할 수 있다는 부정론이 대립할 수 있다. 물론 어느 것이 정답이라고 말하기는 어렵다. 우리는 토지의 사적 소유에 상당히 익숙하다. 그러다 보니 토지의 사적 소유가 정당하고 유익하다고 생각할 가능성이 크다. 그러나 이러한 익숙한 관념에 대하여 의심을 가져볼 필요는 있을 것이다. 의심을 통하여 토지의 사적 소유가 충분히 근거가 있는 것이라면 다행이고, 만일 그것이 근거가 없는 일종의 습속에 불과한 것이라면 그 한계를 극복하기 위하여 노력할 수 있어서 다행일 것이다. 토지의 사적 소유에 대한 의심을 통하여 어떠한 결론에 도달하더라도 우리에게 유익할 것이다. 특히 토지에 대한 사적 소유에 익숙하다 보니 토지의 공개념에 대하여는 지나치게 무관심한 것으로 보인다. 토지의 사적 소유에 대한 의심을 통하여 토지 공개념에 대한 사유를 진지하게 시도해볼 기회를 가질 수 있을 것이다. 헨리 조지(Henry George)의 『진보와 빈곤(*Progress and Poverty*)』(2009)은 토지 공개념에 대한 의미를 이해하는 데 좋은 안내서가 될 것이다.

국가의 공간적 영역은 자연이다. 사람들에게 자연은 어떠한 의미를 갖는가? 첫째, 자연은 사람들이 살아가는 데 필요한 물건들을 제공하는 창고이다. 우리는 자연이 주는 선물을 그대로 이용하거나, 상상력을 동원하여 자연의 선물을 가공하여 필요한 물자를 만들어 사용한다. 둘째, 자연은 무자비하게 위협적이기도 하다. 자연은 홍수와 가뭄, 산불, 태풍, 더위와 추위 이루 말할 수 없이 다양한 얼굴로 사람들을 공포의 도가니로 몰아넣는다. 셋째, 자연은 상상력의 원천이기도 하다. 기술적으로, 문학적으로, 예술적으로 자연은 사람들이 무엇인가를 만들 때, 영감을 준다. 사람들은 새의 비상을 보며 비행기를 만들기도 하고, 삶의 의미를 생각하기도 하며, 때로는 멋진 음악을 만들기도 한다. 이러한 의미에서 보면, 자연은 사람들의 삶에서 절대적이다. 거꾸로 자연의 관점에서 보면, 사람은 자연에 의지하여 살아가는 자연의 한 요소에 불과하다.

그렇다면 공공행정은 자연에 어떻게 접근하여야 할까? 기본적으로는 두 개의 접근 방식을 떠올릴 수 있을 것이다. 하나는 개발의 대상으로서 접근하는 것이다. 다른 하나는 조화와 공존의 대상으로 접근하는 것이다. 먼저 자연을 개발의 대상으로 보고 접근하는 방식에 대하여 생각해보자. 인간종의 시작은 자연에서 필요한 것들을 채취하는 이미지이다. 또한 자연의 험상궂은 모습에 공포를 느끼고 자연을 섬기고 숭배하는 이미지도 공존한다. 시간이 흐르면서 자연의 품에서 인간은 자연을 알고 통제하는 능력을 발달시키게 되는데, 우리는 그것을 과학과 기술이라 한다. 과학과 기술은 자연에 대한 근거 없는 공포심을 이성적으로 극복하게 하였고, 좀 더 정교하게 자연 속에 숨겨져 있던 보물들을 찾게 해주었다. 과학과 기술의 발달은 자연에 대한 인간의 독립선언과도 같았고, 오히려 인간이 자연을 지배하게 되었다는 자신감을 갖게 했다. 프란시스 베이컨(Francis Bacon)의 『신기관: 자연의 해석과 자연의 지배에 관한 잠언(*Novum Organum*)』(2001)은 그러한 자신감의 절정을 보여준다. 인간공동체의 규모가 커지고 정교하게 제도화되면서, 대규모의 자연 개발이 불가피해졌다. 먹고 살기 위하여 그리고 다른 공동체와의 경쟁을 위하여 자연 개발은 무엇보다도 중요한 일이 아닐 수 없다. 일정한 지역의 자연을 효율적으로 개발하고 사용하는 것이 공동체의 발전에 필수적인 것이다. 이러한 상황에서 자연은 인간의 발전과 경쟁을 위한 개발의 대상으로 인식된다. 개발의 대상으로서 자연은 자원이다. 자원으로서 자연은 과학과 기술을 매개로 경제적 활동의 대상이 된다. 경제 발전 및 성장과 자연 개발은 동의어로 인식된다. 공공행정은 자연을 자원의 보고로 보고, 경제 발전을 위한 개발의 대상으로 접근하는 입장을 취할 수 있다. 그리고 일면 타당하다.

개발은 이면에 파괴의 그림자를 드리운다. 그래서 개발을 창조적 파괴라고 말하기도 한다. 그렇다면 그렇게 파괴된 자연은 인간에게 어떠한 모습으로 다가올까? 우리는 자연으로부터 더 많은 것을 추출하기 위하여 다양하고 정교한 그리고 효과적인 기술을 발달시켜 왔다. 그것이 가져온 결과 가운데 하나는 이렇다. 추운 겨울이 지나가고 봄이 다가올 때, 자연은 여기저기서 생동하는 소리를 들려준다. 자연의 봄은 시끄럽다. 그리고 그것을 보는 사람들은 봄의 기운을 받아 역시 생동감을 느끼게 된다. 그런데 그렇게 생동감 있고 시끄러워야 할 봄이 다가왔음에도 불구하고 개구리 소리 하나 없이 고요한 풍경만이 우리 앞에 펼쳐져 있다고 상상해보자. 인간의 봄은 새로운 생명들이 태어나는 우렁찬 소리와 함께 시작된다. 그런데 그 우렁찬 아기의 소리가 들리지 않는 세상을 상상해보자. 너무 비관적이고 묵시적인가? 그렇지 않다. 이러한 묵시적 풍경은 레이철 루이즈 카슨(Rachel Louise Carson)이 『침묵의 봄(*Silent Spring*)』(1962)에서 다양한 증거자료를 들이대며 그려낸 모습이다. 이 책은 자연에 대한 우리의 착취적 개발행위가 파괴적일 수 있고, 그러한 파괴적 결과가 자연의 한 요소인 인간 자신을 파괴하고 있다는 사실을 각인시켜 놓았다. 그 뒤를 이어, 1972년에 로마클럽 보고서 『성장의 한계(*Limits To Growth*)』가 출간되었다. 이 책은 "인간의 성장 혹은 지구의 성장이 어디까지 가능할까?"라는 물음에 대한 가상의 시나리오들을 제시하고 있다. 시나리오에 따르면, 인구가 증가하고 물질 자본이 확대되면서 여러 가지 제약 요인(자원 이용과 배기가스 배출 같은 것들)의 상호작용으로 발생하는 문제들에 대처하기 위하여 인류는 점점 더 많은 자본을 쓸 수밖에 없다는 것이다. 따라서 이러한 문제들을 해결하기 위하여 전용되는 자본이 점점 늘어날 것이고 마침내 세계는 더 이상 성장을 지속할 수 없게 된다. 산업이 쇠퇴하면 사회는 식량이나 서비스, 여러 소비 분야와 같은 경제 영역에서도 더 이상 성장을 유지할 수 없다. 결국 이러한 영역들이 성장을 멈춘다면 인구 성장 또한 멈추게 된다는 것이다. 이러한 예측은 1992년과 2004년의 『성장의 한계(*Limits To Growth: The 30-Year Update*)』 개정판에서도 여전히 유효한 것으로 보고 있다.

공공행정이 과학기술의 발달과 자연의 개발에 든든한 버팀목이 되어 왔다는 사실을 부인할 수는 없을 것이다. 착취적 개발의 결과에 대한 과학적 증거와 예측은 자연에 대한 관념을 바꾸어야 할 필요성을 느끼게 한다. 그렇다면 어떠한 방식으로 자연에 접근하여야 할까? 자연을 착취적 개발의 대상이 아니라 조화와 공존의 대상으로 보고 접근하는 방식을 생각해볼 필요가 있다. 이러한 관점의 근거는 무엇인가? 그것은 두 가지 측면에서 생각해볼 수 있다. 하나는 자연이 우리를 위하여 그냥 우리 주위에 있는 것이 아니라 스스로 존재하는 실체라는 것이다. 다시 말해서 자연은 스스로 조화와 균형을 이루어내는 자기 조절 체계라는 것이다. 자연은 마치 우리의 몸에 이상이 생기면 몸의 고통이 그 신호를 보내고, 몸은 신진대사 과정을 조절함으로써 그 이상을 해결하여 균형을 회복하려 하는 것과 마찬가지로 작동하는 거대한 자기 조절 체계라는 것이다. 제임스 러브록(James Lovelock)의 『가이아: 살아 있는 생명체로서의 지구(*Gaia: A New Look at Life on Earth*)』(2004)는 이러한 생각을 일반화하는 데 지대한 영향을 미쳤다. 자기 조절 체계로서의 자연관에 따르면, 착취적 개발로 인하여 파괴된 자연은 상실한 균형을 회복하기 위하여 신진대사 과정에 급격한 변화를 일으킨다는 것이다. 이것이 사람들의 눈에는 거대한 자연재해로 보이는 것이다. 자연을 조화와 공존의 대상으로 보아야 하는 다른 하나의 근거는 우리가 종종 잊어버리는 중요한 사실, 인간은 자연이라는 기본적인 사실이다. 인간은 생태계(ecosystem)를 구성하는 다양한 요소 가운데 하나에 불과하다. 생태계는 상호작용하는 유기체들과 또 그들과 서로 영향을 주고받는 주변의 무생물 환경을 묶어서 부르는 말이다. 여기에서 무엇보다 중요한 것은 모든 생물이 그물처럼 연계되어 있다는 점이다. 인간계의 생태학적 개념은 인간과 자연이 함께 공존하는 것이라고 볼 수 있으며 작은 미생물에서부터 거대한 동물들에 이르기까지 모든 작용이 서로 밀접한 관계에 있음을 상징한다.

그렇다면 공공행정은 조화와 공존의 대상으로서 자연에 어떻게 접근하여야 할까? 개발을 멈춘다? 그것은 가능한 일이 아니다. 인간이 살기 위하여는 자연에 의존하지 않을 수 없기 때문이다. 오히려 핵심은 개발의 성격이 될 것이다. 개발이 착취적인 것이 아니라 지속 가능한 것이어야 한다는 것이다. 지속가능성은 시간적으로 불확실한 미래를 전제하면서 현재의 문제에 대처하는 것이다. 1987년의 「브룬틀란트 보고서(Brundtland Report)」에 따르면, 지속가능성이란 "미래 세대의 가능성을 제약하는 바 없이, 현 세대의 필요와 미래 세대의 필요가 조우하는 것"이다. 가령 어떤 개발을 추진할 때, 생태계가 생태의 작용, 기능, 생물다양성, 생산을 미래까지 유지하는 데 어떠한 영향을 미칠 것인지를 신중하게 고려하여 판단하여야 한다는 것이다.

그렇다면 공공행정이 지속가능성을 확보하기 위하여 따라야 할 수행원칙은 무엇일까? 그것은 발생할 가능성이 있는 위험에 대하여 예방적인 조치를 취하여야 한다는 것이다. 일반적으로 이를 사전 예방 원칙(precautionary principle)이라 한다. 1972년 '인간과 환경에 관한 스톡홀름 선언(Declaration of the United Nations Conference on the Human Environment)'에서 환경 문제와 관련된 정책지침으로서 사전 예방 원칙이 처음 도입되었다. 1992년 '환경과 개발에 관한 리우선언(The Rio Declaration on Environment and Development)'을 통하여 사전 예방 원칙이 주목을 받기 시작하였다. 리우선언 제15조에서는 사전 예방과 과학적 검증의 관계를 다음과 같이 언급하고 있다. "환경을 보호하기 위하여 각 국가의 능력에 따라 예방적 조치가 널리 취해져야 한다. 심각한 또는 회복 불가능한 피해의 우려가 있을 경우, 과학적 불확실성이 환경 악화를 지양하기 위한 비용-효과적인 조치를 지연시키는 구실로 이용되어서는 안 된다." 또한 1992년의 '생물다양성에 관한 협약(Conversation on Biological Diversity)'에서도 "생물다양성이 현저히 감소 혹은 소실될 위험이 있는 경우, 완전한 과학적 확실성의 결여가 이러한 위협을 피하거나 최소화하는 대책을 지연시키는 구실이 되어서는 안 된다"고 밝히고 있다.

사실상 과학기술의 발달과 자연의 개발이 미래에 어떠한 결과를 가져올지 불확실하다. 불확실한 상황에서 어떻게 결정하여야 하는가? 일반적으로 합리적인 사람이라면 불확실한 상황에서 의사 결정을 할 때, 최악의 상황에서 최선의 것이 무엇인지를 따질 것이다. 문제는 개발 행위가 해악을 가져올 것이라는 확실한 과학적 근거가 없을 때 발생한다. 근거가 없다면, 그냥 개발을 밀고 나가야 할까? 만에 하나라도 최악의 상황이 온다면 어떻게 하여야 할까? 원자력발전소가 폭발할 가능성은 확률적으로 거의 제로에 가깝다. 그러나 그것은 확률일 뿐이다. 그 제로에 가까운 확률이 현실화되었을 때, 그것이 가져올 재앙은 상상을 초월한다. 불확실한 미래를 대비하라는 사전 예방 원칙은 인간 혹은 환경에 심각한 손상의 위협이 있을 때, 비록 결정적인 과학적 증거가 없더라도 그러한 손상을 예방하기 위한 조치를 취하여야 한다는 원칙이다(Jensen, 2002).

제 8 장

공공행정의 작동 근거는 무엇인가?

공공행정은 공적인 임무를 수행하는 과정이다. 공적인 임무 수행은 그것이 국민이건 국가의 영역이건 행정의 대상들에 대하여 영향을 미치는 방식으로 이루어진다. 공공행정은 법이 정한 범위 안에서 무엇인가를 요구하거나 강제하기도 하고, 국민들은 그러한 공적 행위에 대하여 당연하게 여기고 복종한다. 공공행정에는 일종의 권력 행위가 내포되어 있다. 그렇다면 사람들은 왜 복종하는 것일까? 국가가 국민들에게 명령할 수 있는 근거는 무엇인가? 이러한 물음에 답을 찾기 위하여 권력이 무엇인지, 그리고 공공행정 권력 혹은 공권력의 근원이 어디에 있는지 살펴보자.

제 1 절 베버의 권력 개념

권력(power)이란 무엇일까? 일반적으로 막스 베버(Max Weber)의 권력 개념은 사회과학 분야에서 표준적인 것으로 평가되고 있다. 그에 의하면, "권력은 어떤 사회적 관계 속에서 한 행위자가 저항에도 불구하고 자신의 의지를 관철시킬 수 있는 능력으로, 그 능력이 의존하고 있는 기초(자원)가 무엇이든 상관없다"(Weber, 1968, 53). 베버의 권력 개념에 내재된 몇 가지 특성을 살펴보자.

첫째, 권력은 사회적 관계를 전제한다. 권력은 사람과 사람의 관계에서 발생하는 현상이라는 것이다. 가령 로빈슨 크루소의 경우를 보자. 그가 개에게 명령하고, 개가 복종하는 장면을 볼 수 있다. 그가 개에 대하여 권력을 행사한다고 말하는 것은 어색하고 타당하지도 않다. 그에 반하여 그가 프라이데이에게 명령을 하고, 프라이데이가 복종하는 장면을 볼 수도 있다. 이 경우는 로빈슨 크루소의 행동을 권력 개념으로 설명할 수도 있을 것이다.

둘째, 권력은 수단이라는 것이다. 권력은 그 자체를 위한 것이 아니라 의지를 관철시키기 위한 수단인 것이다. 상관이 부하 직원에게 어떤 일을 하도록 명령을 내리는 것은 명령 행위 자체를 즐기려는 것이 아니라 명령을 통하여 무엇인가를 이루기 위한 것이다. 원하는 것이 이루어지도록 하거나 원하지 않는 것이 이루어지지 않도록 하기 위하여 권력이 이용되는 것이다.

셋째, 권력은 자원을 필요로 한다는 것이다. 사람들은 자원을 이용하여 다른 사람들의 복종을 이끌어 내거나 저항을 극복하기도 한다. 물론 권력을 행사하는 데 필요한 자원은 사회적 관계의 성격에 따라 다양하다. 자원은 일반적으로 사회적으로 중요하다고 생각하는 가치나 회피하고 싶어하는 것들이다.

사회적 관계에서는 필연적으로 사람들이 서로에게 영향을 미친다. 문제는 그러한 영향 관계가 사회적으로 수용 가능한 경우도 있고 그렇지 않은 경우도 있다는 것이다. 가령 돈을 달라는 강도의 요구에 어떤 사람이 돈을 주었다면, 그 권력 행위는 사회적으로 수용되지 않는다. 정당하지 않은 권력 행위인 것이다. 그에 반하여 상관이 부하에게 직무상의 명령을 내렸다면 사회적으로 정당하게 수용될 수 있다. 이렇게 보면, 권력은 정당한 권력 행위와 정당하지 않은 권력 행위로 분류될 수 있을 것이다. 일반적으로 정당한 권력을 권위라고 표현한다. 그렇다면 권력의 정당성을 설명할 수 있는 근거는 무엇일까? 베버는 권력의 정당성이 어디에 있는가에 따라 세 가지 권위 유형을 제시하였다.

하나는 카리스마적 권위(charismatic authority)이다. 이는 개인의 초인적이거나 영웅적인 능력에서 권위의 정당성을 찾는 경우이다. 추종자들은 지도자가 갖추고 있다고 믿는 경외로운 속성이나 마력적인 힘, 또는 사람을 강하게 끌어당기는 인격적인 특성 때문에 복종하게 된다.

다른 하나는 전통적 권위(traditional authority)이다. 이는 전통이나 관습, 습속의 신성성에서 권위의 정당성을 찾는 경우이다. 할아버지도 그랬고, 아버지고 그랬으니 나도 당연히 그래야 한다는 전통적 의식이 권위를 정당화한다.

또 다른 하나는 합법적 권위(rational-legal authority)이다. 이는 법 자체에서 혹은 법의 범위 안에서 이루어진 자유로운 주체들의 계약에서 권위의 정당성을 찾는 경우이다. 권위적 관계에서 복종하는 사람은 명령하는 사람이 당연히 명령할 위치에 있다고 생각하며, 자신 역시 당연히 복종하여야 할 위치에 있다고 생각한다. 이처럼 권위에 기초한 지배 관계는 복종하는 사람의 권력에 대한 수용 가능성에 의존한다.

제 2 절 권위와 복종: 밀그램의 실험

그렇다면 정당한 권위는 어느 정도까지 복종을 이끌어낼 수 있을까? 역사상 가장 유명한 실험 가운데 하나였던 스탠리 밀그램(Stanley Milgram)의 '권위와 복종' 실험은 이 질문에 다소 충격적인 답을 줄 것이다(Milgram, 2009). 밀그램은 1963년 '징벌에 의한 학습 효과'를 측정한다며 지원자들을 모집하였다. 그들을 두 집단으로 나누어, 한 집단에는 학생의 역할을, 다른 집단에는 선생의 역할을 맡겼다. 그리고 학생집단에게는 암기해야 할 단어를, 선생집단에게는 테스트할 문제를 주었다. 실험은 선생 역할을 맡은 지원자가 학생 역할을 맡은 지원자가 문제를 풀지 못할 때마다 전기 충격을 15볼트씩 높이고, 최대 450볼트까지 높이도록 설계되었다. 실험실에는 선생 역할을 맡은 사람과 학생 역할을 맡은 사람이 서로 볼 수 없도록 칸막이가 있다. 그리고 학생 역할을 맡은 사람의 손가락에는 전기 장치를 부착하고, 선생 역할을 맡은 사람의 책상에는 전기 충격을 단계적으로 높일 수 있는 버튼이 있다. 선생 역할을 맡은 사람의 옆에는 하얀 가운을 입은 실험자가 상황을 지켜보고 있다. 실험이 진행되면서 문제가 틀릴 때마다 전기 충격의 정도를 높여나가는데, 그때마다 학생 역할을 맡은 사람의 비명소리가 들려왔다. 상대의 비명소리를 들으면서 선생 역할을 맡은 사람이 갈등을 느낄 때마다 실험자는 실험의 성공을 위하여 계속 진행하라고 지시한다. 그리고 모든 책임은 자신이 지겠노라고 말한다. 물론 학생 역할을 맡은 사람들에게는 실제로 전기 자극이 주어지지 않았고, 비명소리는 연극이었다.

이 실험에서 과연 사람들은 전기 충격을 최고 전압인 450볼트까지 높였을까? 밀그램은 실험 전에 동료 교수들, 대학원생들, 그리고 학부생들에게 이 실험에 대하여 설명해주고 지원자 가운데 어느 정도의 사람들이 450볼트까지 전압을 높일 수 있을지 예측하도록 하였다. 대체로 1~2% 정도로 예측하였다. 그러나 실제 실험 결과는 놀랍게도 65%의 지원자들이 450볼트까지 전압을 높였다. 칸막이 건너편의 지원자가 고통스러운 비명을 지르고 있는데도 불구하고, 전압을 높이는 행위를 끝까지 하게 된 이유는 무엇일까? 참여한 지원자들이 공격적이어서 그랬을까? 참여자들이 남성들이었기 때문일까? 참여자들이 정신적으로 비정상적이어서 그랬을까? 추후의 실험에서 이러한 추측은 모두 타당하지 않은 것으로 판명되었다. 그렇다면 사람들은 왜 그렇게 비윤리적인 지시에 복종하게 되었을까? 밀그램의 설명에 의하면, 우리들의 마음속에 합법적인 권위에 복종하려는 의무감이 자리잡고 있기 때문이라는 것이다. 그의 주장에 따르면, 실험의 결과에 대한 진정한 책임은 실험에 참여한 자원자들이 연구자의 명령에 도전하지 않는데 있다는 것이다. 그러니까 지원자들이 보기에 이 실험은 대학의 권위 있는 전문가들에 의하여 공식적으로 진행되고 있다. 따라서 자신들은 그 실험의 성공을 위하여 성실하게 임하여야 한다는 책임감이 자리하게 된 것이다. 그것은 합법적인 실험의 성공에 대한 책임감이다. 그러다 보니 450볼트까지 전압을 올린 지원자들은 동료 지원자들의 명백한 상해에도 불구하고, 실험복을 차려입은 실험자들의 권위와 명령에 맹목적으로 따랐다는 것이다. 이 실험은 권위의 정당성이 인정되면 비윤리적인 명령에 대하여도 복종할 가능성이 높아진다는 것을 보여주었다. 실험을 통하여 우리는 국민을 향하여 총을 겨누거나 고문을 자행하는 독재자의 추종자들이나 홀로코스트를 수행하였던 나치의 추종자들이 왜 그랬는가에 대한 답을 얻을 수도 있을 것이다.

그렇다면 권위가 있는 사람이나 집단이 명령할 때, 밀그램의 실험에서 보여준 함정으로부터 벗어날 수 있는 길은 없을까? 명령과 복종의 관계에서 일차적으로 중요한 것은 명령하는 개인이나 집단의 정당성이다. 그래서 밀그램의 실험에서, 선생 역할을 맡은 피험자들은 정당한 명령권을 가지고 있다고 생각하는 실험자의 지시에 따른 것이다. 그러나 명령의 정당성은 명령하는 자의 정당성에 의하여만 인정될 수 있는 것이 아니다. 그것은 명령 내용의 정당성을 가져야 한다. 명령 내용이 정당성을 갖기 위하여는 그 명령이 실현 가능한 것이어야 한다. 명령의 실현가능성은 다음과 같은 조건을 충족시켜야 한다.

첫째, 명령 내용이 복종자의 능력에 비추어 수행 가능한 것이어야 한다. 복종자의 능력을 초과하는 명령은 복종할 수 없다.

둘째, 명령 내용은 복종자의 수용 범위 안에 있어야 한다. 가령 직장에서 직무 이외의 것을 부하에게 명령한다면 그것은 정당한 명령이 될 수 없다.

셋째, 명령 내용이 사회적으로 타당한 것이어야 한다. 법이나 사회규범 혹은 습속에 위반되는 것은 정당한 명령이 될 수 없다.

넷째, 명령 내용이 인간의 보편적인 가치를 훼손하는 것이어서는 안 된다. 인간의 존엄성을 훼손하는 명령은 정당성을 갖기 어렵다.

권위의 정당성을 어느 하나의 요소에 의하여만 판단하는 것은 위험하다. 권위의 정당성은 다양한 조건들을 동시에 충족시킬 때, 인정될 수 있는 것이다. 밀그램의 실험이 보여준 함정에서 벗어나는 길은 권위의 정당성을 명령자의 정당성에서만 찾을 것이 아니라 명령의 내용에서도 정당성 여부를 의식적으로 판단하는 것이다.

제 3 절 푸코의 권력 개념

베버의 권력 개념은 사람들이 서로에게 영향을 미치려는 의도적이고 의식적인 사회적 관계를 전제하고 있다. 권력이 사람들의 생각이나 행동을 특정한 방식으로 하도록 영향을 미치는 것이라면, 권력을 그러한 효과를 만들어 내는 작용으로 이해하는 것이 가능하지 않을까? 그렇게 되면 사람들의 의도적이고 의식적인 관계를 권력 이해의 조건으로 제한할 필요는 없을 것이다. 미셸 푸코(Michel Foucault)는 '효과를 만들어내는 작용'으로서 권력 개념을 발전시킨 바 있다. 따라서 푸코의 권력 연구는 몇 가지 특성을 보인다(Foucault, 1980: 92-102).

첫째, 그의 권력 연구는 지배와 복종 관계를 규정하는 정당한 권력이 무엇인지 알아보는 데 관심을 두지 않는다. 오히려 사람들이 일상적으로 생활하는 제도들 속에서 작용하며 효과를 만들어내는 권력에 초점을 맞춘다. 예컨대 학교, 병원, 교도소, 공장 등과 같은 공간에서 제도화된 형태로 작동하는 권력의 전략에서 볼 수 있는 특성을 연구한다.

둘째, 푸코는 개별 행동 단위(주체)가 가지고 있는 의도나 결정에 관심을 두지 않는다. 오히려 사람들의 복종을 강요하는 메커니즘, 우리의 몸을 관리하고 지배하며 하나하나의 행동을 명령하는 구체적인 절차에 초점을 맞춘다. 이러한 연구의 방식에 따르면, 개별 주체는 권력의 근원이 아니다. 오히려 주체는 권력 작용에 의하여 만들어지는 것이다. 권력은 주체가 형성되는 과정을 이해하는 열쇠이다.

셋째, 푸코의 권력 연구는 어떤 행위 주체가 다른 행위 주체를 배타적으로 지배하는 현상이나 권력을 소유한 자와 소유하지 못한 자의 구분을 전제로 하지 않는다. 오히려 권력은 순환하는 어떤 것으로 혹은 고리 형태로 단지 기능하는 어떤 것으로 분석되어야 한다는 것이다. 권력은 이곳 혹은 저곳에 있는 것이 아니며 누구의 손아귀에 있는 것도 아니다. 한마디로 권력은 네트워크를 통하여 작용한다는 것이다. 이러한 측면에서 보면, 개인들은 권력을 실어 나르는 수레바퀴들이지 권력의 적용 지점들이 아니다. 개인은 권력에 의하여 주체로 만들어지며, 권력을 실어 나르는 기능을 한다.

넷째, 푸코는 권력의 중심을 상정하고 그로부터 권력이 지향하는 대상들을 세부적으로 찾아가는 기존의 하향적 연구 방식과는 반대로, 아래로부터 위로 향하는 상승적 메커니즘에 초점을 맞춘다. 예컨대 부르주아가 생산에 도움이 되지 않는다는 이유로 광인을 구금하는 시설을 만들었다는 것은 하향식 설명이다. 이는 명쾌해 보이기는 하지만 권력의 미세한 작용을 설명하는 데는 한계가 있다. 오히려 푸코는 정신병원시설에서 이루어지는 구체적인 억압과 배제가 어떠한 도구와 논리들에 의하여 이루어지고 있는지를 밝히고, 이러한 구체적이고 세세한 권력의 메커니즘이 방대한 국가기구로 포섭된 이유를 연구하는 상향식 논리가 권력의 본질을 이해하는 데 유익하다고 본다.

다섯째, 일반적으로 권력의 메커니즘에는 이데올로기가 수반된다고 생각하고 있으나, 푸코는 이데올로기가 아니라 지식이 수반된다고 주장한다. 권력을 정당화하거나 합리화하는 것은 이데올로기가 아니라는 것이다. 오히려 권력은 지식의 형성과 축적을 위한 효율적인 수단들—관찰의 방법, 기록의 기법, 탐구와 조사를 위한 절차들, 통제의 기구—을 만들어, 지식의 생산과 유통 과정을 통제한다. 이로써 권력이 지식을 생산하고, 다시 지식이 권력을 생산하는 순환을 반복하게 된다는 것이다.

제 4 절 짐바르도의 교도소 실험: 루시퍼 이펙트

이처럼 푸코는 주어진 사회(사회적 환경) 내에서 일어나는 복합적이고 전략적인 상황과 연관하여 권력을 이해한다. 이러한 권력의 작용을 관찰할 수 있는 것은 아마도 필립 짐바르도(Philip G. Zimbardo, 2007)의 '스탠퍼드 교도소 실험(Stanford prison experiment: SPE)'일 것이다.

1971년 스탠퍼드대학의 심리학과 교수였던 짐바르도는 '교도소의 생활이 인간의 심리에 미치는 영향에 대한 연구'를 수행하기 위하여 동질적이고 지극히 평범하며 심리적으로 정상적인 24명의 피험자를 선발하였다. 그리고 임의적으로 두 집단을 분류하여, 한 집단에게는 죄수의 역할을, 다른 한 집단에게는 교도관의 역할을 맡겼다. 연구자들은 스탠퍼드대학에 임시로 설치된 교도소 세트에서 피험자들이 자신들의 역할을 수행하는 과정을 관찰하였다. 그런데 연구자들이 전혀 예상치 못하였던 일들이 벌어졌다. 처음에는 죄수들이 무슨 이유 때문인지 알 수 없으나 집단적인 폭동 비슷한 모습을 보이기 시작하였다. 모자 벗기, 죄수복 번호표 뜯기, 감방 안에 침대로 바리케이드 치기, 교도관에게 욕설 퍼붓기 등. 이러한 일이 벌어지자 교도관들은 죄수들의 행동을 진압하기 위하여 강경한 수단을 동원하였고, 진압 이후에는 죄수들에게 체벌을 가하기 시작하였다. 교도관들은 더욱 조직화된 교도소 관리를 위한 규칙들을 만들어 실행에 옮겼다. 그리고 죄수들을 지능적이고도 교묘한 방식으로 괴롭혔다. 폭동과 그에 대한 진압을 계기로 교도소의 상황은 급변하게 되었다. 죄수들은 그들 사이에 팽배해진 불신으로, 서로를 믿지 못하고 분열되는 양상을 보이는 반면, 교도관들은 몰라볼 정도로 강한 결속력을 갖게 되었다. 교도관들은 죄수들이 실제로 문제가 많으며, 반드시 통제가 필요한 망나니처럼 인식하기 시작하였다. 그리고 이들에 대한 탄압을 좀 더 강화하기 시작하였다. 심지어 죄수들이 화장실에 가는 것조차 막아, 허락을 받아야지만 가능하게 하였다. 그리고 감방 안에 양동이를 하나 주고 거기에 대소변을 보게 하였다. 곧 감방은 오줌 냄새와 변 냄새로 가득 차게 되고, 이틀 만에 환경은 최악의 상태가 되었다. 실험이 시작된 지 이틀 만에 죄수들 가운데 한 사람이 심각한 정신적 문제를 보여, 연구자들은 그를 내보냈다. 그런데 교도소에서는 그가 탈옥하였다는 루머와 다른 죄수들도 탈옥을 준비하고 있다는 말이 돌기 시작하였다. 이러한 소문이 연구자와 교도관의 귀에 들려왔다. 연구자와 교도관들은 탈옥을 막을 대책을 마련하기 시작하였다. 닷새째 되는 날에는 교도관들이 죄수들을 성적으로 학대하고 고문하는 일까지 벌어지고 있었다. 그러다가 당시에 실험에 참여하지 않은 동료가 실험 과정을 지켜보며, 어떻게 이렇게 비윤리적인 실험을 계속 진행할 수 있느냐는 항의에 6일 만에 실험을 중단하게 되었다.

짐바르도 교수는 동료의 지적에 교도관의 역할에 매몰된 자신의 모습을 보고 깜짝 놀랐다고 한다. 이 실험은 진정한 휴머니즘이란 없다는 것, 그리고 누구나 상황에 따라서는 악인이 될 수도 있다는 점을 보여주었다. 짐바르도는 이러한 현상을 '루시퍼 이펙트(Lucifer Effect)'라고 명명하였다.

이 실험은 이라크에 파견된 평범한 군인들이 포로들을 학대하면서 세간에 주목을 받기 시작하였다. 그 평범하고 착한 사람이 어떻게 그렇게 비윤리적인 악행을 저지를 수 있을까? 짐바르도의 교도소 실험은 그에 대한 답을 주고 있다. 교도소는 절대적 권력을 행사할 수 있는 교도관의 역할을 맡은 사람이 무력한 죄수의 역할을 맡은 사람을 감시하고 통제하는 데 필요한 장치를 구비하고 있는 제도적 공간이다. 그러니까 평범한 사람들이 그 제도적 공간에 들어가 절대적 권력을 행사할 수 있는 교도관의 역할을 맡게 되면, 교도소 밖에서는 상상할 수 없는 행동을 할 수도 있다는 것이다. 평범한 사람도 교도소에서 교도관의 역할을 하면서 그 공간에 맞는 주체가 될 수 있다. 그리고 교도관들은 자신들이 저지르는 악행의 원인을 죄수들에게 돌린다. 악한에게는 고문도 린치도 관계없다고 생각하게 된다. 교도관들은 본래 자신은 평범하고 착한 사람이라는 생각과 자신의 비윤리적인 행위가 서로 맞지 않는다고 생각할 수 있다. 그때 그들은 권리는 악한을 위한 것이 아니라고 정당화함으로써 부조화를 해소할 것이다. 교도소는 감시와 통제라는 제도적 필요에 따라 권력이 작용하는 제도적 공간이다. 교도관은 그 권력을 실어 나르는 수레바퀴이다.

그렇다면 누구나 이러한 장소에 배치되면, 비윤리적인 행위를 하게 된다고 말할 수 있을까? 그렇지는 않다. 단지 그럴 가능성이 크다는 것이다. 그렇다면 이러한 가능성으로부터 벗어날 수 있는 방법은 없는 것일까? 효과를 만들어내는 작용으로서 권력 개념에 따르면, 단지 개인에게 좀 더 윤리적이고 도덕적으로 사고하라고 주문하는 것으로는 문제를 해결하기는 어려울 것으로 보인다. 사실상 개인은 교도소라는 무대 세트 위에서 각본(규칙)에 따라 역할을 수행하는 연기자와 같다. 따라서 무대 세트와 각본을 손대지 않고는 개인이 비윤리적인 행위를 할 수 있는 가능성을 약화시킬 수 없다. 권력의 절대적인 불균형을 제도화한 교도소의 구조와 규칙을 변경하는 작업과 함께 인간의 보편적 가치의 중요성에 대한 공감대가 형성된다면 개인이 비윤리적인 행위를 할 수 있는 가능성은 많이 줄어들 것이다.

제 5 절 공권력의 근원

이상에서 우리는 권력이란 무엇인지 살펴보았다. 공공행정은 국민들에게 영향을 미치는 활동이다. 따라서 그것은 넓은 의미에서 공적인 권력 행위라 하겠다. 그렇다면 공공행정이 권력을 행사할 수 있는 근거, 다시 말해서 공권력의 근원이 어디에 있는 것일까? 일반적으로 계약론적 사고에서 그 근거를 찾을 수 있을 것이다. 토머스 홉스(Thomas Hobbes), 존 로크(John Locke), 장자크 루소(Jean-Jacques Rousseau)로 이어지는 계약론적 전통에 의하면, 정치 체제는 이성적인 개인들의 자발적인 계약을 통하여 구성된다. 이들의 논의에서 공권력의 근원이 어디에 있는지 좀 더 자세히 살펴보자.

먼저 홉스(Hobbes, 2008)의 계약론을 살펴보자. 홉스는 인간을 본래 생명을 보존하고자 하는 욕망을 가지고 있으며, 이기적이고 합리적인 존재로 본다. 생명체는 자신의 생명을 유지하는 데 일차적인 목적을 둔다. 이기적이라는 말은 자신에게 이롭고 유익한 것을 추구한다는 의미이다. 그리고 합리적이라는 말은 어떤 목적을 이루는 데 가능하면 가장 좋은 수단을 찾아서 실행하려는 성향을 갖는다는 의미이다. 홉스는 이러한 개인들이 아무런 정치적 혹은 사회적 제약이 없는 자연 상태에 있다면 어떠한 일이 일어날 것인지 사고 실험을 한다. 그는 자연 상태에서 개인들은 각자의 이익을 극대화하기 위하여 엄청난 경쟁과 투쟁을 벌이게 될 것으로 본다. 따라서 그는 자연 상태를 만인에 대한 만인의 투쟁 상태로 해석한다. 만약 당신이 어느 누가 뒤에서 당신의 목숨을 빼앗고, 당신의 재산을 가져갈지 알 수 없는 상황에 처해 있다면, 그리고 당신이 합리적인 사람이라면, 어떻게 하는 것이 당신에게 가장 이익이 된다고 생각할까? 아무리 당신이 힘이 강한 사람이라도 세월을 이길 수는 없다. 더 강한 사람이 나와서 당신의 목숨을 빼앗을 수도 있다. 따라서 어느 누구도 생명의 안전을 확신할 수 없다. 합리적인 사람이라면, 자연 상태에서 자신의 목숨을 지킬 수 있는 방도를 찾게 될 것이다. 홉스는 모든 개인은 하나같이 자신의 생명을 지키기 위한 계약에 참여할 것이고, 그 계약은 개개인이 자신의 권리를 어느 한 사람에게 양도하는 내용을 담게 될 것으로 본다. 그러니까 자연 상태에서 개인은 생명을 지키기 위하여 자신의 권리를 절대자에게 양도하는 사회적 계약에 동의하게 된다는 것이다. 그런데 계약을 통하여 개인들은 모든 권리를 양도한 것이기 때문에, 주권은 절대군주에게 넘어가게 된다. 절대군주의 권력은 그 자신에게서 나오는 것이며, 절대군주의 사업을 수행하는 행정 체제의 권력 역시 절대군주의 권력에서 흘러나오는 것이다. 홉스의 논의는 인과적인 논리 체계가 명쾌해 보이기는 하지만, 최종의 결과가 가져올 문제 때문에 곤혹스럽다. 만약 개인들의 생명을 보호하기 위하여 등장한 군주가 오히려 자기 마음대로 개인들의 생명을 거두어들인다면, 어떻게 하여야 할까? 만인이 만인에 이리가 되는 자연 상태를 피하기 위하여 사자를 불렀더니, 그 사자가 오히려 이리들을 잡아먹는 꼴이 되고말 수도 있는 것은 아닐까? 따라서 홉의 논변대로 절대군주제는 정당화되기 어렵다.

로크(Locke, 1996)는 홉스의 한계를 넘어서는 설명을 제공하고자 한다. 그러나 자연 상태에서 정치사회를 인과적으로 도출하는 논리는 동일하다. 로크가 전제하는 자연 상태는 네 가지 특성을 갖는다.

첫째, 자연 상태에서 사람들은 완전히 자유롭다. 사람들이 타인의 허락을 구하거나 그의 의지에 구애받지 않고 자연법의 테두리 안에서 스스로 적당하다고 생각하는 바에 따라 자신의 행동을 규율하고 자신의 소유물과 인신을 처분할 수 있다.

둘째, 자연 상태에서 사람들은 평등하다. 모든 권력과 권한은 호혜적이며 어느 누구도 다른 사람보다 더 많이 가지지 않는다.

셋째, 자연 상태는 자유의 상태이지 방종의 상태는 아니다. 모든 사람은 평등하기 때문에 무조건 자기 의지대로 행동하는 것이 아니라 자연법의 테두리 안에서 행동한다.

넷째, 자연 상태에서 자연법의 집행권은 개개인에게 있다. 모든 인류의 평화와 보존을 지향하는 자연법의 준수를 확보하기 위하여 자연법의 집행권은 모든 사람의 수중에 맡겨져 있다.

로크가 상상하는 자연 상태가 홉스와는 달리 평화롭고 안정된 것으로 보인다. 그렇다면 그러한 자연 상태에서도 문제가 발생할 수 있을까? 물론 그럴 수 있다. 자연 상태에서 사람들이 가지고 있는 자연법은 우발적인 사건들을 해결하는 과정에서 한계에 부딪힐 수 있다. 특히 개개인이 자신과 관련된 사건을 심리하는 재판관이 된다면, 사람들은 항상 자신에게 유리하게 해석하고 자신이 항상 옳다고 가정할 것이다. 또한 개인은 자신이 당한 손해를 과대평가할 것이고 격정에 휩싸여 가해자에게 과도한 징벌을 주거나 지나친 보상을 요구할 것이다. 만일 합리적인 개인들이 이러한 상황에 처하게 된다면, 어떠한 선택을 하게 될까? 로크에 따르면, 개인들은 자신들의 권리를 최대한 보장하면서, 권리를 침해하거나 그럴 가능성이 있는 우발적인 상황에 대처할 수 있는 최소한의 권한만을 갖는 정치 체제를 설계하는 데 합의하게 될 것이라고 본다. 홉스가 개인의 권리 모두를 절대군주에게 양도하는 방식을 취하고 있는 것과는 달리, 로크는 개인이 최소한의 권리만을 정치 체제에 양도하는 방식을 취하고 있다. 이러한 정신에 따라 로크는 절대군주인 국왕으로부터 법을 만드는 권리(입법권)를 시민을 대표하는 의회가 갖게 함으로써 군주의 독단으로부터 시민의 권리를 보호하고자 한다. 따라서 행정부(국왕)와 입법부(의회)를 분리하고, 의회에 더 많은 권한을 부여하는 것이 바람직한 것으로 본다. 로크의 계약론에 의하면, 정치 체제의 권력은 시민으로부터 유래한다. 그리고 입법부인 의회가 주권자가 된다. 행정부의 권력은 의회의 권력에서 흘러나온다. 로크의 계약론은 의회민주주의를 정당화한 이론으로 볼 수 있다. 그렇다면 이러한 로크의 논리는 그가 무엇보다 중요시하는 자유의 실현을 진정으로 가능하게 할까? 홉스에 비하면 자유의 실현 가능성은 높다. 그러나 현실적으로 사회경제적 불평등의 문제를 해결하지 않는다면, 자유는 형식적인 수사에 불과한 것이 되고 만다.

루소의 사회계약론은 로크와 달리 사회적 불평등 문제를 전면에 내세움으로써 진정한 자유의 실현 가능성을 높이고자 한다. 루소는 『인간불평등기원론』에서 불평등의 기원을 두 가지 측면에서 지적하고 있다(Rousseau, 2010). 하나는 자연이 부여한 차이이고, 다른 하나는 사회적 제도의 결함이다. 그리고 자연적 차이를 보완하는 것이 아니라 그것을 불평등으로 고착화하고 심화시키는 사회 제도의 결함이 더욱 큰 문제라는 것이다. 루소는 문명 상태가 자연 상태보다 더 타락했다는 비관적인 관점을 가지게 된다. 불평등으로 인간의 진정한 자유를 가로막고 있는 문명을 교정하기 위한 목적으로 저술한 『사회계약론』의 첫 문장은 인상적이다(Rousseau, 1999). "인간은 자유롭게 태어났으나, 도처에서 쇠사슬에 묶여 있다."

루소(Rousseau, 1999)는 자연 상태에서 정치사회를 도출하기 위한 계기로서 사회계약을 생각하였던 홉스나 로크와는 달리, 타락한 문명 상태를 벗어나기 위한 계기로서 사회계약을 제안한다. 사회계약은 개별 의지(individual will)의 단순한 합인 전체 의지(total will)를 형성하는 계기가 아니라 개별 의지를 초월하기도 하는 일반 의지(general

will)를 형성하는 계기이다. 개별 의지는 개인의 자유와 이익을 의미한다. 개별 의지의 단순한 합인 전체 의지는 합산적 민주주의 모델의 핵심 원리인 다수결의 원칙에 따라 확인된 전체 의지에 해당된다. 일반 의지는 공동체를 위하여 절대적으로 올바른 것이며, 절대적으로 선한 것이다. 그것은 개개인의 선호를 묻는 다수결의 원칙에 따라 확인되거나 결정되는 것이 아니다. 모든 개인이 사회계약에 직접 참여하는 것을 강조한다는 점에서 루소는 진정한 의미의 인민 주권 개념을 제안하고 있다고 볼 수 있다. 개인은 사회계약에 참여하는 순간 단순히 사적인 이익을 추구하는 시민이 아니라 공동체를 위하여 참여하는 공민으로 존재하게 된다. 그리고 공민으로서 존재할 때, 개인은 진정으로 자유로운 존재가 될 수 있다. 왜냐하면 사람들이 자신이 지켜야 할 법을 스스로 만들고, 그것에 스스로 복종하는 진정한 자율의 원리가 실현되기 때문이다. 사회계약과 일반 의지는 곧 자치를 의미하는 것이다. 그리고 자치는 궁극적으로 묶여 있던 쇠사슬에서 벗어나 진정한 자유를 실현하는 열쇠가 된다. 따라서 직접민주주의는 일반 의지를 실현할 수 있는 정치 체제의 중심 원리가 될 수 있을 것이다.
루소의 사회계약론에 의하면, 주권은 인민에게 있다. 인민의 일반 의지를 집행하는 행정 체제의 권력은 인민에게서 흘러나온다. 그렇다면 일반 의지를 어떻게 확인할 수 있을까? 적어도 플라톤(Platon)이 말하는 철학왕(Philosopher King) 정도는 되어야 알 수 있지 않을까? 프랑스혁명을 주도하고 루소의 이상을 실현하고자 했던 자코뱅파의 지도자였던 막스밀리앙 프랑수아 마리 이지도르 드 로베스피에르(Maximilien François Marie Isidore de Robespierre)는 공포정치로 많은 사람을 단두대에서 처형하였다. 그의 공포정치는 인민의 일반 의지에 근거하여 정당화되었다. 로베스피에르는 당대 프랑스 인민의 일반 의지가 무엇인지 알고 그랬을까?

지금까지 홉스, 로크, 루소의 계약론적 전통에서 국가 권력 및 행정 권력의 근원에 대하여 살펴보았다. 홉스의 경우는 군주에게서, 로크의 경우는 간접적으로 의회에서, 그리고 루소의 경우는 직접적으로 인민에게서 행정 권력의 근원을 찾을 수 있다. 이것은 경험적인 혹은 실증적인 주장이 아니다. 오히려 이들의 주장은 규범적인 것이다. 따라서 현대 사회가 지향하는 민주주의적 정치문화적 조건에서 비추어보면, 행정 권력의 궁극적 기원은 인민에게서 찾는 것이 타당하다고 할 것이다. 인민에게 공권력의 근원이 있다면, 인민의 의지를 따를 때 공권력의 행사는 정당화된다. 그런데 이러한 공권력이 어느 한 개인이나 집단 혹은 기관에 집중된다면, 로베스피에르의 예에서 본 바와 같이 대단히 위험한 결과를 가져올 수 있다. 따라서 법이나 제도를 만드는 기관과 그것을 집행하는 기관을 분리하고, 각 기관이 서로를 견제하고 감시하게 함으로써 독단에 빠질 가능성을 줄이는 것이 바람직하다. 국민으로부터 위임받은 권력이 제한된 방식으로 집행될 수 있는 제도적 장치를 만드는 것이 필수적이라 하겠다. 만일 이러한 조건이 충족된다면, 국민의 복종을 안정적으로 끌어낼 수 있을 것이다.

제 9 장

공공행정의 작동 원리는 무엇인가?

공공행정은 어떻게 수행되어야 할까? 공공행정의 목적은 공익이다. 그리고 그 목적을 이루기 위하여는 사람이 사는 도리에 맞고 자연의 원리에 맞게 이루어져야 하지 않을까? 목적을 추구하는 데 올바른 그리고 최선의 방법을 찾아 적용하는 것이 공공행정의 수행 원리라 할 수 있다. 일반적으로 목적을 이루기 위하여 최선의 수단을 찾아 적용하려는 성향을 합리성(rationality)이라 부른다. 이러한 의미에서 보면, 공공행정이 따라야 할 가장 기본적인 원리는 합리성이라 할 것이다. 따라서 이 장에서는 합리성이 무엇인지, 합리성에는 어떠한 것들이 있는지, 그리고 합리성이 다양하게 해석되고 적용되는 방식에 대하여 살펴보고자 한다.

제 1 절 합리성의 다양한 의미에 관하여

합리성이란 무엇일까? 먼저 사전적인 의미들을 살펴보자. 국어사전에 의하면, 합리성은 이치나 논리에 합당한 성질을 의미한다(Daum 국어사전). 좀 더 자세히 풀어보면, 합리성은 사물이나 자연의 원리 혹은 사람 사는 도리에 맞는 것 혹은 생각이나 추론이 적절한 원리나 법칙에 따르는 것을 말한다. 가령 나무로 돌을 조각하는 것은 이치에 맞지 않기 때문에 합리적인 것이 아니다. 더 단단한 것으로 덜 단단한 것을 조각하는 것이 이치에 맞기 때문이다. 거짓을 말하는 사람에게 상을 주는 것은 합리적이지 않다. 그것은 사람 사는 이치나 경우에 맞지 않기 때문이다. 또한 동전을 던져 앞면이 나온 경우, 다음에 던지면 뒷면이 나올 것이라고 생각하는 것은 합리적이지 않다. 동전을 던질 때마다 확률이 1/2이기 때문에 적절한 추론이라 할 수 없다. 이처럼 합리성은 자연의 법칙, 인간적 삶의 도리, 논리적인 사고를 기준으로 판단되는 원리라 할 수 있다. 그리고 각 기준을 가로지르는 원리는 수단과 목적의 관계라 할 수 있다. 자연의 법칙은 우리가 사물을 어떤 목적을 위하여 이용할 때 적절한 수단을 선택하는 논리를 제공한다. 인간적 삶의 도리는 우리가 어떤 행동을 하고자 할 때, 어떠한 방식으로 하여야 할지를 안내하는 표지판을 제공한다. 논리적인 사고는 인과적 사유를 말하는 것으로서 원인으로서의 수단과 목적으로서의 결과를 연결하는 사유작용이라 할 수 있다.

그렇다면 영어권에서 사용하는 합리성의 의미는 무엇일까? 본래 영어의 '합리적'을 의미하는 rational은 라틴어 ratiō에서 파생된 ratiōnālis를 어원으로 한다. ratiō는 순서, 원리, 생각, 계산, 이성, 판단, 고려, 체계, 방법, 질서정연 등 다양한 의미를 내포하고 있다. 그리고 ratiōnālis는 '이유 있는, 이성적인, 합당한' 등을 의미한다. 영어사전에 의하면, rational은 이유 있는, 합당한, 분별 있는; 이성, 건전한 판단력, 건전한 분별력이 있는; 제정신의, 정상적인, 의식이 있는; 이성적인; 추리력이 있는; 이유에 근거한, 추리에 기초한; (수학) 두 정수의 비율로 정확히 표현될 수 있는, 두 개의 다항식의 비율에 따라 정확히 표현될 수 있는; (고전적인 운율론) 계량적인 단위 혹은 모라(음절의 길이를 재는 단위)로 측정할 수 있는 등을 의미한다(*Dictionary.com Unabridged*). 어원이나 사전적 의미를 보면, 합리성은 매우 다양한 의미를 내포하고 있는 것을 확인할 수 있다. 맥락에 따라 합리성은 다양하게 사용될 수 있다는 말이다. 한 가지 주목할 만한 것은 합리성과 이성의 절대적인 관계이다. 합리적인 것은 이성적인 것이고, 이성적인 것은 합리적인 것이다. 이성은 감각과 대응하여 개념적으로 사유하는 능력을 지칭하기도 하고, 진위나 선악을 구별하여 바르게 판단하는 능력을 의미하기도 한다.

사전적 의미를 통하여 발견할 수 있는 것은 합리성이 다의적이라는 사실이다. 이러한 사실은 서구적 합리성의 개념 연구에 독보적인 업적을 남긴 막스 베버(Max Weber)의 경우를 보면 여실히 드러난다. 브루베이커(Brubaker, 1984)에 따르면, 베버는 근대자본주의와 금욕적 프로테스탄티즘에 관한 설명에서 '합리적'이라는 말을 사려 깊은(deliberate), 체계적인(systematic), 계산 가능한(calculable), 비인격적인(impersonal), 도구적인(instrumental), 정확한(exact), 정량적인(quantitative), 규칙 지배적인(rule-governed), 예측 가능한(predictable), 질서정연한(methodical), 목적이 있는(purposeful), 냉정한(sober), 꼼

꼼한(scrupulous), 효율적인(efficacious), 지성적인(intelligible), 일관된(consistent) 등 16가지 이상의 의미로 사용하였다고 한다.

제 2 절 베버의 합리성에 관하여

합리성은 다의적이다. 따라서 "합리성이란 무엇인가?"라는 질문보다는 "어떤 합리성인가?"라는 질문이 합리성에 대한 사유를 전개하는 데 더 유익하지 않을까? 먼저 베버의 경우를 살펴보자. 그는 개인이 사려 깊고 의식적으로 자신이 하는 행동을 인식하고 있는 경우를 합리적이라 보고, 개인이 자기 행동의 자기 의식적이고 사려 깊은 주체가 아닌 경우 혹은 개인이 습관이나 감정에 따라 행동하는 경우를 비합리적이라 본다. 감정적으로 행동을 하거나 관습이나 전통에 따라 행동하는 경우는 자신의 판단과 의지에 따라 이루어지는 행동이 아니기 때문에 합리적이라 할 수 없다는 것이다. 따라서 감정적 행위나 전통적 행위는 비합리적인 행위라 하겠다. 그렇다면 어떤 사람이 자신의 신앙에 따라 가난한 사람들을 위하여 자신의 재산을 헌납하였다면, 그의 행위를 합리적이라 할 수 있을까? 또는 어떤 사람이 사람은 서로 사랑하여야 한다는 신념에 따라 어려움에 처한 사람을 위하여 헌신하였다면, 그의 행위를 합리적이라 할 수 있을까? 베버는 자신이 당연히 따라야 한다고 생각하는 신앙이나 신념, 그리고 가치관을 실현하기 위하여 행동하는 경우를 가치합리성(value rationality)으로 규정한다. 그렇다면 어떤 개인이 종교적인 신앙을 지키기 위하여 순교를 선택하였다면, 그 행위를 합리적이라 할 수 있을까? 게다가 그가 지키고자 하였던 종교가 사이비였다면? 또는 어떤 개인이 죽음이야말로 가장 숭고한 가치라고 생각하면서 자살을 선택하였다면, 그의 행위를 합리적이라 할 수 있을까? 게다가 다른 사람에게까지 자살을 부추겼다면? 가치는 주관적인 것이기 때문에 충분히 사람에 따라 다를 수 있다. 따라서 논란이 있을 수는 있지만, 베버의 정의에 따르면 가치합리적이라 할 수 있다. 그러나 이러한 문제에 집착하다 보면, 좀 더 중요한 측면을 간과할 수 있다. 즉, 앞에서 말한 가치합리성은 개인의 수준에서 말한 것이다. 그러나 사회 혹은 정치공동체의 공적인 행위와 관련하여 가치합리성을 말할 때는 그 성격이 달라질 수 있다는 것이다. 공적인 상황에서는 가치합리성은 대체로 보편적인 가치를 중심에 놓아야 한다. 예컨대 인간의 존엄성, 생명, 자유, 평등, 평화, 민주주의 등과 같은 보편적인 가치를 기준으로 가치합리성 여부를 판단하여야 한다는 것이다. 공공행정이 가치합리적으로 수행되려면, 앞에서 나열한 보편적인 가치들을 실현할 수 있는 방법들을 제도화하여야 한다. 길거리에 담배꽁초를 버리지 못하게 하는 가장 훌륭한 방법은 버리는 즉시 사형에 처하는 것이다. 누가 감히 담배꽁초를 버리겠는가? 그러나 그렇게 하면 안 된다. 왜냐하면 인간의 존엄성에 비추어 그것은 지나치게 가혹하기 때문이다. 가치합리성은 공공행정이 이렇게 극단적인 방식으로 수행되는 것을 제한하는 규범으로서 기능한다.

우리는 일반적으로 어떤 목적이 주어지면, 그것을 이루는 데 가장 적합한 수단을 선택하려는 성향을 가지고 있다. 베버는 이러한 성향을 가치합리성과 구분하여 수단적 합리성이라 부른다. 수단적 합리성은 주어진 목적, 목적을 이루기 위한 많은 수단, 그 각각의 수단이 가져오는 수많은 결과, 목적-수단-결과를 잇는 다양한 경로의 비교, 최선의 방법 선택 등의 요소로 구성된다. 이러한 수단적 합리성이 공적인 차원에서 추구되어야 함은 재론할 필요가 없다. 특히 공공행정은 가능하다면, 최소의 비용으로 최대의 효과를 낼 수 있는 방법으로 과업을 수행하는 것이 수단적으로 합리적이라 하겠다. 따라서 공공행정에서의 수단적 합리성은 능률성을 의미하는 것으로 볼 수 있다. 그렇다면 유대인 말살이라는 최종 해결(final solution)의 목적을 위하여 600만 명의 유대인을 체계적이고 효율적인 방식으로 학살한 독일 관료제를 합리적이라 할 수 있을까? 사회의 부(富)를 극대화하기 위한 가장 좋은 방법이 빈부 격차를 극대화하는 것이라는 계산에 따라 그러한 정책이 실행되었다면 합리적이라 말할 수 있을까? 베버의 정의에 따르면, 두 경우 모두 수단적으로 합리적이라 할 수 있다. 이처럼 수단적 합리성은 목적의 옳고 그름이나 선악에 대한 판단을 유보하고, 주어진 목적을 이루는 데 가장 유용한 수단을 선택하는 데 초점을 맞춘다. 베버가 관찰한 바에 의하면, 근대 사회가 발달하면서 비합리적 성향이 점차 쇠퇴하고 합리적 성향이 더욱 강화되는 경향을 보이고 있다는 것이다. 또한 가치합리성보다는 수단적 합리성이 더욱 강하게 작용하고 있다는 것이다. 수단적 합리성과 관련하여 우리가 부딪히는 문제는 목적과 수단의 관계가 최적인지 여부를 어떻게 알 수 있는가 하는 것이다. 내가 성공하기 위하여 지금 대학에 다니는 것이 대학을 포기하고 돈벌이를 시작하는 것에 견주어 더 나은 선택이라는 것을 어떻게 알 수 있을까? 다른 사람들의 예를 살펴볼 수는 있지만, 그 예들이 나의 성공을 보장하는 것은 아니다. 수단과 목적의 인과 관계에 대한 지나친 확신은 위험한 것이다.

그렇다면 가치합리성과 수단적 합리성은 어떠한 관계에 있는가? 실제 세계에서 엄밀하게 두 개의 합리성 유형 가운데 어느 하나가 배타적으로 작용하는 것은 아니다. 두 유형이 서로 배합되어 어떤 선택들이 이루어진다고 보는 것이 현실적일 것이다. 가치합리성과 수단적 합리성이 조화를 이루기 위한 조건은 무엇일까? 그것은 추구하는 목적이 도덕적으로 정당한 것(옳거나 좋은 것)이어야 하며, 그것을 이루기 위한 수단 역시 도덕적으로 정당하고 최선의 것이어야 한다. 조건에 따르면, 목표의 도덕적 가치, 수단의 도덕적 가치와 효용성을 모두 충족시켜야 한다. 가령 민주주의 국가를 만들기 위하여 한시적으로 공포스러운 독재정치를 허용한다면, 그것은 합리적이라 할 수 없다. 목표가 도덕적으로 정당하고, 수단의 효용성이 높지만, 수단의 도덕적 가치는 정당한 것이라 보기 어렵기 때문에 가치합리성과 수단적 합리성이 조화를 이룬다고 말할 수 없다.

제 3 절 만하임의 합리성에 관하여

칼 만하임(Karl Mannheim)은 합리성을 실질적 합리성(substantial rationality)과 기능적 합리성(functional rationality)으로 분류한 바 있다(Mannheim, 1940: 53). 그의 설명을 그대로 옮겨보면, 실질적 합리성은 "특정한 상황에서 지적 통찰력을 발휘하여 사건들의 상호연관성을 사유하는 것"을 말한다. 이것은 지성적 사유 과정 자체에 초점을 맞추고 있다. 지성적 사유는 논리적으로 원인과 결과의 관계를 추론하거나 예측하는 것으로 구성된다. 기능적 합리성은 "일련의 행위들이 이전에 규정된 목적을 성취하도록 조직화되고, 일련의 행위들을 구성하는 모든 단위 행위에 대하여 하나의 기능적 지위와 역할이 부여된 경우"를 말한다. 이것은 목적을 이루는 데 필요한 다양한 행위가 적절하게 혹은 체계적으로 조직화되어 있어야 하며, 각각의 행위에는 적절한 기능이 부여되어 있어야 한다는 것이다. 한마디로 목적을 이루는 데 필요한 기능들이 적절하게 배치된 경우를 기능적 합리성이라 볼 수 있다. 그렇다면 목적을 이루는 데 필요한 기능들이 적절히 배치되었는지 그렇지 않은지를 어떻게 알 수 있을까? 배치된 기능에 따라 행동한 결과 추구하는 목적을 이루었다면, 배치가 적절하였다고 말할 수 있지 않을까? 역으로 목적을 이루는 데 실패하였다면, 배치가 적절하지 않다고 말할 수 있지 않을까? 그렇다면 기능적 합리성은 사전적으로 판단되는 것이 아니라 사후적으로 판단되는 것이라 볼 수 있을까? 목적을 이루면 합리적인 것이고, 실패하면 비합리적인 것이라 보면 될까? 뭔가 좀 이상하지 않은가? 목적의 달성이 적절한 기능의 배치 때문인지, 기능을 수행하는 사람들이 발휘한 의외의 노력과 창의성 때문인지, 아니면 운 때문인지 그 인과 관계를 어떻게 확인할 수 있을까? 사실 우리는 목적을 이루기 위하여 다양한 기능을 적절하게 배치하고 조직화하였는지 여부를 알 수 없다. 결국 기능이 작동하여 만들어낸 결과를 가지고 판단하여야 하는데, 사실 그 결과도 기능의 배치가 적절하여서인지 그 여부를 확인할 길이 없다. 가령 동일한 목적을 이루어내는 데 성공한 두 개의 조직이 있는데, 한 조직은 상대적으로 잘 조직화되어 있고, 다른 조직은 상대적으로 산만하게 조직화되어 있다면, 둘 다 기능적으로 합리적이라 말하기는 어려울 것이다. 그러니까 결과를 가지고 판단하는 것도 문제가 있다는 것이다.

공공행정의 맥락에서 기능적 합리성은 중요한 의미를 갖는다. 왜냐하면 공공행정은 조직적으로 이루어지는 활동이기 때문이다. 공공행정은 공익을 추구하는 데 적합한 방식으로 다양한 활동이 체계적으로 조직화될 때, 기능적 합리성을 실현할 수 있다. 정부조직을 구성하는 각 기관과 기관을 구성하는 다양한 기능이 적절히 조직화되고, 그 각각의 기능을 수행하는 사람들이 적절하게 배치된다면, 공공행정은 목표 달성에 유익할 것이다. 공공행정은 기능과 기능의 관계 혹은 역할과 역할의 관계를 매개로 이루어지는 활동이다. 어떤 사람이 그 기능을 담당하건 동일한 역할을 수행하여야 하는 것이다. 기능과 기능의 관계에는 사람과 사람의 관계가 내포되어 있다. 그런데 그러한 사람들 간의 관계가 기능들 간의 관계에 의하여 제어되고 형성된다. 조직의 구성원들은 상대를 사람으로 대하는 것이 아니라 특정한 역할의 담지자로 대한다. 일반적으로 사람과 사람의 관계가 물과 물의 관계로 대치되는 혹은 지배되는 현상을 물화(物化, reification)라 부른다.[1] 따라서 기능과 기능의 관계에 의하여 지배되는 사람과 사람의 관계 역시 물화의 한 형태라 할 수 있다. 물화가 가져오는 문제는 사람들 간의 정서적 혹은 감성적 교류를 왜곡시킬 수 있다는 것이다. 기능과 기능 간에 적절한 상호작용은 각각의 기능을 담당하는 사람들이 정서적으로 공감대를 형성하고 있을 때, 원활하게 이루어질 수 있다. 그러니까 정서적인 혹은 감성적인 교류가 전제될 때, 조직활동의 효율성이 높아진다는 것이다. 그러나 기능의 수행만을 전면에 부각시켜 강조하게 되면, 사람들의 정서적 교감을 도외시하고, 궁극적으로 사람들의 인간적 삶의 가치를 왜곡시키는 결과를 가져올 수 있다. 또한 사람의 가치를 조직이라는 거대한 톱니바퀴의 톱니에 불과한 것으로 폄훼할 수 있다.

제 4 절 사이먼의 합리성에 관하여

이제 행정학을 과학화하는 데 결정적인 영향을 미쳤으며, 사회과학 분야의 합리성 담론에서 일종의 전환점이 된 허버트 사이먼(Herbert A. Simon)의 경우를 살펴보자. 사이먼의 합리성에 대한 관념은 다음과 같은 특성을 갖는다.

---

1) 물화에 대하여는 Marx(2006), Lukács(1986), Honneth(2006) 등 참조.

첫째, 합리성은 맥락 의존적이라는 것이다(Simon, 1976: 240). 사이먼에 따르면, 합리성은 행위자가 가지고 있는 가치 체계에 비추어 바람직한 결과를 가져오는 행동 대안을 선택하는 것을 의미한다. 그러다 보니 합리성의 판단은 어떠한 측면에서 보느냐에 따라서 상대적이라는 것이다. 따라서 그는 합리성을 말할 때, 적절한 수식어를 사용하는 것이 모호성을 최소화하는 길이라고 말한다. 적절한 수식어는 합리성을 판단하는 맥락, 즉 조건을 표현하는 것으로 볼 수 있다. 이처럼 합리성은 맥락 의존적이며, 상대적이다. 앞에서 소개한 베버의 가치합리성이나 수단적 합리성, 만하임의 실질적 합리성이나 기능적 합리성은 합리성을 판단하는 상이한 맥락을 근거로 분류된 것이라 할 수 있다.

둘째, 합리성을 행정이론의 중심으로 삼아야 한다는 것이다. 고전적 행정이론에서는 능률성을 행정이론의 중심으로 삼았다. 사이먼에 의하면, 능률성을 바람직한 상태를 기술하는 하나의 개념적 정의로 볼 수는 있으나, 행동의 원리로 보기는 어렵다는 것이다. 그것은 행정활동의 목적이 목표 달성의 극대화라는 것을 말해 줄 뿐, 어떻게 목표 달성을 극대화할 것인지에 대한 답을 제시하지는 않는다는 것이다. 사이먼은 합리성에 대한 논의를 통하여 그러한 방법을 찾을 수 있을 것이라 본다. 따라서 그에 따르면, 특정한 목표를 달성하기 위한 의사 결정의 적합성, 즉 의사 결정의 합리성이 행정이론의 핵심적인 관심사가 되어야 한다는 것이다.

셋째, 인간은 합리적이려고 노력하는 존재라는 것이다. 고전 경제학에서는 완벽하게 합리적인 존재로서 경제인을 전제한다. 고전적 행정이론 역시 경제인과 동일한 의미로 행정인을 전제한다. 그러나 합리성은 해결하여야 할 문제와 문제해결자의 능력의 관계에 의하여 결정된다. 사이먼에 의하면, 현실적으로 문제의 규모가 문제해결자의 능력을 훨씬 초과하고 있다는 것이다. "복잡한 문제를 구성하고 해결하기 위한 인간 정신의 능력은 실제 세계에서 해결을 위하여 객관적으로 합리적인－혹은 그러한 객관적 합리성에 근접하는－행동을 요구하는 문제들의 규모에 비하여 매우 작다"(Simon, 1957: 198). 이처럼 인간은 완벽하게 합리적일 수 없는 제약 조건, 즉 제한된 합리성(bounded rationality)의 상황에 있다는 것이다. 그럼에도 불구하고 인간은 제한된 범위 안에서 합리적이려고 노력한다는 것이다. 이렇게 하여 합리적인 존재로서의 인간관은 합리적이려고 노력하는 존재로서의 인간관으로 수정된다(Simon, 1957: 200).

넷째, 실체적 합리성(substantive rationality)을 실현하는 것은 불가능하다는 것이다(Simon, 1976: 130). 실체적 합리성이란 주어진 목표를 달성하는 데 최선의 대안을 선택하는 경우를 말한다. 이것은 완벽하게 합리적인 의사 결정을 통하여 가능하다. 조직에서 완벽하게 합리적인 의사 결정을 하기 위하여는 행위자의 목표에 대한 명확한 인식, 그것을 이루기 위한 모든 대안에 대한 지식, 모든 대안이 가져올 모든 결과에 대한 지식, 결과들에 대한 행위자의 명확한 선호도나 효용함수의 존재 등의 조건이 충족되어야 한다(Simon & March, 1958: 137-138). 그러나 현실적으로 조직의 구성원인 인간은 습관이나 반사와 같은 무의식적 측면, 조직활동에 대한 개인적인 동기나 가치관, 지식의 한계 때문에 완벽하게 합리적인 의사 결정을 할 수 없다. 특히 사이먼은 인간의 인지 과정의 불완전성을 논증함으로써 이러한 주장을 강화한다. 그에 따르면, 인간의 관심(attention)은 희소하다. 인간은 자신을 둘러싸고 있는 모든 것에 관심을 가질 수 없다. 인간은 다양한 제약 조건 때문에 선택적으로 무엇인가에 대하여 관심을 갖게 된다. 또한 어떤 대상을 인지하는 과정에서 정보를 한꺼번에 처리할 수 없기 때문에 단순화와 요소화의 과정을 거쳐 복잡한 실제 세계를 인지한다는 것이다(Simon, 1976: 81-83). 단순화는 복잡한 실제 세계에서 중요하다고 생각되는 변수들만을 추출하여 그것을 머릿속에 저장하는 것이다. 약도의 원리와 같다. 요소화는 어떠한 현상을 자신의 인지 능력으로 통제할 수 있는 최소한의 수준으로 쪼개는 것이다. 이와 더불어 개인의 인지는 순차적인 특성을 갖는다. 현상을 있는 그대로 인지하는 데 필요한 정보의 병렬 처리가 불가능하기 때문에, 순차적으로 정보를 처리할 수밖에 없다는 것이다. 결국 인간의 인지 과정은 복잡한 현실을 단순화시켜 가공한다는 점, 현실을 쪼갬으로써 요소들 간의 화학적 관계를 기계적 관계로 재구성한다는 점, 현실의 동시성을 순차적인 것으로 처리할 수밖에 없다는 점에서 완벽한 지식을 구축하는 데 한계를 가질 수밖에 없다. 따라서 지식과 함수 관계에 있는 합리성은 완벽할 수 없다.

다섯째, 조직에서의 의사 결정은 실제로 만족할 만한 수준에서 이루어진다는 것이다. 완벽한 합리성에 근거한 의사결정모형은 일반적으로 합리모형으로 불린다. 이 모형은 의사결정자가 완벽한 선호도와 효용함수를 가지고 목표를 이루는 데 적합한 모든 대안 가운데서 최적의 대안을 선택하는 것이다. 그러나 인간의 문제 해결 능력은 문제의 규모에 비해 작고, 의사결정자가 완벽한 선호도와 효용함수를 가지고 있지 않은 경우도 많기 때문에, 가능한 모든 대안을 계산하여 비교하는 것은 불가능하다. 따라서 의사결정자는 욕망 수준에서 대안을 탐색하고, 그것들 가운데서 만족할 만한 대안을 선택한다는 것이다. 사이먼은 이를 만족모형이라 부른다(Simon, 1957: 204-205).

여섯째, 합리적이려고 노력하는 인간이 실현할 수 있는 합리성은 절차적 합리성(procedural rationality)이다(Simon, 1978). 사이먼의 논리에 따르면, 인간은 완벽하게 합리적일 수 없기 때문에 경제학적 의미의 실체적 합리성을 실현할 수 없다. 인간은 완벽하게 합리적이지 않다. 그럼에도 불구하고 인간은 합리적이려고 노력한다. 의사 결정 과정에서 개인이 부딪히는 문제는 제한된 능력을 가지고 복잡한 문제를 해결하여야 한다는 것이다. 만족할 만한 해결책을 찾는 것도 쉬운 일은 아니다. 따라서 사이먼은 대안 탐색의 과정을 효율화하기 위한 절차에 관심을 갖는다. 그는 선택의 결과를 강조하는 실체적 합리성과 대비하여, 대안 탐색의 효율적인 절차와 그것의 수행을 강조하는 절차적 합리성을 제시한다.

사이먼의 합리성의 관념에서 핵심이 되는 것은 합리적이려고 노력하는 존재로서의 인간관, 제한된 합리성, 그리고 절차적 합리성이다. 사이먼의 인간관을 좀 더 살펴보면, "왜 인간은 합리적이려고 노력하는가?" 하는 의문이 생긴다. 사실 앞에서 논의한 베버나 만하임도 왜 그런지에 대하여는 답을 찾고 있지 않다. 다만 인간이 이성적 존재이니 당연히 합리적이고자 할 것이라는 암묵적인 전제에 의존하고 있다는 정도의 추측만을 할 수 있을 뿐이다. 그러나 이것은 일종의 동어반복일 수 있다. 어원에 따르면, 합리적인 것과 이성적인 것은 같은 의미이기 때문이다. 어찌 되었건 완벽한 합리성을 전제하는 경제학적인 가정을 무너뜨린 것은 대단한 업적이라 하겠다. 사이먼은 완벽한 합리성을 실현할 수 없는 상황에서 인간이 취할 수 있는 것은 절차적 합리성이라고 주장한다. 절차적 합리성은 문제 해결을 위하여 최적의 절차를 따르는 것을 의미한다. 그렇다면 최적의 절차를 어떻게 알 수 있을까? 사이먼에 의하면 인간은 완벽한 인지 능력을 가지고 있지 못하기 때문에 최적의 절차를 찾을 수 없다. 따라서 최적의 절차를 찾기 위하여는 다시 다양한 절차 가운데 최적의 절차를 찾을 수 있는 메타 절차가 필요하다. 이렇게 논리적으로 사고를 하다 보면, 절차적 합리성은 무한회귀에 빠지고 만다. 이러한 문제가 있으니 절차적 합리성을 거부하여야 할까? 그렇지는 않다. 다만 일반적으로 문제를 해결하기 위하여 사람들이 만들어놓은 절차가 정답은 아니라는 사실을 인정하고 항상 비판받고 수정될 준비가 되어 있어야 한다는 의미로 해석되어야 할 것이다.

지금까지 소개한 합리성에 대한 논의들은 합리성의 문제를 현실적으로 고민하는 데 중요한 안내판이 될 수 있다. 이제 공공행정이 공공의 문제를 해결해 나가는 데 따라야 할 합리적인 원리들이 무엇인지 모색해보자. 다시 말해서 공공행정이 공익을 추구하는 데 바람직한 결과를 가져올 수 있는 대안들을 선택하고, 그것들을 수행하는 데 따라야 할 바람직한 원리들에 대하여 생각해보자.

제 5 절 정치적 합리성: 민주성에 관하여

공공행정에서 '공적(公的)'이라는 수식어는 행정의 정치적인 성격을 상징한다. 따라서 일차적으로 공공행정은 정치적 합리성의 원리를 따라야 할 것이다. 정치적 합리성은 일반적으로 민주주의적 정치 체제가 적절하게 제도화되고 실행되는 경우를 말한다. 민주주의는 인민주권을 기본 정신으로 한다. 주권자로서 국민은 평등하며 자유롭다. 공공행정은 이러한 민주주의의 기본 정신을 실현하는 방식으로 이루어질 때 합리적이라 할 수 있다. 공공행정의 정치적 합리성의 원리로서 민주성은 주인으로서 국민의 권리를 보호하고 신장시키기 위한 이념을 의미한다. 그렇다면 어떻게 하는 것이 민주성의 이념을 실현하는 길이 될까? 주인으로서 국민의 참여(participation)가 보장되고 신장되어야 하며, 공적 봉사활동으로서 행정은 주인의 요구에 민감하게 반응(responsiveness)하여야 할 것이다. 그리고 좀 더 적극적으로 국민과의 협력(collaboration)에 기초한 공공행정의 가능성을 제고하여야 할 것이다.

국민에게 참여는 첫째로, 사회적 존재로서 인간적 만족을 가져다준다는 점에서 본래적 가치를 갖는다. 자신의 가치와 존엄성이 인정받고 있다는 자부심과 사회적 귀속감을 느끼게 한다는 것이다. 둘째로, 참여는 자기 개발 혹은 자기 교육의 가치를 갖는다. 국민은 실제 참여 과정을 통하여 인식 지평이 확대됨과 동시에 새로운 가치 체계, 태도, 기술, 지식, 신념 등을 획득함으로써 참여자를 발전적으로 변화시킨다는 것이다. 즉, 참여는 공익에 대한 인식을 제고한다. 셋째로, 참여는 참여자들이 원하는 것을 얻고자 하는 방법이라는 점에서 수단적 혹은 공리적 가치를 갖는다(김대환, 1997). 참여는 시민을 재창조하는(reinventing citizen) 학교로서의 기능을 한다(Schachter, 1995).

공공행정에서 반응성은 시민과의 상호작용을 일상화하여야 한다는 전제를 바탕에 두고 있다. 특히 행정인은 시민의 목소리를 잘 들어야 한다(listening skillfully)는 것이다. 잘 듣기 위하여는 우선 행정(인)의 개방성(openness)이 확보되어야 한다. 개방된 상태에서 시민의 목소리를 듣는 과정에서 행정인은 다양성을 경험하게 된다. 시민들의 목소리가 매우 다양하다는 인식, 그리고 상대적일 수도 있다는 인식은 차이(difference)에 대한 인식을 제고한다. 이러한 경험들은 행정인에게 반성적 사유(reflexive thinking)를 계발할 수 있는 계기를 제공한다(Stivers, 1994). 특히 반응성은 조직화되지 않은 시민들의 목소리를 민감하게 듣는 능력을 발전시킬 것을 주문한다.

참여와 반응성의 조건을 좀 더 적극적으로 실현하기 위한 방법으로 민주성은 행정과 시민의 협력을 강조한다. 협력은 국민과 정부의 관계를 파트너 관계로 볼 것을 강조한다. 따라서 협력은 정부, 매개조직(미디어, 교육조직, 민간 부문, 제3섹터 등), 시민의 삼자 관계를 전제한다. 시민은 정부에 대하여는 정당성을 부여하고, 매개조직에 대하여는 정보와 인적 자원을 제공한다. 매개조직은 시민의 사회화 기능을 수행하며, 정부에 대하여는 비판, 지식, 경제적 재화를 제공한다. 정부는 시민에게 서비스를 제공하며, 매개조직에는 권한을 위임한다(Vigoda, 2002). 민주성은 이러한 협력 관계를 통하여 주인으로서 국민의 참여와 행정의 반응성을 좀 더 적극적으로 실현할 것을 요구한다.

민주성과 관련하여 우리는 몇 가지 의문을 갖지 않을 수 없다.

첫째, 기회가 주어진다면, 과연 모든 시민이 적극적으로 공공행정에 참여할까? 이런 일이 있을 수 있지 않을까? 내가 굳이 참여하지 않아도 다른 사람들이 참여하여 문제를 해결하면, 나는 내 시간도 벌고 남이 얻어놓은 혜택도 받을 수 있으니 일석이조가 아닌가? 소위 무임승차(free-riding)에 대한 기대 때문에 참여가 제대로 이루어지지 않을 수 있다.

둘째, 정부가 국민들의 모든 목소리를 일일이 다 들어줄 수 있을까? 이것은 불가능한 일이다. 정부는 선택적으로 국민의 소리를 듣고, 선택적으로 반응할 가능성이 크다. 선택의 기준은 공적으로 중요하다고 생각하는 것일까? 아마도 선택의 과정에서 정부가 할 수 있는 것, 선호하는 것, 욕을 먹지 않을 것, 아니면 이익집단의 압력이 센 것 등이 더 중요하게 고려될 수 있다. 구조적으로 이러한 한계를 극복하기가 쉽지 않다.

셋째, 권력을 공유한다는 것이 얼마나 가능할까? 권력은 속성상 나누어지지 않는 경향이 있다. 일반적으로 분권이나 권한의 위임은 어쩔 수 없는 경우에 이루어진다. 어쩔 수 없이 나누어준 권력도 상황이 허락한다면 다시 회수하는 경향이 있다. 가령 정부가 시민과 협력을 통하여 국정을 운영한다는 거버넌스의 논리는 재정적자라든가 시민사회의 압력과 같은 피치 못할 사정으로 인하여 등장한 것이다. 그렇다고 정부관료제가 권력을 무조건 내어주는 것은 아니다. 정부는 정부에 우호적인 파트너를 선택함으로써 권력 공유의 이미지와 권력 강화의 실질적 이득을 동시에 챙길 수도 있다. 협력의 기본 정신을 살리는 것이 그렇게 쉬운 일은 아니다.

넷째, 정부관료제는 민주주의와 조화를 이룰 수 있을까? 근본적으로 양자는 딜레마 관계에 있다(Ezioni-Halevy, 1983: 90-92). 일단 정부관료제는 정파적인 의회와는 달리 비정파적으로 국민의 의견을 수렴할 수 있는 능력이 있다. 이러한 측면에서는 정부관료제가 민주주의와 긍정적으로 관계하는 것으로 볼 수 있다. 그러나 정부관료제는 다른 측면에서 민주주의를 위협하기도 한다. 우선 정부관료제는 국민에 대한 엄청난 정보를 가지고 있다. 그러한 정보가 국민의 사생활을 침해할 가능성이 있다. 이것은 헌법이 보장하는 국민의 기본권을 위협하는 것으로서 민주주의에 매우 위협적인 것이다. 다음으로 정부관료제는 엄청난 정보력을 바탕으로 의회를 압도하고 있다. 따라서 입법 과정에서 의회는 정부에 의존하지 않을 수 없다. 이는 국민을 대표하는 의회의 견제 기능이 상대적으로 약화되는 것을 의미한다.

제 6 절 법적 합리성: 합법성에 관하여

행정활동은 어떻게 이루어져야 하는가? 법이 정한 절차에 따라 이루어져야 한다. 이를 합법성이라 부른다. 이러한 규범은 법의 지배(rule of law) 정신을 반영한 것이다. 본래 법의 지배 정신은 군주의 절대적인 권력에 의하여 시민들의 권리가 침해되는 것을 막기 위하여 발달한 것이다. 법의 지배 정신은 기본적으로 통치행위가 법을 통하여 이루어져야 함을 강조한다. 이는 법에 의한 지배(rule by law)를 의미한다. 그리고 법의 지배는 시민들의 권리는 오직 법에 의하여만 제약될 수 있음을 의미한다. 군주의 자의적 판단에 의하여 시민의 권리가 제한될 수는 없다는 것이다. 특히 구조적 측면에서 법의 지배는 법을 만드는 행위와 법을 집행하는 행위가 분리되어야 함을 강조한다. 권력의 분립은 독단의 가능성을 최소화하는 장치이다(Redford, 1989: 35). 그렇다면 합법성은 구체적으로 어떠한 원리에 따라 공공행정이 이루어지는 것을 의미하는 것일까? 합법성은 공공행정이 따라야 할 법률은 행정부가 아닌 의회에서 만들어져야 하며, 공공행정은 그렇게 만들어진 법률에 근거하여 수행되어야 하고, 법률에 위배되는 행위를 해서는 안 된다는 이념이다(김항규, 2003).

'법의 지배' 정신이 등장하게 된 사회정치적 배경을 통하여 볼 때, 합법성은 단순히 형식적으로만 해석될 수 없다. 법의 지배는 지배자의 자의로부터 시민의 권리를 보호하기 위한 것이다. 그러니까 주인인 시민이 대표를 선출하여 그들로 하여금 공복(公僕)인 공무원들이 따라야 할 법을 만들고, 그 법을 지키게 함으로써 자신의 권리를 보호할 수 있게 하는 것이 바로 법의 지배이다. 이러한 의미에서 합법성은 공무원의 자기 방어나 시민에 대한 통치와 규제보다는 공무원의 자의적 행위로 말미암아 시민의 권리가 침해되는 것을 막는 것에 무엇보다도 우선적인 가치를 부여하는 이념이라 할 수 있다. 따라서 합법성의 이념이 좀 더 실질적으로 실현되도록 하기 위하여는 시민의 가치에 대한 고려가 전제되어야 할 것이다. 우리나라의 헌법에서 제시되고 있는 기본적인 가치가 행정의 가치로, 그리고 합법성의 실질적 내용으로 고려될 필요가 있다(표시열, 1994). 인간의 존엄과 가치, 공무원의 국민 전체에 대한 봉사와 책임, 그리고 헌법에 보장된 국민의 기본권 존중은 합법성의 이념을 통하여 실현하고자 하는 실질적 내용이라 할 수 있다. 그렇다면 법의 집행은 어떻게 이루어져야 할까? 당연히 모든 국민은 법 앞에 평등하다는 규범에 따라 법집행이 이루어져야 한다. 이러한 태도를 일반적으로 불편부당성(impartiality)이라 부른다. 불편부당성은 규정된 법이나 정책의 논리에 따라 권력을 행사하는 것으로, 사적인 이해 관계나 호불호(好不好)의 편견이 개입되어서는 안 된다는 규범이다(Rothstein & Teorell, 2008).

현대 국가를 일반적으로 행정국가라고 부른다. 그만큼 행정의 권한이 확대되고 있다는 것이다. 이러한 상황에서 합법성의 이념을 따른다는 것이 쉽지는 않을 것이다. 왜 그럴까?

첫째, 제도적으로는 의회가 법을 만들도록 되어 있으나, 정부입법이나 정부 의존적인 입법안들이 현저하게 증가하고 있다. 그러다 보니 법을 만드는 행위와 법을 집행하는 기능이 분리되어야 한다는 법의 지배 정신이 위협을 받게 된다.

둘째, 법은 그 속성상 포괄적이고 대략적인 수준의 규정을 내용으로 한다. 게다가 사회 환경의 복잡성과 변동성이 격심해지면서 법 규정이 세밀하게 구성되는 것이 거의 불가능해지고 있다. 그러다 보니 공공행정의 재량권의 범위가 점차적으로 넓어지고 있다. 이것은 행정부의 법에 대한 해석의 권한이 확대되는 것을 의미하기 때문에 법의 본래적 취지를 왜곡할 가능성이 상존한다.

셋째, 행정에 정부의 다양한 기능이 집중되는 경향이 더욱 강해지고 있다. 입법과 사법 기능의 일부가 행정에 집중되고 있다. '준(準)' 입법, '준'사법이라는 표현은 이제 일상적인 것이 되었다. 이러한 경향은 합법성의 이름으로, 법의 지배 정신에 위배되는 법을 만들어 시민의 권리를 훼손하는 행위를 정당화하는 결과를 가져올 수도 있다(Redford, 1989: 36-40; 김항규, 2003).

제 7 절 윤리적 합리성: 형평성에 관하여

공공행정은 중립적이어야 하나? 공무원의 중립성은 정파적 이해 관계가 행정활동에 개입하여 행정의 불편부당성을 훼손할 가능성을 막기 위한 윤리적 장치이다. 그러니까 공무원의 중립성은 정치적 중립성을 의미하는 것이지, 윤리적 중립성을 의미하는 것이 아니다. 그렇다면 공공행정이 윤리적으로 어떤 가치를 추구하여야 한다면, 그것은 무엇일까? 그것은 국민을 존중하고 평등하게 대우하는 것이어야 할 것이다. 그렇다면 평등하게 대우한다는 말의 의미는 무엇일까? 기계적으로 모든 사람을 똑같이 대우하여야 그들을 존중하는 것일까? 가령 몸무게와 무관하게 권투시합을 진행하는 것이 모든 사람을 평등하게 대우하는 것인가? 좋은 성적을 낸 사람과 그렇지 못한 사람 모두에게 똑같이 상을 주는 것이 평등한 대우인가? 사실상 기계적인 평등은 오히려 불평등을 심화시킬 수 있다. 따라서 평등의 원칙을 기계적 평등 원칙으로 이해할 것이 라니라, 동일한 범주에 속하는 사람들은 동일하게 대우하고, 다른 범주에 속하는 사람들은 다르게 대우하는 원칙으로 이해하는 것이 좀 더 타당성이 높다. 일반적으로 이러한 평등의 적용 방식을 형평성(equity)이라고 한다. 형평성은 동일 범주 동일 대우의 원칙과 다른 범주 다른 대우의 원칙을 내용으로 한다. 예컨대 체급을 나누어 동일한 체급에 속하는 선수들끼리 권투시합을 진행한다면, 시합의 타당성을 높일 수 있다. 또한 우수한 성적과 낮은 성적을 분리하여 높은 성적을 거둔 사람에게 상을 주는 것이 상의 타당성을 높일 수 있을 것이다. 그러다 보니 형평성 이념 안에는 범주화, 비례, 비교의 원리가 작동하고 있음을 볼 수 있다(임의영, 2011).

첫째, 범주화의 원리는 특정한 기준에 따라서 대상들을 분류하는 것이다. 공공행정은 일반적으로 대상에 대한 통계적인 분류를 기초로 해서 이루어진다. 예방접종을 하는 경우, 어떤 전염병을 대상으로 할 것인지, 그리고 어떤 사람들을 대상으로 할 것인지를 분류하여야 한다. 또한 영세민을 위한 주택정책의 경우, 영세민의 기준에 따라 사람들을 분류하여야 하며, 어떠한 유형의 주택을 제공할 것인지를 분류하여야 한다. 이처럼 범주화는 공공행정의 기초적인 작업이라 할 것이다.

둘째, 비례의 원리는 기준에 따라 범주화가 이루어지면, 각각의 범주에 대하여 응분의 몫을 분배하는 것이다. 비례는 두 가지 측면을 아우른다. 하나는 특정한 속성이 있는 집단에 대하여 무차별적으로 몫을 제공하는 것이다. 가령 여성이 남성보다는 주차 능력이 떨어진다는 일반적인 생각에 따라 여성 전용 주차장을 만든 경우를 생각해 보자. 그 주차장에는 여성이라면 누구든 그곳에 주차를 할 수 있다. 이처럼 비례 원리는 여성이라는 속성에 따라서 몫을 분배하는 경우를 의미한다. 다른 하나는 일정 단위의 증감에 따라 응분의 몫을 증감하여 제공하는 방식이다. 물론 비례는 정비례와 역비례 모두를 의미한다. 생산량에 단가를 곱하여 응분의 몫을 계산하는 성과급이 대표적인 예라 하겠다.

셋째, 범주화나 비례의 원리 안에는 비교가 내포되어 있다. 비교를 통하여 범주화가 이루어지며, 범주들 간의 비교를 통하여 비례의 원리가 작동하게 되는 것이다. 키를 기준으로 사람들을 범주화하는 경우 키의 비교가 이루어질 것이다. 상대적 평가에 따라 성적을 부여하는 경우 학생들의 성적에 대한 비교가 이루어질 것이다. 다른 한편 비교는 범주화나 비례가 적절히 이루어졌는지를 다른 경우와 견주는 경우에도 이루어진다. 범주화나 비례 원리가 적절하게 적용하였는지를 판단하기는 어렵다. 그러나 보니 다른 경우를 비교하는 것은 불가피한 일이라 하겠다.

형평성은 기계적 평등이 아니라 상황의존적인 평등을 실현하는 이념이라 하겠다. 따라서 공공행정에서는 모든 활동에 적용되는 이념이다. 그 가운데에서도 특히 형평성의 이념이 중요하게 부각되는 경우는 사회적 약자나 사회적 소수자의 권익을 보호하고 신장시키는 문제와 관련된 것이다. 똑같은 국민이면서도 자신들의 이해 관계를 효과적으로 관철시키는 사람들이 있는가 하면, 자신의 이해 관계를 표현할 수 있는 의지나 기회조차 없는 사람들도 있다. 일반적으로 공적인 의사 결정은 목소리가 큰 사람들의 이해 관계가 반영되는 경향이 강하다. 그러다 보면 목소리를 내지 못하는 사람들의 이해 관계는 계속적으로 공적인 의사 결정 과정에 반영되지 못하는 악순환에 빠지게 된다. 결국 목소리가 큰 사람들의 이해 관계만이 집중적으로 반영됨으로써 자원의 배분이 왜곡되는 결과를 가져올 수 있다. '동일 범주 동일 대우의 원칙'에 의하면, 이는 합리적인 의사 결정의 과정이나 자원 배분이라 할 수 없다. 따라서 공공행정은 들리는 목소리에만 귀를 기울일 것이 아니라 들리지 않는 목소리에 관심을 가져야 한다는 것이다. 형평성의 동일 범주 동일 대우의 원칙은 누구나 국민이라면 같은 대우를 받아야 한다는 것을 의미하다. 그리고 '다른 범주 다른 대우의 원칙'은 목소리를 내지 못하는 사람들의 소리를 듣기 위하여 더 많은 노력을 기울여야 한다는 것이다. 큰 목소리는 노력을 기울이지 않아도 들리지만, 그렇지 않은 경우는 들리지 않기 때문이다. 사회적 약자나 소수자의 이해 관계에 관심을 기울이지 않는 것은 그들의 처지를 더욱 악화시키는 것이다. 그들에게 무관심한 공공행정은 이러한 왜곡을 더욱 악화시키는 데 일조하는 것이 되고 만다(Frederickson, 1971: 311). 물론 현실적으로는 돈과 권력에 의하여 공공행정이 왜곡될 가능성이 크기 때문에 형평성의 이념을 따르는 것이 쉽지는 않다.

제 8 절 경제적 합리성: 능률성과 효과성에 관하여

경제적 차원에서 공공행정의 합리성은 능률성과 효과성이다. 능률성은 투입과 산출의 비율을 의미한다. 가능한 최소한의 투입으로 최대의 산출을 내는 것, 주어진 투입으로 최대의 산출을 내는 것, 주어진 산출을 내기 위하여 최소한의 투입을 들이는 것 등으로 이해된다. 또는 자원의 낭비를 최소화하고 자원의 활용도를 높이는 것 역시 능률이라 할 수 있다. 따라서 능률은 결과만을 강조하는 것이 아니라 과정을 함께 고려하는 원리라 하겠다. 이러한 방식의 능률성을 일반적으로 기계적 능률성 혹은 산술적 능률성이라 한다. 능률성은 좋은 것인가? 능률성은 가치중립적인 원리이다. 선한 목적을 위하여 능률적일 수도 있고, 악한 목적을 위하여 능률적일 수도 있다. 그러니 능률성에 대한 가치 평가는 추구하는 목적과의 관련 속에서 이루어져야 한다. 능률성은 투입과 산출이 명확하게 구분될 때, 판단이 가능하다. 실제로 투입과 산출이 명확하게 구분될 수 있을까? 상식적으로는 투입과 산출이 구분되는 것으로 보이지만, 공공행정의 경우는 그 경계가 모호한 경우가 많으며, 투입이 때로는 산출일 수도 있고, 산출이 투입일 수도 있다. 가령 공무원의 채용은 투입이지만, 실업률의 측면에서는 산출이기도 하다. 투입과 산출이 명확히 구분될 수 있다면, 능률성은 어떻게 측정될 수 있을까? 기업의 경우는 돈으로 수량화하여 측정하기가 상대적으로 용이하나, 공공행정의 경우는 수량화하는 것 자체가 거의 불가능하다. 따라서 능률성의 측정은 현실적으로 쉽지 않다. 만일 불확실한 상황에, 다시 말해 어떠한 위험이 닥칠지 모르는 상황에 처해 있다면, 능률성은 바람직한 원리라 할 수 있을까? 자동차에는 페달 브레이크와 핸드 브레이크가 있다. 능률의 관점에서 보면, 브레이크가 두 개 있는 것은 낭비이다. 그러니 핸드 브레이크를 제거하는 것이 좋다. 그러나 작은 확률이라 할지라도 만일 페달 브레이크가 고장을 일으킨다면, 어찌 하여야 할까? 따라서 능률성은 중요하기는 하지만 모든 상황에서 따라야 하는 절대적인 원리로 볼 수는 없다. 능률성을 강조하다 보면, 자칫 인간의 가치를 평가절하할 수 있다. 이를 극복할 수 있는 방법은 있을까? 그래서 인간적 요소를 가미하여 사회적 능률 개념을 말하기도 한다. 기본 원리는 사람들의 심리적 욕구의 충족도나 만족도를 높여주게 되면, 사기가 올라가게 되고, 그러다 보면 생산성이 높아진다는 것이다. 그러니까 능률을 올리는 데 중요한 것은 사람들의 심리적인 상태라는 것이다. 그렇다면 사회적 능률은 인간의 가치를 제고하는 것인가? 결국 사회적 능률이 추구하는 바는 산술적 능률과 다르지 않다. 차이가 있다면 인간의 심리를 전략적으로 활용한다는 점이다. 따라서 돈 안 들이고 성과를 만들어내는 비열한 전략이라는 비판을 받을 수도 있지 않을까?

효과성은 일반적으로 목표치와 달성치의 비율, 즉 목표의 달성 정도를 의미한다. 예컨대 100점을 목표로 공부하여 시험을 보았는데 80점을 받았다면, 그의 목표 달성도는 80%가 된다. 이와 같이 효과성은 과정보다는 결과 그 자체에 중점을 두는 원리라 하겠다. 효과성은 목표 달성을 위하여 투입이 과다하게 이루어지는 경우도 크게 문제삼지 않는다. 따라서 효과성과 능률성은 상이한 원리라 하겠다. 효과성은 좋은 것인가? 그것 역시 능률성과 마찬가지로 가치중립적이다. 어떠한 목표치의 달성 정도를 말하는가에 따라 효과성에 대한 판단이 달라질 수 있다. 효과성은 악한 목표의 달성도일 수도 있으며, 선한 목표의 달성도일 수도 있다. 효과성은 무조건 좋은 것이 아니라 맥락에 따라 판단되어야 한다. 효과성을 판별하는 데 무엇보다 중요한 것은 목표이다. 목표가 분명하고, 일관성이 있으며, 하나일 때 효과성을 판단하기 용이하다. 그런데 공공행정의 경우는 목표가 분명하지 않은 경우가 많다. 가령 조국근대화나 민주국가 건설과 같은 목표는 명료하지 않으며, 다양한 해석의 가능성을 가지고 있다. 그리고 공공행정의 환경이 안정적인 경우는 목표의 일관성을 유지할 수 있으나, 환경의 변화가 매우 역동적인 경우는 목표의 일관성을 유지하기 어렵다. 목표의 잦은 변동은 효과성 판별을 어렵게 만든다. 또한 공공행정에서의 어려움은 목표가 하나가 아닌 경우가 많다는 것이다. 행정조직은 다목적적인 조직이기 때문이다. 가령 신속 정확이라는 목표가 있다고 가정하면, 두 개의 목표는 동시에 실현하기 어렵다. 신속하게 하자면 정확도가 떨어지고, 정확하게 하자면 신속성이 떨어질 가능성이 크기 때문이다. 목표가 가져야 할 조건을 충족시켰다 하더라도, 효과성을 판단하기 위하여는 달성 정도를 측정할 수 있는 성과가 명확하고 그에 대한 개개인의 기여도가 분명하여야 한다. 그러나 공공행정의 성과는 단기적으로 나타날 수도 있고, 어떤 경우는 매우 장기적으로 나타날 수도 있다. 가령 다리를 건축하는 것은 정하여진 공정에 따라 명확히 성과를 측정할 수 있다. 그러나 교육의 영역에서 성과는 10년 아니 20, 30년 뒤에 나타날 수도 있다. 그리고 개인의 효과성을 측정하는 경우 성과에 대한 개개인의 기여도가 명확하여야 한다. 그러나 행정은 협동적 행위이기 때문에 개개인이 어느 정도 기여하였는지를 판단하기가 쉽지 않다. 목표와 성과가 명확하다 하더라도 효과성이 적절하게 측정되기 위하여는 수량화가 가능해야 한다. 공공행정의 목표들을 계량화하는 일이 얼마나 가능한 일일까? 복지사회의 구현이라는 목표를 어떻게 수량화하여 표현할 수 있을까? 복지예산의 규모나 복지 혜택을 받는 사람의 수로 측정할 수도 있다. 그러나 이러한 지표가 추구하는 목표의 모든 측면을 대표한다고 보기는 어려운 것이다. 질적인 것의 양적인 측정은 한계를 가질 수밖에 없다. 이것은 측정을 해서는 안 된다는 의미가 아니라, 그렇게 한계가 있는 측정을 맹신하는 잘못을 범해서는 안 된다는 말이다.

제 9 절 소통적 합리성: 투명성에 관하여

국민은 주인이며 정부는 대리인이다(Eisenhardt, 1989). 주인과 대리인 사이에서 발생할 수 있는 문제는 무엇일까? 그것은 바로 정보의 비대칭성이다. 대리인은 구체적인 업무와 관련하여 질적으로 전문적인 정보와 양적으로 많은 정보를 가지고 있다. 그에 반하여 주인은 상대적으로 충분한 지식을 가지고 있지 않다. 따라서 대리인은 자신의 지식과 정보력을 바탕으로 주인을 기만할 가능성이 있다. 관료제를 특징짓는 비밀주의와 선택적 정보의 유출은 대표적인 예라 하겠다. 주인으로서 국민은 '알 권리'가 있고, 대리인으로서 정부는 주인에게 정보를 '알릴 의무'가 있다. 이러한 권리와 의무 관계가 적절하게 유지되어야 함을 강조하는 이념이 투명성이다. 투명성은 '밖에서 안을 들여다볼 수 있는 조건이나 상황'을 의미한다. 유리를 통하여 밖에서 안을 들여다볼 수 있는 것은 빛의 통과를 통하여 이루어진다. 사회적 의미에서의 투명성은 정보의 흐름을 통하여 이루어진다. 정보의 흐름이 자유로울수록 투명성은 더욱 높아진다고 말할 수 있다.

그렇다면 투명성을 높일 수 있는 방법은 무엇일까? 두 가지 측면에서 살펴볼 수 있을 것이다. 하나는 정보에 대한 접근이 얼마나 용이한

가 하는 것이고, 다른 하나는 정보 자체가 충분한 내용을 담고 있는가 하는 것이다(박흥식, 2001).

첫째, 정보의 이용가능성을 높이기 위한 조건을 생각해보자. 일단 제도적으로 정보에 대한 광범위하고 공개적이며 공평한 접근이 보장되어야 할 것이다. 그리고 정보에 대한 접근 채널을 다양화하고, 어느 때든지 열려 있어 그 이용이 자유로워야 할 것이다. 특히 정보의 이용이 편리하고 비용 부담이 없어야 하며, 절차는 간단하고 단순하여야 할 것이다.

둘째, 정보 자체의 충분성에 대하여 생각해보자. 정부는 가능하면 양적으로 많은 정보와 질적으로 더 나은 정보를 제공하여야 한다. 세부적으로 살펴보면, 공개된 자료와 사실이 정확히 일치하여야 할 것이다. 공개된 정보가 특정한 사건의 이해에 적절히 도움을 줄 수 있어야 할 것이다. 정보는 필요한 때 신속하게 공개되어야 할 것이다. 정보 작성, 수집, 제공의 방법 등이 정확하여야 할 것이다. 정보의 표현이 명료하여야 할 것이다. 정보는 비전문가인 수요자가 효과적으로 파악할 수 있도록 평이하고, 내용과 형식은 일관성을 유지하여야 할 것이다.

투명성은 국민과 정부의 소통을 합리화하는 기본 조건이다. 그렇다면 투명성을 높이는 데 방해가 되는 요인은 무엇일까?

첫째, 비밀주의는 정부관료제 권력의 열쇠이다. 관료제는 정보와 전문성을 가지고 권력을 강화시키는 경향이 있다. 따라서 정부관료제의 권력을 약화시키는 정보의 유출에 대하여 심하게 저항할 가능성이 크다. 특히 정부관료제의 권력이 강하면 강할수록 정보 공개를 꺼릴 가능성이 크다. 정보 공개에 대한 저항의 논리로 국익과 국가 안보의 논리가 주로 사용된다. 부득이하게 정보를 공개하여야 할 경우는 불리한 정보는 축소하거나 누락시키고, 유리한 정보를 확대함으로써 정보의 완전성을 떨어뜨리는 전략이 활용된다. 또는 지극히 전문적인 용어를 사용함으로써 일반 국민이 쉽게 이해할 수 없게 만드는 전략을 쓰기도 한다. 정보 공개를 꺼리는 정부관료제의 생리는 투명성 이념이 부각하게 된 이유이면서 동시에 이념의 실현을 방해하는 결정적인 요인이라 하겠다.

둘째, 정보 공개의 방법 문제이다. 누가, 언제, 어떻게, 어디에서 어떤 정보를 어떤 기준으로 어느 정도 공개할 것인지를 결정하는 과정에는 다양한 이해관계자들이 갈등하고 경쟁하기 때문에 결정을 내리기 쉽지 않다. 관료제의 저항과 정보 공개를 둘러싼 이해관계자들의 갈등은 정보접근성과 충분성을 위협한다. 이러한 문제를 극복하는 방법을 찾는 일이 쉬워 보이지 않는다.[2)]

2) Transparency International: The Global Coalition Against Corruption에서 Transparency International's Corruption Perceptions Index(CPI)를 활용하여 200여 개국의 부패인지 수준을 순위화하고 있다(http://www.transparency.org).

제 10 장

공공행정의 가치 분배 원리는 무엇인가?

진리가 사상 체계의 제1덕목인 것과 마찬가지로,
정의는 사회 제도의 제1덕목이다.
인간생활의 제1덕목으로서 진리와
정의는 지극히 준엄한 것이다.
— J. 롤스, 『정의론』(1971)

공공행정은 궁극적으로 정의로운 사회를 추구한다. 정의는 추상적인 차원에서 자신의 몫을 갖는 것 혹은 자신의 일을 하는 것을 의미한다. 다시 말해서 정의는 가치의 배분과 밀접하게 관련되어 있다. 여기에서 가치는 사람들이 생물학적인 생존과 사회적 생존에 필수적인 것들을 의미한다. 생물학적인 생존에 필요한 가치들은 먹을 것, 입을 것, 거주할 곳과 관련된 각종 자원이다. 그리고 사회적 생존에 필요한 가치들은 공동체의 구성원으로서 누려야 할 권리와 지켜야 할 의무 등을 말한다. 그 가치의 종류는 목록을 작성할 수 없을 정도로 많다. 정의로운 사회는 이러한 가치가 응분에 맞게 각자에게 분배되는 사회를 말한다. 정부는 가치의 분배와 관련된 기본적인 원칙을 정하고, 일부는 직접 정부가 분배하고, 다른 부분은 민간 부문에서 분배하는 방식을 취한다. 일반적으로 그러한 분배의 원칙은 헌법에 반영된다. 가령 우리나라의 헌법에서는 제2장 국민의 권리와 의무나 제9장 경제에서 가치의 배분과 관련된 규정들을 볼 수 있다. 특히 흥미로운 것은 119조인데 거기에서는 개인과 기업의 자유로운 경제활동을 기본 원칙으로 하면서도, 균형 있는 국민경제의 성장 및 안정과 적정한 소득의 분배를 유지하고, 시장의 지배와 경제력의 남용을 방지하며, 경제 주체간의 조화를 통한 경제의 민주화를 위하여 국가가 경제활동을 규제하거나 조정할 수 있다고 규정하고 있다. 이러한 규정 안에는 다양한 분배의 원리들이 혼합되어 있다. 그렇다면 공공행정이 수행하는 활동들 안에는 어떠한 분배 원칙들이 작동하고 있는 것일까? 그 논리적 혹은 이론적 근거는 무엇일까?

제 1 절 공정성에 관한 실험들

일반적으로 사람들은 공정성(公正性, fairness) 혹은 정의로운 분배 문제에 대하여 어떤 반응을 보일까? 다음과 같은 경우를 생각해보자.

우연히 여러분이 신문에 모 대학의 어떤 심리학자가 거저 돈을 벌 수 있는 실험에 참여해 달라는 기사를 읽었다. 여러분은 실험에 참가하기 위하여 심리학자를 찾아갔다. 그는 여러분 가운데 한 사람에게 제안자의 역할을 맡기고, 다른 사람들에게는 결정자의 역할을 맡겼다. 실험은 간단한 것이었다. 심리학자는 제안자에게 10만 원을 주었다. 그리고 결정자들에게 얼마의 돈을 주든 자유롭게 제안을 해보라고 하였다. 만일 결정자가 그 제안을 받아들이면, 제안한 금액을 결정자에게 주고, 나머지는 제안자가 갖는 것이다. 단, 결정자가 제안자의 제안 금액을 받아들이지 않는다면, 두 사람 모두 한푼도 받을 수 없다. 만일 여러분에게 제안자가 10원을 제안한다면, 여러분은 그 제안을 받아들이겠는가? 제안자가 1만 원을 제안한다면? 3만 원을 제안한다면? 혹은 5만 원을 제안한다면? 만일 우리가 합리적으로 자신의 이익을 추구하는 사람이라면, 어떠한 제안이든 여러분에게 돈이 거저 생기는 것이기 때문에, 여러분은 어떠한 제안이든 받아들이는 것이 합리적일 것이다. 정말로 그렇게 결정을 하게 될까? 이는 '최후통첩 게임(ultimatum game)'으로 알려진 심리실험을 재구성한 것이다. 실험에 의하면, 사람들은 놀랍게도 이기적으로만 판단을 하지 않는 경향을 보였다. 전체 금액 가운데 50%, 40%, 20%, 10% 이하를 제안한 경우 결정자가 제안자의 제안을 받아들이는 정도가 줄어드는 경향이 나타났다. 또한 결정자의 행복감이나 만족감은 제안하는 금액의 비율이 줄어들수록 비례하여 줄어드는 경향이 나타났다. 어떠한 경우이든 결정자는 거저 돈이 생기는 행운을 누릴 수 있음에도 불구하고, 제안을 거절함으로써 돈을 전혀 받지 못하는 경우가 발생하기도 하였고, 제안을 받아들이더라도 행복감이나 만족감이 떨어지는 경향이 나타났다. 이 실험은 실험 참가자들의 행복과 만족의 정도는 돈의 액수가 아니라 공정성에 좌우된다는 것을 보여준다(Tabibnia, Satpute, & Lieberman, 2008; 도모노 노리오, 2007).

이러한 공정성에 대한 반응이 인간에게만 관찰되는 현상일까? 2003년에 심리학자 세라 브로스넌(Sarah Brosnan)과 에모리대학교의 영장류 동물학자 프란스 드 발(Frans de Waal)은 교환행위와 공정성에 대한 인식이 선천적인 것인지를 알아보는 실험을 행한 바 있다. 두 교수는 캐푸친 원숭이(capuchin monkey)를 실험 대상으로 하여, 조약돌을 준 다음 원숭이들이 조약돌을 다시 건네줄 때마다 오이를 한 조각씩 주었다. 수차례 이러한 교환행위를 반복하자 원숭이들은 그 교환행위에 익숙해졌고, 아무런 문제가 없었다. 이번에는 교환행위에 약간의 변화를 주었다. 똑같이 조약돌을 건넬 때, 한 원숭이에게는 원숭이들이 보기에 더 좋아 보이는 포도를 하나 준 것이다. 그러자 오이를 받은 원숭이들은 불만스러운 소리를 내뱉더니 급기야 조약돌을 우리 밖으로 던지기 시작하였다고 한다. 거기에 교수들은 교환행위에 더 큰 변화를 주었다. 조약돌을 건네지 않은 원숭이들에게도 포도를 준 것이다. 그러자 사태는 더욱 악화되어 일부 원숭이들은 단식과 같은 극단적인 반응을 보였으며, 약 80%는 더 이상 거래에 참여하지 않았다고 한다. 두 교수는 원숭이들이 교환행위가 공정하게 이루어지지 않고 있다는 사실을 깨우친 것으로 판단했다.

그렇다면 어린 아기의 경우는 공정성이나 정의로운 분배에 대하여 어떠한 반응을 보일까? 워싱턴대학교의 제시카 좀머빌(Jessica Sommerville) 교수를 중심으로 한 연구팀은 생후 15개월 된 아기들을 대상으로 공정성과 이타심에 관한 연구를 진행한 바 있다.[1] 이들의 실험에 참여한 생후 15개월의 아기 47명은 부모의 무릎에 앉아 음식을 나누는 작업이 담긴 비디오 두 편을 지켜봤다. 한 비디오에서는 과자 그릇을 든 사람이 한 번은 다른 두 사람에게 과자를 똑같이 나눠주고, 두 번째는 한 사람에게 더 많이 주었다. 두 번째 비디오도 같은 내용이지만 나눠준 것이 과자가 아니라 우유였다. 음식이 분배되는 것을 지켜보는 아기들의 반응을 측정한 결과 아기들은 심리학에서 '기대위반(violation of expectancy)'이라고 불리는 현상, 즉 놀랐을 때 더 많은 주의를 집중하는 현상을 보였다. 아기들은 한 사람이 다른 사람

1) http://www.sciencedaily.com/releases/2011/10/111007161636.htm

보다 많은 음식을 받았을 때 더 오랫동안 화면을 주시하는 것으로 나타났다. 연구진에 따르면, 아기들은 음식이 똑같이 공정하게 분배되는 것을 기대하였으며 한 사람이 더 많은 과자나 우유를 받았을 때 놀라는 반응을 보였다는 것이다.

이기심은 인간의 생존과 밀접하게 관련이 있기 때문에 자연적인 것으로 보는 것이 일반적이다. 인간의 진화나 심지어는 인간의 이타적인 협동적 행위의 근거를 유전자의 이기적 특성에서 찾는 경우도 있을 정도이다(Dawkins, 2006; Ridley, 2001). 그런데 앞에서 살펴본 실험들에 의하면, 사람들이 공정성이나 정의로운 분배에 매우 민감한 존재라는 사실을 볼 수 있다. 심지어는 공정성에 대한 감각이 이기심과 마찬가지로 타고난 것이 아닌가 하는 생각까지 가능하게 한다. 우리에게는 공정성이나 정의로운 분배에 민감한 감각을 가지고 있는 것으로 보인다. 이제 몇 가지 정의 원칙들을 민감한 공정성이나 정의에 대한 감각을 가지고 면밀하게 살펴보자.

제 2 절 공리주의적 분배 원리

약간은 단순하고 조잡하기는 하지만 하나의 분배 원리를 생각해보자. 정부는 부분보다는 우선 전체를 본다. 그러다 보니 국가의 생존과 발전, 경제 성장, 좀 더 많은 사람이 원하는 것에 관심을 갖게 된다. 이러한 측면에서 보면, 가치 분배는 사회 전체의 이익을 극대화하는 방향으로 이루어지는 것이 바람직한 것으로 판단될 수 있다. 이러한 생각에 가장 잘 합치되는 분배의 원리는 '최대 다수의 최대 행복'이다. 사회 전체의 행복 총량을 가장 크게 만드는 것이 바람직한 분배라는 것이다. 이러한 분배의 원리에 따르면, 사람들은 정의로운 분배라고 생각할 수 있을까? 두 사회를 생각해보자. 한 사회는 100명에게 자원이 균등하게 배분되어 있고, 다른 사회는 자원이 불균등하게 배분되어 있다. 그럼에도 불구하고 두 사회는 행복 총량이 같을 수 있을까? 물론 같을 수 있다. 자원을 불균등하게 분배하는 것이 사회적 행복의 총량을 극대화하는 데 유리하다면, 당연히 그렇게 하여야 할 것이다. 그리고 균등하게 분배하는 것이 행복 총량을 극대화하는 데 유리하다면, 당연히 그렇게 할 것이다. 이러한 분배 원리는 불평등 문제에 둔감하기 때문에, 정의에 민감한 사람들은 이러한 분배 원리에 불만을 가질 수밖에 없을 것이다. 일반적으로 이러한 분배의 방식을 공리주의적 분배 원리라 부를 수 있다.

공리주의적 분배 원리가 경제학적으로 정당화된 파레토 최적(Pareto Optimal)의 경우를 보자. 파레토 최적은 자원 배분이 가장 효율적으로 이루어진 상태를 말한다. 파레토 최적이 이루어지기 위하여는 생산과 교환에서 반드시 두 가지 조건이 충족되어야 한다. 생산에서는 어떤 한 재화의 생산량을 증가시키기 위하여 다른 재화의 생산량을 감소시키지 않으면 안 되는 상황이어야 한다. 교환에서는 한 소비자의 효용을 증가시키기 위하여 다른 소비자의 효용을 감소시키지 않으면 안 되는 상황이어야 한다. 결국 파레토 최적이란 하나의 자원 배분 상태에서 다른 사람에게 손해가 가도록 하지 않고서는 어떤 한 사람에게 이득이 되는 변화를 만들어내는 것이 불가능한 상태를 말한다. 그러니까 분배의 목표는 파레토 최적이 되는 것이다. 그렇다면 이러한 분배 상태는 바람직한 상태일까? 어떤 사회에 갑과 을 두 사람과 빵과 우유 두 가지 재화만 있다고 가정해보자. 갑이 빵과 우유를 독차지하고, 을이 아무것도 가지지 못한 상태는 어떤 상태일까? 물론 파레토 최적이다. 을을 위하여 갑이 가지고 있는 빵과 우유를 뺏어온다면, 갑의 만족도는 낮아질 수밖에 없기 때문이다. 이러한 상태에서는 소득의 재분배는 유익하지 않다. 그렇다면 파레토 최적은 현상 유지를 정당화하는 논리에 불과한 것은 아닐까?

제 3 절 응분의 원리

공리주의적 분배의 원리는 어떤 분배가 사회 전체의 효용을 극대화하는 데 적합하다면, 그 분배를 합당한 것으로 본다. 개개인에 대한 자원의 불평등한 분배나 효용의 차이를 반영하지는 않는다. 그렇다면 그러한 불평등에 대하여 특별히 불만을 가질 수 없는 상식적인 분배의 원리를 생각해볼 수 있지 않을까? 자기가 행한 만큼 이익을 보거나 손해를 보는 것이다. 가령 좋은 일을 하거나 많은 성과를 냈다면, 보상을 받는 것이다. 그리고 거꾸로 나쁜 일을 하거나 별로 성과가 좋지 않다면, 벌을 받는 것이다. 여기에는 책임 윤리가 반영되고 있기 때문에, 특별히 사람들이 불만을 제기할 수 없을 것이며, 또한 상식적으로도 받아들이는 데 문제가 없을 것이다. 이러한 경우를 응분(desert)에 의한 분배 원리라 부를 수 있다.[2] 이 원리를 도식적으로 표현해보자. "P는 X로 인하여 Y를 받을 응분의 자격이 있다." 여기에서 P는 행위의 주체를 말한다. 그리고 주체는 자신의 행동에 책임질 수 있는 능력이나 조건이 충족되어야 한다. P는 개인일 수도 있으며, 집단이나 조직일 수도 있다. Y는 응분의 몫이나 대우를 의미한다. 그 종류는 칭찬이나 비난과 같은 비물질적인 상벌에서부터 물질적인 상

2) 응분의 원리에 대하여는 주동률(2005), 임의영(2008), Feinberg(1970) Sher(1987) Pojman & McLeod (ed. 1999), Olsaretti(ed. 2003) 등 참조.

벌에 이르기까지 무수히 많다. X는 응분의 몫을 받는 조건들이다. 그 조건들은 주체 자신의 것이어야 한다. 그것은 P의 속성, 자격, 행동 등과 관련된다. 또한 X와 Y는 일관성을 가져야 한다. 가령 답안을 보고 성적을 주는 것이 아니라 품행을 보고 성적을 주는 것은 일관성을 갖지 않기 때문에 응분의 원리에 합당하다고 할 수 없다.

응분에 따른 분배 원리는 책임의 원칙을 작동시킴으로써 윤리적으로 정당성을 가지고 있는 원리라 할 수 있다. 그럼에도 불구하고 뭔가 미심쩍은 부분이 있다는 생각을 떨쳐버리기 어렵다. 가령 성과에 따라서 보상을 주는 경우를 생각해보자. 능력이나 성격 등 모든 면에서 비슷한 두 사람이 비슷한 노력을 들여서 열심히 일을 하였지만, 한 사람은 높은 성과를 이룬 반면, 다른 사람은 신통치 않은 성과를 이루었다면 어떻게 하여야 할까? 그리고 그렇게 다른 결과가 나온 이유가 개인의 힘으로는 어쩔 수 없는 상황에 있었다면, 어떻게 하여야 할까? 일반적으로 책임의 원리는 행위 주체가 자발적으로 선택할 수 있어야 하고, 행동을 둘러싼 상황을 통제할 수 있는 능력이 있어야 함을 전제로 한다. 자발성과 통제가능성이 책임의 조건이다. 노력을 하였다고 하여 반드시 기대하는 결과가 나오는 것은 아니다. 그 이유는 상황에 대한 완벽한 통제가 이루어질 수 없기 때문이다. 그러니까 결국은 운이 성과를 좌우할 수도 있다는 것이다. 그 운에 대하여 응분의 원리를 적용할 수 있을까? 적용할 수 없다. 그럼에도 불구하고 성과에 따른 분배 원리를 적용한다면, 사람들은 불만을 가질 수 있지 않을까?

비슷한 예이지만 좀 더 근본적인 문제를 생각해볼 수 있다. 사람들은 우연스럽게 이 세상에 던져진 존재이다. 태어나 보니 남자이거나 여자일 수도, 백인이거나 유색인일 수도, 건강하거나 연약할 수도, 머리가 비상하거나 아둔할 수도, 부모가 부자이거나 가난할 수도 있다. 우리는 엄마 뱃속에서 다양한 옵션들을 선택한 이후에 세상에 태어나는 게 아니다. 그러다 보니 우리들의 인생의 출발점은 다를 수밖에 없다. 100미터 달리기를 하는데, 어떤 사람은 이미 50미터 앞에 서 있고, 어떤 사람은 출발점 저 뒤에 서 있을 수도 있다. 나는 말 그대로 행운이나 불운에 의하여 앞에 설 수도 혹은 뒤에 설 수도 있다. 그래서 인생의 경주에서 어떤 사람은 성공가도를 달리고, 어떤 사람은 인생의 낙오자가 되기도 한다. 누구의 탓일까? 단지 개인에게 책임을 묻는 것은 뭔가 공정하지 않다는 생각이 들지 않는가? 장애로 태어난 것이 장애인 개인의 책임이라고 말할 수 있을까? 장애는 개인이 책임져야 할 일이라고 말할 수 있을까? 말 그대로 잘 나가던 사람이 우연히 길을 걷다가 벼락을 맞아 장애인이 되었다면, 그것을 그 개인의 책임으로 돌릴 수 있을까? 응분에 따른 분배 원리는 운이나 우연의 개입이 작용할 때, 적용하기 어려운 한계를 가질 수밖에 없다. 우리의 실존적 우연성을 부각시키게 되면, 응분의 원리는 전체적으로 흔들릴 가능성이 있다. 특히 사람들은 자신의 성공은 자신의 능력 덕분이라고 생각하면서, 다른 사람의 성공은 상황 덕분이라고 보는 반면, 자신의 실패는 상황 탓이라고 생각하면서, 다른 사람의 실패는 그 사람의 능력 탓이라고 생각하는 경향이 있다. 사회심리학에서는 이러한 경향을 근본적인 귀인오류(fundamental attribution error)[3]라 하는데, 이러한 경향이 사람들의 마음을 지배하고 있다면, 응분의 원리는 절반의 호응만을 얻을 수 있을 것이다.

공리주의는 사회 전체의 효용을 극대화하는 데 개인의 자유를 제한하는 것이 유익하다면, 그럴 수 있다. 또는 사회의 가치들을 일부에게 몰아주는 것이 전체 효용의 극대화에 유익하다면, 그럴 수 있다. 응분의 원리는 인간의 실존에 영향을 미치고 있는 우연성의 문제에 눈을

3) 이 용어는 존스(Edward E. Jones)와 해리스(Victor Harris)의 고전적인 실험이 있고 나서, 몇 년 후에 로스(L. Ross)에 의하여 만들어졌다(Ross, 1977; Jones & Harris, 1967).

갖고 있다는 것이 미심쩍어 보인다. 공리주의적인 분배 원리가 가지고 있는 위험과 응분에 따른 분배 원리가 갖는 한계를 넘어설 수 있는 방법은 없을까?

제 4 절 롤스의 분배 원리

일종의 사고실험을 해보자. 어떤 방이 있다. 그 방은 사람들이 들어가면, 자신에 관한 모든 것을 잊게 되는 망각의 방이다. 따라서 그 방에 들어간 사람들은 자신이 남자인지 여자인지, 건강한지 허약한지, 지능이 높은지 낮은지, 집안이 부자인지 가난한지, 능력이 출중한지 무능력한지 등등에 대하여 전혀 알지 못한다. 또한 다른 사람들에 대하여도 전혀 관심이 없고, 단지 자신에게 가장 이득이 되는 것이 무엇인지만을 타산적으로 생각하게 된다. 그러니까 그 방에서는 감정적으로 무엇인가를 선택하는 것은 배제된다. 오로지 이해타산만이 선택의 조건이 된다. 사람들에게 이러한 방에 들어가서 분배의 원칙을 정하라고 한다면, 과연 어떠한 원칙에 합의하게 될까? 단, 분배하여야 할 가치들은 기본적인 권리와 자유, 직무와 직위의 권력과 특권, 소득과 부(富) 등이다. 아마도 사람들은 기본적인 권리와 자유를 누구나 동등하게 누려야 한다는 데 합의할 것이다. 그리고 사람들 간에 서로의 권리와 자유를 침해해서는 안 된다는 단서 조항을 달게 될 것이다.

다음으로 직무와 직위에는 권력이나 특권이 수반된다. 이러한 직무와 직위를 구성원들에게 어떻게 분배하는 것이 바람직할까? 구성원들에게 순번제로 해당되는 직무와 직위를 부여하면 어떨까? 여기에서 걸리는 문제는 공동체의 규모가 매우 크다는 점이다. 순번제로 하게 되면, 모두가 그 직무와 직위의 권력이나 특권을 향유할 수 없다. 따라서 망각의 방에 있는 사람들은 반대할 것이다. 그렇다면 제비뽑기로 직무와 직위를 부여하면 어떨까? 직무와 직위를 수행하기 위하여는 탁월한 능력과 전문성이 필요하다. 그런데 아무나 그 직위와 직무를 담당하게 된다면, 사회 전체에 불행한 일이 될 것이다. 또한 운에 의하여 가치가 분배되는 것이기 때문에 동의를 구하기 어려울 것이다.

그렇다면 누구에게나 직무나 직위에 접근할 수 있는 기회를 주되, 능력이나 전문성을 테스트하는 적절한 절차를 거쳐서 직무와 직위를 부여하는 방법은 어떨까? 아마도 운을 배제할 수 있고, 대규모 사회에서도 적절하게 적용할 수 있을 것이다. 따라서 권력과 특권이 수반되는 직무와 직위의 분배와 관련해서는 기회 균등의 원칙이 적용되어야 한다는 데 합의할 가능성이 클 것이다.

마지막으로 소득과 부의 분배를 어떻게 하는 것이 바람직할까? 개개인은 자신에게 가장 유리한 분배 방식을 찾아야 한다. 평등하게 나누는 방법은 어떨까? 만약 내가 평균 이상의 부를 향유하고 있는 사람이라면, 평등한 분배가 나쁠 것이 없다. 그러나 평균 이하의 경우 혹은 가장 열악한 처지에 있는 사람의 경우는 별로 유익하지 않다. 그 상태가 그대로 유지될 것이기 때문이다.

문제는 망각의 방에 있는 사람들이 방 밖에서 자신이 어떠한 처지에 있는지를 전혀 모르는 상황에서 결정하여야 한다는 것이다. 불확실성 상황에서 합리적인 사람이라면, 어떠한 방식으로 의사 결정을 하게 될까? 확실성은 어떤 사건이 일어날 가능성이 100%라는 것을 아는 경우를 말한다. 그리고 위험(risk)은 어떤 사건이 일어날 확률을 아는 경우를 말한다. 가령 동전을 던져 앞면이 나올 확률은 50%라는 것을 아는 경우이다. 그에 반하여 불확실성은 어떤 사건이 일어날 확률을 전혀 모르는 상황이다. 따라서 불확실성 하에서 의사 결정을 할 때 사람들이 대체로 취하는 전략은 발생할 수 있는 최악의 상황을 상정하고, 그 상황에서 가장 유리한 것이 무엇인지를 찾는 것이다. 일반적으로 이러한 의사 결정 전략을 최소극대화 원칙(maximin rule)이라 한다. 망각의 방에서 사람들은 다양한 분배 방식을 생각하다가 결국은 방 밖에 나갔을 때, 자신이 처할 수 있는 최악의 상황을 상상하게 될 것이다. 만약 자신이 가난하고, 세상이 중시하는 능력도 별로 없고, 사회적으로도 인정을 받지 못하는 등등의 상황에 처하여 있다면, 어떠한 분배의 원리가 가장 자신에게 유리할까? 아마도 가장 불우한 처지에 있는 사람들에게 사회적으로 가장 많은 혜택을 주는 분배 방식을 찾게 될 것이다.

위에서 제시한 정의로운 분배 원리는 존 롤스(John Ralws)의 정의관을 재구성한 것이다(Ralws, 1971; 1999; 2002). 롤스의 가장 큰 고민은 당시까지만 하여도—어쩌면 현재까지도—사람들의 사고 방식을 지배하는 공리주의적 태도를 극복하는 것이다. 그래서 그는 개인의 자유는 어떠한 정치적 거래나 공리적 계산에 의하여 침해될 수 없다는 입장을 전면에 내세운다. 특히 롤스의 정의관에서 중요한 것은 사람들이 타고난 재능이나 능력을 어떻게 보아야 할 것인가 하는 문제를 윤리적으로 다루기 시작했다는 것이다. 물론 그의 입장은 분명하다. 타고난 재능이나 능력은 운 혹은 우연적인 것인데, 그로 인하여 사회적 삶의 격차가 발생한다면, 그것은 도덕적으로 옳지 않다는 것이다. 이러한 비판적 의식 위에서 롤스는 평등에 관한 원칙과 불평등에 관한 원칙을 구상한다. 먼저 평등에 관한 원칙은 개인의 자유의 불가침성에 근거한다. 이미 언급한 것처럼 개인의 자유는 정치적 거래나 공리적 계산의 대상이 아니다. 단, 나의 권리 행사가 다른 사람의 권리에 피해를 주어서는 안 된다. 그러한 의미에서 롤스는 모든 사람에게 평등하게 자유와 권리가 부여되어야 한다는 평등한 자유의 원칙을 제시한다.

다음으로 불평등에 관한 원칙을 보자. 이 원칙은 다시 두 개의 하위 원칙으로 제시된다. 첫째, 사회적 삶에서 권력이나 특권이 수반되는 직무나 직위가 있게 마련이다. 게다가 그것을 모두 평등하게 부여한다는 것은 불가능하다. 따라서 불평등은 불가피하다. 권력이나 특권이 수반되는 직무와 직위에 대하여 아마도 대부분의 구성원이 접근하기를 원할 것이다. 그러한 측면에서, 롤스는 모든 사람에게 그러한 직무와 직위에 접근할 수 있는 기회를 동등하게 부여하여야 한다는 공정한 기회 균등의 원칙을 제시한다. 둘째, 소득과 부를 늘리는 데 필요한 능력이나 재능은 우연히 혹은 운에 의하여 타고나는 것이다. 그러한 타고난 재능이나 능력은 진정한 의미-자신의 기여가 있을 때 자신의 것이 될 수 있다는 의미-에서 자신의 것이 될 수 없다. 따라서 그러한 재능이나 능력을 이용하여 축적한 부와 소득은 진정한 의미에서 자신의 것이 될 수 없다. 그렇다고 그러한 재능이나 능력에 의존하여 축적하는 부와 소득을 모두 공유할 수는 없는 것이다. 그래서 롤스는 부와 소득의 불평등이 모든 구성원에게 이익이 될 때 인정되는 그러한 분배 원칙을 찾게 된다.

그는 사회적으로 가장 불우한 처지에 있는 사람에게 사회적으로 최대의 혜택을 줄 수 있는 부와 소득의 불평등은 정당하다고 본다. 그는 이를 차등 원칙(difference principle)이라 부른다. 롤스의 정의 원칙이 갖는 특징 가운데 하나는 앞에서 제시한 정의 원칙들이 축차적인 관계에, 다시 말해서 앞의 원칙이 실현되는 조건 하에서 뒤의 원칙이 적용되는 관계에 있다고 주장한 점이다. 그러니까 차등 원칙은 평등한 자유의 원칙과 공정한 기회 균등의 원칙을 전제로 한다는 것이다. 그리고 공정한 기회 균등의 원칙은 평등한 자유의 원칙을 전제로 한다는 것이다. 이러한 정의 원칙들은 앞에서 제시하였던 망각의 방, 롤스의 용어로 표현하면, 원초적 입장(original position)에 의하여 정당화된다. 원초적 입장에서 사람들은 자신에 대하여 무지하며, 다른 사람에 대하여 무관심하고 합리적으로 자신의 이익을 추구하는 존재로 가정된다. 이러한 원초적 입장에 근거하여 공정한 원칙을 구상하였기 때문에 롤스는 자신의 정의론을 공정으로서의 정의(justice as fairness)라 부른다.

롤스의 정의 원칙은 재분배를 통하여 불평등 문제를 해결하려는 입장을 반영한다. 그 근거는 사람들의 재능이나 능력 그리고 사회적 배경은 우연적으로 주어진 것이기 때문이라는 것이다. 극단적으로 말한다면, 우리들은 어느 것 하나 나의 것으로 주장할 수 있는 처지가 아니라는 것이다. 따라서 재분배는 정당화될 수 있다는 것이다. 그리고 재분배를 위하여 정부가 조세 제도를 활용하고 복지 서비스를 확대할 것을 제안한다. 단순히 조세 제도와 복지 서비스의 확대만으로 불평등의 문제가 해결될 수 있을까? 롤스에게서는 자본주의 체제가 가지고 있는 구조적 특성에 대한 고려가 배제되어 있다. 자본주의는 기본적으로 자본과 노동의 대립 관계를 조건으로 한다. 다시 말해서 자본은 지속적인 자기 증식을 향하여 움직인다. 자본은 그냥 땅에 심어놓으면 스스로 열매를 맺고, 씨를 만들어 증식하는 나무가 아니다. 자본은 노동을 통하여 증식을 하게 된다. 자본주의 체제는 원래 노동자에게 돌아가야 할 몫을 자본가의 몫으로 챙겨줌으로써 자본의 증식이 이루어지는 체제이다. 그래서 칼 마르크스(Karl Marx)가 자본주의는 노동자가 자신의 몫을 제대로 갖지 못하는 체제라고 비난하였던 것이다. 그러니까 이러한 자본주의 체제의 구조적인 문제를 해결하지 않은 상태에서 누진세를 적용하여 복지 서비스를 제공하는 것으로 불평등의 문제를 근본적으로 해결하는 것이 가능할까? 우리는 오늘날 자본력을 앞세워 거의 모든 부문을 지배하고 있는 기업의 권력을 경험하고 있다. 기업의 권력이 강화되면 될수록, 자본에 의한 착취는 사회의 모든 영역으로 확대된다. 롤스가 말하는 우연적인 요소가 자본주의의 계급적인 관계에 의하여 차별과 불평등으로 왜곡되고 고착되어 구조화되는 경향성이 일반적으로 관찰되고 있다면, 불평등 문제 해결의 고리는 바로 계급적 권력 관계에서 찾아야 하는 것이 아닐까? 단순히 조세 제도로 해결될 수 있는 문제일까?

제 5 절 사회주의적 분배 원리

자본주의 체제의 구조적인 문제를 해결할 수 있는 방법을 생각해보자. 자본주의 체제를 지탱하는 가장 근본적인 제도는 무엇일까? 바로 사유재산 제도이다. 인류학적인 관찰들을 보면, 인간의 탐욕이나 이기심은 타고나는 것이 아니라 사적인 소유의 관행이나 제도에 따라서 오랜 시간에 걸쳐 훈련된 심성이다. 인간이 이기적이기 때문에 사유재산 제도가 발생한 것이 아니라 사적 소유의 관행 때문에 이기적인 존재가 된 것이다.

그렇다면 사유재산 제도와 자본주의의 구조적 특성은 어떻게 연결되어 있는가? 자본주의 체제에서는 토지, 광산, 원료, 기계, 공장과 같은 생산 수단의 소유 여부에 따라 사람들의 사회적 운명이 결정된다. 그것을 소유하고 있지 못한 사람은 돈을 벌기 위하여 자신의 노동력을 팔아야 한다. 그런 사람들을 노동자라 한다. 그리고 생산 수단을 소유하고 있는 사람을 자본가라 한다. 자본가는 노동력을 구입해서 생산 수단을 활용하여 생산된 재화를 자신의 것으로 갖는다. 여기에서 주목하여야 할 것은 자본주의적 생산은 사회적인 혹은 공적인 성격을 갖는다는 것이다. 생산 수단은 인간의 노동이 개입하지 않으면 아무런 결실을 만들어 낼 수 없다. 사람들이 노동을 통하여 생산 수단에서 재화를 만들어내는 것이다. 따라서 생산은 사회적인 혹은 공적인 성격을 갖는다. 그러나 재화에 대한 소유권은 자본가에게 있다. 즉, 취득은 사적인 것이다. 생산의 공적 성격과 취득의 사적 성격은 어울리지 않는다. 함께 만들었으면, 함께 소유하는 것이 정상인데, 함께 만들어 놓고 특정한 사람만이 소유하는 것은 공정한 분배라 할 수 없다. 자본주의 체제는 근본적으로 이러한 불공정한 분배 원리 위에 존립하고 있다.

그렇다면 불평등의 문제를 근본적으로 해결할 수 있는 실마리를 생산의 공적 성격과 취득의 사적 성격이 갖는 모순에서 찾아야 하지 않을까? 일반적으로는 생산 수단의 사적 소유가 취득의 사적 소유를 정당화하는 근거로 인식된다.

그렇다면 생산 수단을 사적으로 소유하는 근거는 무엇인가? 가령 토지는 사적인 소유가 가능한 것일까? 토지는 이미 존재하였다. 그것을 국가가 사적인 용도로 규정하고 소유할 수 있도록 제도화한 것이다. 만일 토지를 공적인 소유로 제도화한다면, 취득의 소유 역시 공적인 성격을 갖게 되지 않을까? 그렇게 되면 생산의 공적 성격과 취득의 공적 성격이 조화를 이루게 되지 않을까? 생산 수단의 공적 소유 혹은 국유화를 정의의 기본 조건으로 삼는다면, 롤스의 정의로운 분배 원칙은 좀 더 확실하게 정리될 수 있다. "능력에 따라 일하고, 필요에 따라 사용한다." 이는 일반적인 가정경제를 생각해보면 이해하기 쉬울 것이다. 집에서는 능력이 되는 사람이 돈을 벌어오고, 돈을 벌어온 사람이 혼자 다 쓰는 것이 아니라 가족구성원들이 필요에 따라 사용한다. 지나치게 이상적이기는 하지만, 이러한 분배의 원칙이 던지는 메시지는 음미할 만하다.

제 6 절 노직의 분배 원리

롤스의 정의관은 근본적으로 개인의 재능이나 능력은 자신의 소유를 주장할 수 없는 운에 불과하다는 전제 위에 서 있다. 그래서 재분배가 정당화된다. 재능이나 능력의 우연성을 전적으로 받아들여야 할지, 아니면 부분적으로 받아들여야 할지, 또 아니면 전적으로 부정하여야 할지 선택하기가 쉬운 문제는 아니다. 롤스의 입장은 우연성을 전적으로 받아들이는 입장이라 할 수 있을 것이다. 그렇다면 우연성을 전적으로 부정하는 입장은 어떻게 정당화될 수 있을까? 그리고 그러한 입장에서 제시할 수 있는 정의 원칙은 무엇일까?

만일 우리가 우연성을 전적으로 받아들인다면, 우리는 어떠한 경우에 대하여도 개인에게 책임을 물을 수 없다. 가령 어떤 사람이 선행을 하였다면, 그것은 그의 의지에 따라 이루어진 것이 아니기 때문에 칭찬을 받을 이유가 없다. 그리고 어떤 사람이 악행을 저질렀다면, 그것 역시 그의 의지에 따라 이루어진 것이 아니기 때문에 비난받을 이유가 없다. 이처럼 우연성을 전적으로 받아들인다면, 인간의 존엄성을 나열하는 용어 가운데, 스스로 원칙을 만들고, 스스로 그 원칙을 준수하는 특성을 의미하는 자율성은 사라지게 될 것이다. 또한 어떤 사람이 가난해졌다면, 그것이 게을러서 그렇게 되었건 노력을 하였음에도 그렇게 되었건 그 개인의 책임이 될 수는 없다. 따라서 롤스의 우연성 전제는 사람들의 노동의 동기를 사라지게 하는 결과를 가져올 수도 있다.

그래서 로버트 노직(Robert Nozick)은 롤스가 우연성을 전적으로 받아들임으로 해서 인간의 존엄성을 심하게 훼손하고 있음을 비판한 바 있다(Nozick, 1974). 그러면서 왜 태어날 때 주어진 속성들이 나의 것이 될 수 없다고 생각하는지에 대하여 의문을 제기한다. 노직은 태어날 때 주어진 것은 그의 것이며, 그에게 주어진 것을 활용하는 것, 그리고 그 결과에 대하여 개인이 전적으로 책임을 져야 한다고 본다. 그러니까 노직은 롤스와는 정반대로 우연성을 전적으로 받아들이지 않는다. 그래야 자신의 선택에 책임을 질 줄 아는 존재로서 인간 존엄성의 의미가 살아날 수 있다는 것이다.

이러한 노직의 입장에 서게 된다면, 어떠한 방식으로 분배하는 것이 정의로운 것이라 볼 수 있을까? 정의로운 분배 원칙은 개인의 권리와 자유를 최대한 보장할 수 있는 원칙이 될 것이다. 어떻게 하면 그러한 분배가 가능할까? 어떤 사람이 정당한 취득 원칙에 따라 소유물을 취득하였다면, 그 소유물에 대한 소유권은 그 사람에게 있다고 보아야 할 것이다. 추상적으로 표현하면, 정의로운 취득의 원칙이란 어떤 활동이나 노동에 적합한 응분의 소유물을 얻는 것을 말한다. 이것이 책임의 원칙에 합당하기 때문이다.

그렇다면 선물이나 증여를 통하여 개인에게 이전된 소유물에 대한 소유권이 그 개인에게 있다고 볼 수 있을까? 이 물음에 답하기에 앞서 소유권의 의미를 살펴볼 필요가 있다. 소유권은 말 그대로 자신이 갖는다는 의미와 자신의 의지대로 처분할 수 있다는 의미를 가지고 있다. 누군가 나에게 재산을 증여한다면, 그것은 그 사람이 자신의 소유권 가운데 처분권을 행사한 것이다. 그리고 나에게는 증여를 받아들이거나 거부할 수 있는 선택권이 있다. 두 사람의 자유로운 선택에 따라서 증여를 하고, 증여를 받아들인다면 그러한 분배는 정의로운 것이라 할 것이다. 따라서 누군가가 정의로운 취득의 원칙에 따라 소유물을 취득하고, 그것을 나에게 증여하고자 하며, 그것을 내가 자유롭게 받아들였다면 그것은 정의로운 것이라 할 수 있다. 정의로운 소유권은 자신의 노동에 대한 대가로서 소유물을 취득한 경우나 다른 사람의 증여를 받아들임으로써 취득한 소유물에 대하여 성립하는 것이다. 노직은 이러한 권리를 소유 권리(entitlement)라 부른다. 소유권리론에 의하면, 어떤 형태이든 국가에 의하여 시도되는 재분배는 개인의 권리와 자유를 침해하는 것이다. 사회적으로 불우한 처지에 있는 사람들을 위해 국가가 어떤 조치를 취하기 위해서는 있는 자들에게 더 많은 세금을 거두어야 하는데, 이는 개인들이 돈을 벌기 위하여 들인 노고를 훼손하는 것이 된다. 따라서 최소국가론이 정당화된다. 그러나 있는 자들이 자애로운 마음으로 자선(charity)을 베푸는 것은 전혀 문제될 것이 없다. 그것은 자신의 소유물을 처분할 수 있는 권리를 행사하는 것이기 때문이다.

그렇다면 소유 권리에 따른 분배 원칙이 정의로운 것일까? 한 가지 경우를 생각해보자. 차범근 선수는 매우 인기 있는 선수이기 때문에 그의 경기가 있는 날에는 평소보다 훨씬 많은 관중이 축구장에 모인다. 그래서 구단에서는 따로 모금함을 만들어놓고, 차범근 선수를 위하여 돈을 넣을 수 있도록 하였다. 물론 모금함에 모이는 돈은 차 선수에게 모두 전달된다. 관중은 자유롭게 모금함에 돈을 넣을 수도 있고 그렇지 않을 수도 있다. 차 선수는 관중들의 증여를 받아들임으로써 더 많은 수익을 올릴 수 있다. 정의로운가? 축구는 혼자 하는 경기가 아니라 11명의 선수가 함께 하는 것이다. 다른 선수들이 그에게 패스를 해주지 않는다면 그는 아무런 역할을 할 수 없다. 팀플레이 안에서만이 그의 기량이 드러날 수 있는 것이다. 그런데 차 선수에게만 돈을 모아주는 것은 다른 선수들의 공헌을 무시하는 것이나 마찬가지이다. 그것은 사람들의 시기심을 불러일으킬 것이다. 시기심은 왜곡된 심리적 반응일 수도 있지만, 불공정성에 대한 심리적 반응일 수도 있다. 이 경우는 불공정에 대한 반응일 가능성이 크다. 그것은 정의롭지 않다는 것을 말한다. 차범근 선수의 경우는 적어도 그러한 대우를 받기 이전에 많은 노력이 있었다. 그런데 아무런 노력 없이 단지 재산이 많은 부모를 두었다는 이유로 재산가가 된 사람들에 대하여는 어떻게 보아야 할까? 정의로운가? 그것 역시 불공정에 대한 사람들의 시기심을 불러일으키기에 충분하다. 그것은 곧 정의로움에 대한 의심을 의미한다.

다음으로 자유의 문제를 생각해보자. 과연 자유가 자유를 보장할 수 있을까? 노직의 논리대로 자유로운 선택을 통하여 부의 불평등이 커졌다고 생각해보자. 부의 불평등은 여전히 개인의 자유를 보장할 수 있을까? 있는 자에게는 자유이지만, 없는 자에게는 부자유가 될 수 있을 것이다. 사장과 직원 간에 자유로운 의사 표현이 어느 정도 가능할 수 있을까? 물론 자유롭게 의사 표시를 할 수도 있고, 그렇지 않을 수도 있다. 그러니까 민주적인 사장은 자유로운 의사 표시를 장려할 것이다. 그러나 우리가 함정에 빠져서는 안 된다. 사장은 언제든지 직원의 자유로운 의사 표시를 허용하지 않을 수도 있다. 단지 유보하고 있을 뿐이다. 부의 불평등은 자유를 보장할 수 없다. 따라서 자유는 자유를 보장할 수 없다. 자유는 사자에게 사냥의 즐거움을, 토끼에게는 죽음을 의미한다. 노직은 결국 자유의 보장을 위하여 자유를 포기하는 자기 함정에 빠지고 있다.

제 7 절 드워킨의 분배 원리

롤스는 우연성을 전적으로 수용한다. 롤스의 차등 원칙에 의하면, 사회적으로 가장 불우한 처지에 있는 사람에게 최대의 혜택이 주어질 때, 경제적인 불평등이 허용된다. 여기에서 우리는 한 가지 물음을 던질 수 있다. 사회적으로 불우한 처지에 있는 사람들은 왜 그러한 상황에 처하게 된 것일까? 롤스의 답은 분명하다. 우연성 때문이다. 그래서 롤스는 사람들이 그러한 처지에 있게 된 이유나 원인에 대하여는 세밀하게 관찰하지 않았다. 그러니까 롤스는 과정과 무관하게 결과적인 불평등은 무차별적인 보상의 대상이 된다. 노직은 우연성을 전적으로 거부한다. 노직은 자유의 절대적 중요성과 비례하여 개인의 절대적 책임을 강조한다. 우연성이 개입할 여지가 없다. 그러나 개인적으로 불가항력인 것까지 책임을 져야 한다는 것은 뭔가 개운치 않은 느낌이다. 사지 없이 태어난 사람에게 그것은 당신의 책임이라고 말하는 것은 지나친 게 아닐까? 양자의 입장은 극단적이라는 인상을 지울 수 없다. 양자의 주장을 듣다 보면, 개인의 힘으로 어쩔 수 없는 부분이 있다는 것뿐만 아니라 개인이 책임져야 할 부분 역시 있다는 것을 인정하지 않을 수 없다. 그렇다면 우연성을 인정하면서도 개인적으로 책임져야 할 부분을 책임지게 하는 분배의 원칙을 구상할 수 있을까?

우리들이 상식적으로 동의할 수 있는 두 가지 윤리 원칙에 대하여 생각해보자. 첫째, 모든 사람은 사람마다 기준이 다르기는 하지만 자신의 삶이 성공적이기를 원한다. 그런데 어떤 사람의 성공적 삶이 다른 사람의 성공적 삶보다 더 중요하고 가치 있다는 말은 받아들이기 어려울 것이다. 사람들이 성공적인 삶에 부여하는 가치는 동등하다. 이러한 윤리 원칙을 성공적인 삶의 평등한 중요성의 원칙이라 부를 수 있을 것이다. 둘째, 사람들은 개인이 선택한 삶의 성공 여부에 대하여는 그 자신이 최종적인 책임을 져야 한다는 데 이견을 갖지 않을 것이다. 자유로운 선택과 책임은 개인 윤리의 가장 핵심적인 부분이기 때문이다. 이를 책임 원칙이라 부를 수 있을 것이다. 성공적 삶의 평등한 중요성의 원칙과 책임 원칙은 어느 하나를 선택하면 다른 하나를 배제하여야 하는 대안적인 윤리 원칙이 아니다. 두 원칙은 동시에 준수되어야 한다.

두 원칙이 갖는 의미는 무엇일까? 삶의 성공이나 실패가 발생하게 된 원인 혹은 기원을 분배 문제에 반영하여야 한다는 것이다. 그렇다면 성공적 삶의 평등한 중요성의 원칙이 던지는 메시지는 무엇일까? 어느 누구의 삶도 더 중요하고 덜 중요한 것은 없다. 그래서 정부가 분배의 원칙을 정할 때, 개인들의 경제적 배경, 성, 인종, 특별한 기술이나 장애 등이 분배에 영향을 미치는 법이나 정책을 만들어서는 안 된다. 그러한 여건들은 개인들이 선택한 것이 아니라 주어진 것이기 때문에, 그로 인하여 차별을 받는 것은 합당하다고 볼 수 없다. 여기에 덧붙여 정부는 좀 더 적극적으로 이러한 여건들로 인하여 발생한 불평등을 교정하는 적극적인 분배 조치를 취하여야 한다. 장애인의 성공적 삶과 비장애인의 성공적 삶은 동등하게 중요하다. 그런데 장애인은 비장애인에 비하여 장애로 인하여 삶을 유지하기 위한 비용이 많이 든다. 그 비용은 자신의 선택으로 인하여 발생하는 것이 아니라 운에 의하여 발생한 비용이다. 그 비용을 장애인이 부담해야 할 책임이 있다고 말하기는 어려울 것이다. 따라서 정부는 그러한 비용을 지불할 준비가 되어 있어야 한다는 것이다. 그렇다면 비장애인은 정부에 대하여 역차별을 주장할 수도 있지 않을까? 물론 그럴 수 있다. 그러나 중요한 것은 장애는 타고나는 경우도 있지만, 우연한 사고에 의하여 장애가 오는 경우도 적지 않다. 다시 말해서 우리는 불확실한 상황에서 살고 있는 것이다. 역차별을 주장하던 비장애인에게 불운 때문에 장애가 온다면, 장애로 발생하는 비용을 스스로 부담하는 것이 바람직하다고 주장할 수 있을까? 적어도 보험을 드는 것과 같은 원리이지만, 보험료보다는 저렴하게 세금을 내는 것이 이익이 아닐까? 성공적인 삶의 평등한 중요성의 원칙은 롤스의 차등 원칙을 정당화하는 원리와 유사하다.

그렇다면 책임 원칙이 던지는 메시지는 무엇일까? 그것은 말 그대로 개인이 선택한 결과에 대하여는 스스로 책임을 지게 하는 것이다. 두 사람에게 똑같이 100만 원씩을 주었는데, 한 사람은 저축과 투자를 통하여 돈을 늘려 부자가 되고, 다른 사람은 노름으로 모두 탕진해 가난해졌다면, 그 결과에 대하여는 개인 스스로가 책임을 져야 할 문제라는 것이다. 개인의 자유로운 선택으로 인하여 발생한 불평등을 평등화하기 위하여 보상하는 것은 다른 사람들로 하여금 자신이 선택하지 않은 결과에 대하여 비용을 지불하게 하는 것이기 때문에 합당하다고 볼 수 없다. 두 개의 윤리 원칙에 따르면, 불평등의 기원이 여건에 있다면 보상되어야 하지만, 그것이 개인의 자유로운 선택에 있다면 보상될 필요가 없다는 것이다. 이러한 분배의 원칙은 드워킨(Ronald Dworkin)에 의하여 여건에 대하여는 보상 조치를 취하고, 선택에 대하여는 스스로 책임지게 하는 '여건에 둔감하고 책임에 민감한 분배 원리'로 정교하게 다듬어졌다(Dworkin, 2002; 1978).

여건에 둔감하고 책임에 민감한 분배 원리는 상식적으로는 타당해 보이기는 하지만 결정적으로 어려운 문제가 있다. 과연 여건과 책임을 구획하는 경계를 찾아낼 수 있을까? 가령 어떤 개인이 직업이나 취미를 선택하는 경우를 생각해보자. 이러한 선택은 진공 상태에서 이루어지는 것이 아니다. 개인이 신체적 조건과 같은 생물학적 한계, 다른 사람들과의 상호작용을 규율하는 관례나 풍습 같은 사회적인 제약, 그리고 타고난 재능이나 능력을 초월하여 어떤 선택을 한다는 것은 불가능하다. 따라서 선택은 순수하게 자유로운 상태에서 이루어지는 것이 아니라 여건에 따라 영향을 받고 있다는 것을 알 수 있다. 이렇게 되면 개인이 자신이 선택한 직업이나 취미생활에 대하여 책임을 져야 하지만 어느 정도까지 책임을 져야 할 것인가 하는 문제에 대하여는 답을 찾기가 매우 어렵다. 또 다른 경우를 생각해보자. 타고난 재능이나 능력은 여건에 해당된다. 따라서 이로 인하여 발생한 불평등에 대하여는 보상하여야 한다. 그러나 능력이나 재능은 개인의 교육에 대한 선택을 통하여 개발되기도 한다. 그렇게 되면, 개인의 능력과 재능에서 어느 정도가 타고난 것이고, 어느 정도가 개발된 것인지를 어떻게 확인할 수 있을까? 현실적으로 확인은 불가능하다. 여건에 둔감하고 책임에 민감한 분배 원리는 상식적으로 그럴듯한 점이 있지만, 여건과 선택의 경계를 구획하는 어려운 문제에 항상 직면하여야 하는 과제를 떠안고 있다.

제 8 절 왈저의 분배 원리

지금까지는 분배 원칙들을 큰 범주에서 생각해보았다. 좀 더 작은 범주에서 분배 원칙을 구상할 수는 없을까? 마이클 왈저(Michael Walzer)처럼 구체적인 가치들을 중심으로 분배 원칙을 생각하는 방법이 있을 수 있다(Walzer, 1983). 그러기 위하여는 가치의 문제를 좀 더 자세하게 생각해 볼 필요가 있을 것이다.

첫째, 가치들은 사회적이다. 사람들은 다양한 사회적 과정을 통하여 가치의 의미를 공유하게 된다. 사회마다 특정한 대상에 대하여 가치를 부여할 수도 있고, 그렇지 않을 수도 있다. 어떤 곳에서는 금이 가치 있는 보석이지만, 어떤 곳에서는 돌에 불과할 수도 있다. 이처럼 가치들은 사회에 따라서 상이한 의미를 부여받게 된다. 사회는 다양하기 때문에 가치 역시 다양할 수밖에 없다.

둘째, 사회의 구성원들은 가치에 부여된 사회적 의미에 따라 가치를 창출하거나 소유하고 이용함으로써 사회의 일원으로서 인정을 받는다. 다시 말해서 사회적 의미에 합당하게 가치와 관계함으로써 사회의 의미 구조를 내면화하고, 그러한 과정에서 사회의 일원으로서 자기정체성을 갖게 된다.

셋째, 모든 도덕적·물질적 세계를 관통하는 보편적이고 기본적인 가치들을 요소로 하는 단일 집합을 구상하는 것은 불가능하다. 사람들이 원하는 기본 가치는 사회에 따라 다를 수밖에 없기 때문이다.

넷째, 가치들의 이동을 결정하는 것은 그것들의 의미이다. 분배의 기준들과 제도들은 가치 자체에 있는 것이 아니라 가치에 부여된 사회적 의미에 내포되어 있다. 사람들이 가치의 의미를 이해하게 되면, 가치의 분배 방식, 분배의 주체, 분배의 근거들을 이해하게 된다는 것이다. 이것이 가장 중요한 가치의 특성이다. 분배는 가치의 사회적 의미에 따라 정의로울 수도 그렇지 않을 수도 있다는 것이다. 가치의 사회적 의미에 따라 이루어진 분배는 정당화된다. 그러나 사회적 의미에 반하여 이루어진 분배는 비판의 대상이 된다. 이러한 측면에서 사회적 의미는 분배를 정당화하거나 비판하는 근거를 제공한다.

다섯째, 사회적 의미는 역사적인 특성을 갖는다. 그래서 분배 자체, 정의로운 분배나 부정의한 분배의 개념은 시간이 지남에 따라 변화할 수 있다.

여섯째, 가치에 부여된 의미들이 뚜렷이 구분될 때, 각각의 가치들에 대한 분배는 서로 영향을 주어서는 안 된다. 즉, 분배는 '자율적'이어야 한다. 모든 사회적 가치는 특정한 기준과 제도만이 적합한 고유의 분배 영역을 가져야 한다. 분배 영역의 자율성이 침해되면, 부정의한 것이다.

가치의 특성에 따라 생각해보면, 가치는 다양하고 가치에 대하여 사회에서는 상이한 의미를 부여하고 있다. 따라서 모든 가치를 동일한 분배 원칙에 따라 분배하는 것은 합당하지 않다. 또한 특정한 가치의 분배가 다른 가치의 분배에 영향을 미치는 것도 합당하지 않다. 가치의 배분이 정의롭기 위하여는 가치의 사회적 의미에 맞는 분배 원칙에 따라 분배가 이루어지되, 다른 가치의 분배에 영향을 미치거나 영향을 받아서는 안 된다.

몇 가지 중요한 가치들의 분배에 대하여 생각해보자. 국민으로서의 권리인 성원권(成員權)이라는 가치는 어떻게 분배되어야 할까? 성원권은 정치공동체의 일원으로서 함께 살아가는 권리를 의미한다. 따라서 성원권을 부여하기 위한 조건은 함께 살아갈 정치공동체 구성원들의 합의 원칙에 따라 선택되고 분배되는 것이 합당할 것이다. 정치공동체를 구성하거나 성원권을 획득하고자 하는 이유는 개인이 안전과 복지라는 가치를 확보하기 위한 것이기도 하다.

그렇다면 안전과 복지는 어떻게 분배되어야 할까? 정치공동체는 구성원들이 안전하게 최소한의 삶을 사는 데 필요한 조건을 충족시켜야 한다. 안전과 복지는 사회적으로 필요하다고 판단되는 최소한 이상의 것이 제공되어야 한다. 안전과 복지는 필요의 원칙에 따라 분배되어야 한다.

그렇다면 현대적 삶에 가장 큰 영향을 미치고 있는 돈과 상품은 어떤 원칙에 따라 분배되어야 할까? 돈은 상품 가치를 표현하는 기능과 교환 수단으로서의 기능을 한다. 상품은 판매를 목적으로 만들어진 것으로서 개인의 욕구를 충족시키기는 데 사용된다. 욕구는 다양하며, 그것을 충족시키기 위한 방법이나 수단도 다양하다. 그것은 개인들의 자유로운 선택에 따라 결정될 수 있다. 돈과 상품은 시장에서 자유 교환의 원칙에 따라 분배되는 것이 합당하다. 정치 권력은 정치공동체의 운영과 관련된 매우 중요한 가치이다.

그렇다면 정치 권력은 어떻게 분배되어야 할까? 정치 권력이 정치 공동체의 운명을 결정하는 것이라면, 모든 구성원이 참여하는 방식을 통하여 권력이 분배되어야 하지 않을까? 정치 권력은 민주주의 원칙에 따라 분배되는 것이 합당한 것으로 보인다. 이처럼 각각의 가치는 각각의 분배 원칙에 따라 분배되는 것이 합당한 것으로 보인다.

여기에서 예시적으로 언급한 가치들 외에도 수많은 중요한 가치가 있지만, 이 정도에서 멈추고 다른 문제를 생각해보자. 가령 유전무죄 무전유죄 문제를 보자. 이 말은 돈이 있으면 죄를 지어도 형사 처벌을 면할 수 있고, 돈이 없으면 죄가 없어도 형사 처벌을 받을 수도 있다는 것이다. 처벌은 본래 응분의 원칙에 따라 분배되어야 한다. 그런데 처벌의 분배가 돈에 의하여 영향을 받는다면, 그것은 정의롭다고 할 수 없다. 따라서 구체적인 수준에서 분배의 문제를 구상하다 보면, 특정한 가치의 분배가 다른 가치의 분배에 영향을 미치는 것을 어떻게 막을 수 있는가 하는 문제가 대두될 수밖에 없다. 현실적으로 정치 권력이 소재하는 정부가 그러한 역할을 할 수밖에 없을 것이다. 만약 정치 권력이 돈과 같은 다른 가치에 의하여 영향을 받는다면, 어떻게 하여야 할까? 정부에 의한 가치 분배 영역 간의 경계관리는 불가능해질 것이다. 이러한 부정의를 막기 위하여는 시민사회의 감시와 통제가 필수불가결하다.

제 11 장

공공행정의 범위는 어디까지인가?

시장에 대한 인식은 공공행정의 작동 원리를 재편하는 과정에서뿐만 아니라 사회 전반의 문제에 대한 해결책을 찾아가는 과정에서 핵심적인 역할을 한다. 그 이유는 일반적으로 정치공동체의 문제들을 해결해 나가는 데 정부와 시장은 가장 핵심적인 체제로 이해되고 있기 때문이다. 가령 우리나라의 정부개혁이나 행정혁신 과정에서 경쟁이나 성과를 강조하는 시장의 논리를 적용한다든지, 아니면 기업의 조직관리 방식을 벤치마킹하는 경우를 흔하게 볼 수 있는데, 이는 시장에 대한 긍정적인 인식이 영향을 미친 것으로 볼 수 있다. 그리고 정책적으로도 교육 및 의료 시장의 개방이나 공기업의 민영화 등은 시장의 원리에 따라 사회문제를 해결하려는 시도로 볼 수 있다. 그러다 보니 시장과 정부의 관계는 정치공동체의 문제나 국제관계를 이해하고 풀어나가는 데 매우 핵심적인 관점을 제공할 것이다. 시장과 정부의 관계에 대한 학문적인 답이 존재하는 것은 아니다. 단지 사회적인 문제가 발생하였을 때, 시장과 정부의 역할을 어떻게 조정하여야 할 것인가 하는 전략적인 선택의 논리를 개발하는 것이 중요하다. 과연 공공행정에게 시장이란 무엇일까? 정부와 시장을 배타적인 선택지로 보는 것이 타당하다고 할 수 있을까? 정부와 시장은 어떻게 존재하여야 할까?

정부와는 달리 개인들의 자유로운 선택에 따라 자원과 부(富)의 배분이 이루어지는 사회적 공간 혹은 체제를 우리는 시장이라 부른다. 강제력을 근간으로 하는 정부는 자유로운 선택을 근간으로 하는 시장과 마치 반대말이나 되는 것처럼 다루어지기도 한다. 그래서 가능하다면 사람들에게 자유로운 선택의 공간을 넓혀주고, 정부의 개입 범위를 최소화하여야 한다는 관념이나 이데올로기가 지배적이다. 자유주의나 신자유주의는 이러한 생각을 대표하는 이데올로기이다. 그렇다면 이러한 자유주의나 신자유주의 이데올로기의 근거는 무엇일까? 그 내용은 무엇이고, 어떻게 같고 다른 것일까?

제 1 절 자유주의와 작고 약한 정부

자유주의적 전통은 정치학적으로는 로크의 사상에서 그리고 경제학적으로는 스미스의 사상에서 그 기원을 찾을 수 있다. 로크의 사상은 개인에게는 그 어떤 이유로도 침해될 수 없는 권리가 있다는 점을 토대로 한다. 그는 그 권리 가운데 특히 생명권, 자유권, 재산권을 근본적인 것으로 본다. 그리고 정부는 이러한 개인의 기본적인 권리를 보호하기 위하여 존재한다는 것이다. 다시 말해서 개인들의 권리는 다른 개인들의 권리를 서로 침해하지 않도록 관리될 필요가 있다. 그것은 개인이 할 수 없고, 모든 개인이 인정하는 어떤 권위체가 맡아야 할 일이다. 그 권위체가 바로 정부이며, 따라서 정부가 그 이상의 개입을 통하여 무엇인가를 시도하는 것은 개인의 권리를 침해하는 결과를 가져올 것이기 때문에 삼가야 한다는 것이다. 절대주의 왕정에서 왕이 개인의 권리를 무참하게 훼손한 경험 때문에 정부의 개입에 대한 경계심이 내면화된 것으로 보인다. 그러다 보니 자유주의는 기본적으로 개인과 정부의 적대적인 관계에 기초한다. 정부가 커지면 커질수록 개인의 권리는 침해받을 가능성이 커질 것이라는 가설 위에서 정부와 개인의 관계를 보는 것이다.

스미스는 '보이지 않는 손(invisible hand)'이라는 메타포로 인하여 많은 오해를 받고 있다. 경제학적 차원에서 그를 언급하고는 있지만, 사실 그는 자신을 도덕이론가로 여기고 있었다. "『도덕감정론』의 저자, 여기에 잠들다"라는 스미스의 묘비명은 이를 상징적으로 보여준다. 먼저 스미스에 대한 오해가 오히려 그에 대한 상식이 된 주의주장이 무엇인지 살펴보자. 『국부론』은 인간은 이기적이라는 가정에서 출발한다. 개인은 누구보다도 자기에게 가장 유리한 것이 무엇인지를 잘 알고, 그것을 추구하기 위하여 합리적으로 행동한다. 이러한 성향이 시장에서의 가격 결정 메커니즘을 작동하게 만든다는 것이다. 수요가 증가하면 가격이 오르고, 가격이 오르면 공급이 증가하고, 공급이 증가하면 다시 가격이 하락하는 과정을 반복하면서 수요와 공급이 균형을 이루는 적정한 선에서 가격이 결정된다. 이기심과 그것에 의하여 작동하는 가격 결정의 메커니즘이 바로 사회를 조화롭게 만들고,

사회 전체의 부를 증진시키는 보이지 않는 손이라는 것이다(Smith, 2007). 그런데 보이는 손(visible hand)으로 상징되는 정부가 개입하게 되면, 시장의 보이지 않는 손의 마법은 그 힘을 잃게 되고, 결국 사회의 조화가 깨진다. 그래서 스미스는 자유방임주의를 주장하였다는 것이다. 자유방임은 정부가 이기적 목적을 추구하는 개인들의 권리를 보호하는 최소한의 역할만을 하고, 그 밖의 모든 것은 개인의 선택과 시장에 맡기라는 것이다. 과연 이러한 해석이 타당한 것일까? 개인의 사상을 이해할 때, 전체적인 맥락을 보지 않고 어느 한 부분만을 가지고 말하는 것은 사상의 본질을 왜곡할 가능성이 있다. 스미스가 그러한 경우라 하겠다. 그의 『국부론』은 『도덕감정론』과 별개로 해독되면 오해의 소지가 있다(堂目卓生, 2010). 『도덕감정론』에 의하면, 사람에게는 수많은 감정이 있으며, 그것들은 서로 조화를 이루어야 한다는 것이다(Smith, 2009). 이기심은 다양한 감정들 가운데 하나에 불과하다. 특히 그가 『도덕감정론』에서 중요하게 여기는 것은 사람들이 가지고 있는 공감의 능력이다. 따라서 『국부론』에서 말하는 이기심을 무한한 욕망으로 해석할 것이 아니라, 오히려 공감의 능력에 의하여 제어된 건전한 감정으로 이해되어야 한다.

> 우리가 우리 자신의 감정과 동기에 대하여 어떠한 판단을 형성할 수 있건 간에, 그 판단은 항상 우리가 상상하기로 다른 사람의 판단은 어떠하며 특정한 상황에서는 어떠할 것이고 어떠하여야 할 것인가 하는 것을 암암리에 고려하지 않을 수 없다. 우리는 자신의 행위를 스스로가 상상하는 불편부당한 관찰자가 바라보는 것처럼 바라보도록 노력한다. 만약 우리 자신을 불편부당한 관찰자의 입장에 놓았을 때, 우리가 스스로의 행위에 영향을 미친 모든 격정과 동기에 완전히 공감한다면 가상의 공평한 재판관의 정에 동감함으로써 우리 자신의 행위를 인정한다. 공감하지 못한다면

우리는 공평한 재판관의 부인에 공감하여 우리 자신의 행위를 단죄한다(Smith, 2009: 135).

이기심이나 시장에 대한 스미스의 생각에는 도덕적인 고려가 용해되어 있다. 이러한 측면에서 보면, 『국부론』에서 자유방임주의라는 말만이 아니라 그 말에 가려 보이지 않았던 정부의 다양한 역할과 기능에 대한 스미스의 언급이 눈에 들어오게 될 것이다. 자유방임은 당시 경제력이 앞선 영국이 타국과의 무역에서 유리한 고지를 점할 수 있는 무역 관련 정책으로 제안된 것이다. 국내에서 자유방임은 현실적으로 불가능하다. 자유방임이 국내외의 경제활동 모두에 적용되는 정책적 제안은 아니었다는 것을 볼 수 있다. 절대적인 의미의 자유방임은 있을 수 없는 것이다.

로크와 스미스의 자유주의 사상은 공리주의자인 존 스튜어트 밀(John Stuart Mill)에 이르러 절정에 달하게 되는데, 그의 핵심적인 사상은 『자유론』에 압축되어 있다(Mill, 1992). 그에 의하면, 자유는 무조건적인 혹은 절대적인 자유를 의미하는 것이 아니라, 다른 사람에게 해를 끼쳐서는 안 된다는 조건적인 자유이다. 이사야 벌린(Isaiah Berlin)은 자신의 의지를 주체적으로 펼쳐나가는 적극적 자유와 대비하여, 남에게 해를 끼치지 않는 범위 내에서의 자유를 소극적 자유로 규정한 바 있다. 그리고 그는 소극적 자유를 민주주의가 전제하는 자유의 핵심으로 삼는다. 자유의 조건은 내가 남에게 해를 끼쳐서도 안 되고, 남이 나에게 해를 끼쳐서도 안 된다는 것이다. 그리고 정부는 이러한 조건을 충족시킬 수 있는 역할을 해야 하는 것이다. 더불어 정부 역시 개인에게 해를 끼쳐서는 안 된다는 것이다(Berlin, 2002).

제 2 절 시장실패와 크고 강한 정부

일반적으로 자유주의적 전통에 따라 20세기 초까지는 정부의 시장에 대한 개입을 최소화하는 것이 바람직하다는 생각이 지배적이었다. 그러나 1920, 30년대 세계 경제대공황은 자유주의적 전통을 더 이상 고집할 수 없는 계기가 되었다. 과연 시장은 합리적으로 작동할 수 있었던 것일까? 구조적으로 시장은 실패할 수밖에 없는 운명에 있었던 것은 아닐까? 기업은 다른 기업과 경쟁 상황에 있기 때문에 좀 더 빠르게 생산하여 더 많이 판매함으로써 이윤을 남기고 그것을 다시 투자하여 기업의 규모를 키워나가는 일련의 과정을 좀 더 빠르게 회전시키는 것이 지상과제이다. 그러다 보니 시장에서 일반적으로 요구하는 수준의 수요를 훨씬 뛰어넘는 공급이 발생할 수밖에 없다. 수요에 비하여 공급 과잉이 일정한 수준을 넘어서게 되면, 기업들은 쌓여가는 재고와 싸우지 않을 수 없다. 결국 쌓여가는 재고를 감당할 수 없게 되면, 공장의 가동을 줄이고 재고의 판로를 개척하는 데 관심을 기울일 것이다. 공장의 가동을 줄인다는 말은 그만큼 일자리가 줄어든다는 말이다. 일자리가 줄어들게 되면, 실업자가 증가하게 된다. 실업자의 증가는 곧 실질적으로 상품을 구매할 수 있는 유효 수요가 감소하는 것을 의미한다. 수요의 감소는 상품 판매에서 기업에 부담 요인이 된다. 따라서 기업은 다시 공장의 가동을 줄이거나 중단하게 된다. 실업자의 폭증과 기업의 줄도산은 결국 시장을 마비시키게 된다. 1929년의 세계경제공황은 기본적으로 이러한 메커니즘을 통하여 발생하였다. 우리는 이를 시장실패라 부른다. 시장실패는 수요와 공급의 가격 조절 메커니즘이 붕괴되는 현상을 말한다.

시장실패는 왜 발생하는 것일까? 시장이 성공하기 위한 조건에 대하여 생각해보자. 우선 완전한 자유경쟁이 보장되어야 한다. 누구든 아무런 제약 없이 이익 추구에 도움이 되면, 시장에 참여할 수 있고, 그렇지 않다면 빠져나올 수 있어야 한다. 그러나 시장에서는 기업도 하나의 상품이 될 수 있으며, 그러다 보면 거대자본이 중소자본을 구입함으로써 자본의 집중이 이루어지게 된다. 다시 말해서 독점이 발생하게 된다. 독점은 수요와 공급이 아니라 공급에 의하여 가격이 결정되는 결과를 가져온다. 따라서 건전한 가격 결정 메커니즘이 붕괴되는 것이다. 다음으로 시장에 참여하는 사람들은 합리적이어야 한다. 그러기 위하여는 완전한 정보 처리 능력을 가져야 하며, 동시에 정직하여야 한다. 그러나 인간은 인지 능력의 한계로 말미암아 완전하게 정보를 처리할 수 없다. 지극히 제한된 정보를 토대로 판단하고 행동할 수밖에 없다. 또한 시장의 참여자들은 기회주의적으로 행동하는 경향이 있다. 다시 말해서 정직성을 기대하기는 매우 어렵다는 것이다. 따라서 시장에서 개인의 합리성을 기대하는 것은 불가능한 일이다.

그렇다면 시장실패는 말 그대로 시장실패인가? 어려운 문제이다. 시장은 정부의 아무런 제약 없이 형성된 순수한 시스템이 아니다. 사유재산 제도를 법적으로 보장하지 않는다면, 시장은 제대로 작동할 수 없다. 또한 개인의 권리를 보장하기 위한 법적 체계가 마련되어 있지 않다면, 개인의 이익 추구 활동이 폭력적으로 이루어질 수도 있다. 시장은 정부의 다양한 법체계를 조건으로 하여 형성되고 발전하는 것이다. 따라서 시장실패는 곧 정부실패와 함께 하는 것이라고 할 수 있다. 가령 자유방임정책은 정부의 개입이 없는 것이 아니라 정부가 자유방임을 정책적으로 선택한 것이다. 만약 그 자유방임에 의하여 경제가 무너지게 되었다면, 그것을 단순히 시장실패라고만 볼 수 없는 것이 아닐까? 시장실패와 정부실패가 동행하는 것으로 보는 것이 타당하지 않을까?

그래서 세계 경제대공황 이후에 세계의 정부들은 다른 정책 노선을 걷기 시작한다. 당장 미국의 경우를 보면, 초등학교 교과서에서도 소개되고 있는 루스벨트(Franklin Delano Roosevelt) 대통령의 뉴딜(New Deal)정책으로 상징되는 정부의 적극적 조치들이 이루어지게 된다. 스미스의 자유주의적 경제 논리는 존 메이너드 케인스(John Maynard Keynes)의 경제 논리로 대치된다. 케인스 이전까지는 정부가 빚을 내어 경기를 부양하는 것은 바람직하지 못한 것이었다. 적자예산은 악이고, 균형예산이 선이었다. 그러나 케인스의 논리는 달랐다. 경제공황으로 인하여 정부의 재정 역시 엄청난 타격을 입었다. 정부가 무엇을 하고 싶어도 균형예산의 논리에 따르면, 아무것도 할 수 없다. 그러나 문제의 핵심은 기업도 살리고 일자리를 만들어 실질적인 수요를 창출함으로써 다시 기업을 살리는 경제의 선순환 구조를 회복하는 것이다. 이를 위하여는 결국 정부가 빚을 내어 경기 부양을 위한 조치를 취하는 것 말고는 달리 방도가 없다는 것이다. 그래서 뉴딜과 같은 대규모 토목사업을 벌임으로써 기업에는 사업비를 주고, 기업은 그 돈으로 사람들을 고용하고, 고용된 사람들은 임금을 받고, 그것으로 기업이 생산하는 다양한 상품을 구입할 수 있게 하여야 한다는 것이다. 그렇게 되면 장기적으로 경기가 회복되어 조세 수입이 큰 폭으로 증가하게 될 것이고, 그렇게 증가된 조세수입으로 적자재정을 해결할 수 있다는 것이다. 기이하게도 이러한 논리가 결정적으로 검증된 것은 뉴딜이 아니라 전쟁이었다. 전쟁은 절대적 소비 행위이다. 전쟁에 소비되는 엄청난 양의 물자들을 생산하기 위하여 미국 경제는 군수산업을 중심으로 소위 전시경제 체제가 형성된다.[1)] 그것이 결정적으로 미국 경제를 짧은 기간 안에 급성장하게 만들었으며,

정치적으로도 세계 최강국으로 등극하는 계기가 되었다. 실제 전쟁의 경제적 효과는 이후에도 나타나고 있다. 한국전쟁과 일본의 경제 성장이나 베트남전쟁과 한국의 경제 성장은 그 예에 해당된다고 하겠다.

경제대공황 이후 각국의 정부들은 적극적인 개입을 통하여 자국의 경제문제를 해결하고자 했다. 소위 국유화는 경제정책의 핵심으로 자리를 잡게 되었다. 공산주의 국가들은 당연히 공산주의 이데올로기에 따라 국유화를 단행하였다. 그리고 자본주의 국가들 역시 시장실패의 경험을 극복하기 위하여, 그리고 공산주의 진영과의 체제 경쟁 과정에서 국유화를 전략적으로 활용하였다. 정부의 적극적 경제 개입과 복지에 대한 관심이 증가하면서 1950, 60년대는 전 세계적으로 비약적인 경제 성장이 이루어졌다.

제 3 절 신자유주의와 작고 강한 정부

1970년대에 들어서면서 오일쇼크로 세계 경제는 다시 한 번 요동을 치게 된다. 그러나 그 경제 위기의 원인은 경제적인 것이 아니라 근본적으로 정치적인 것이었다. 전쟁 이후 세계 정치 체제에서 가장 민감

---

1) 전쟁과 함께 미국에서는 소위 군산복합체(military-industrial complex)라는 것이 형성되어 향후 미국의 민주주의뿐만 아니라 세계의 평화 질서에 심대한 영향을 미치게 된다. 군산복합체라는 말은 미국의 아이젠하워(Dwight David Eisenhower) 대통령이 1961년의 퇴임 연설에서 처음 사용한 것으로 이에 대하여 매우 심각한 우려를 표명하였다. "미국의 민주주의는 새로운 거대하고 음험한 세력의 위협을 받고 있습니다. 그것은 군산복합체라고도 할 수 있는 위협입니다. 거대한 군대조직과 방대한 군수산업 간의 결합은 미국 역사에서 처음으로 경험하는 현상입니다. 그 총체적인 영향-경제, 정치, 심지어는 정신 분야까지-을 모든 시, 모든 주정부 청사와 모든 연방정부기관에서 느낄 수 있습니다. 우리는 개발의 필요성을 분명히 인정합니다. 그렇지만 그것이 내포하는 엄청난 의미를 이해하지 못하면 큰일입니다." Lens et al.(1984) 참조.

한 문제 하나가 잉태되었다. 중동에 새로이 탄생한 이스라엘이다. 아랍 국가들과 이스라엘의 적대적인 관계는 전쟁의 형태로 비화되었다. 게다가 서방 국가들은 친이스라엘 입장을 취하고 있었다. 1973년 10월 아랍연합국과 이스라엘 간에 제4차 중동전쟁이 발발하였다. 전쟁이 일어나자 아랍 산유국들은 석유의존도가 높은 서방 세력을 견제하기 위하여 석유를 정치적인 수단으로 활용하였다. 결과적으로 석유가격이 순식간에 4, 5배 정도 상승하여 세계 경제에 결정적인 타격을 주었다. 석유 공급 가격이 급등하면서 전반적인 인플레이션이 발생하였고, 그 부담 요인으로 인하여 경제가 침체되면서 실업률이 높아지게 되었다. 여기에 1979년에 대(大)산유국인 이란에서 혁명이 일어나 석유 수출이 반 이상 줄어들었다. 이로 인하여 석유의 공급 불안과 가격의 폭등으로 세계 경제는 다시 혼란에 빠지게 되었다. 이로써 제2차 세계대전 이후 1960년대까지 계속된 세계적인 고도 성장의 시대가 막을 내리고, 인플레이션과 실업 및 경기 후퇴가 동시에 진행되는 스태그플레이션(stagflation)의 시대가 열리게 되었다.

세계 경제가 침체하면서 선진국 가운데 가장 크게 충격을 받은 국가는 영국이었다. 1970년대 중반 이후 영국의 경제는 GDP 성장률이 마이너스로 떨어지고, 인플레션이 20%를 웃돌았으며, 실업률은 6%대를 기록할 정도로 최악의 상황에 처하게 되었다. 1979년 이후 대처(Margaret Thatcher) 수상이 집권하면서 신자유주의 정책이 본격적으로 시행되었다. 신자유주의정책의 과제는 작지만 강한 정부를 만드는 것이다. 작은 정부는 시장에 대한 정부의 개입을 최소화한다는 의미이고, 강한 정부는 시장의 원리가 적절하게 작동하는 데 방해가 되는 요인들에 대하여는 강력하게 대처해 나간다는 의미이다. 이러한 과제를 실현하기 위하여 그동안 중요한 시장개입 정책의 핵심이었던 국유화 전략에서 민영화 전략으로 급선회한다. 그리고 시장에 대한 규제를 최소화함으로써 시장의 자율성을 강화시키고자 하였다. 문제는 그러한 조처들의 이면에는 정부 지출의 많은 부분을 차지하였던 복지 체제를 약화시키는 것은 물론이고, 노동자들의 권리에 대한 보호막을 걷어내는 작업들이 동시에 수행되었다. 이러한 신자유주의적 정책은 결국 영국의 경제 위기를 극복하는 데 일조했다. 그러나 시장의 권력이 더욱 강화되고, 상대적으로 노동시장이 유연화됨으로써 노동자들의 세력이 상대적으로 약화되었으며, 사회적으로 빈부의 격차가 더욱 심화되는 결과를 가져왔다. 이러한 영국의 사례는 엄청난 재정적자에 허덕이고 있던 레이건(Ronald Reagan) 정부에 중요한 안내판이 되었다. 레이건 정부 역시 대처 정부의 사례를 따라, 민영화와 규제 완화 조처를 취하였다. 이것이 가져온 결과는 역시 영국의 경우와 마찬가지로 기업 권력의 강화, 노동권의 약화, 빈부 격차의 심화 등을 가져왔다. 영국과 미국에서 신자유주의의 이념에 따라 이루어진 정부 개혁의 논리를 신공공관리(New Public Management: NPM)라 부른다.[2)]

전후 고도 경제 성장과 복지 체제의 발달을 이끌었던 케인스 경제 논리는 1970년대의 경제 위기로 의심을 받게 되었다. 그리고 그에 대한 대안으로 신자유주의적인 경제 논리가 전면에 대두되었다. 그렇다면 신자유주의는 전통적인 자유주의에 견주어 무엇이 새롭다는 것일까? 개인의 자유를 중시하고, 국가의 개입을 최소화하여야 한다는 입장에서는 본질적으로 차이가 없다. 그러나 시장에 대한 정부의 입장에 대하여는 차이를 보이고 있다. 전통적 자유주의는 국가의 개입 자체를 배제하는 '작고 약한 정부'의 논리를 강조하는 반면, 신자유주의는 시장을 위한 국가의 개입이 더 강화되어야 한다는 '작지만 강한 정

2) 신공공관리에 대하여는 Hood(1991), Osborne & Gaebler(1992), Kaboolian(1998), Lynn(1998) 등 참조.

부'의 논리를 강조한다. 따라서 신자유주의를 시장근본주의라 부르기도 한다. 신자유주의 경제 논리는 제2차 세계대전 이후 사회주의 국가나 수정자본주의의 등장을 '노예의 길'이라며 강하게 비판한 프리드리히 아우구스트 폰 하이에크(Friedrich August von Hayek, 2006)를 필두로 해서, 1960, 70년대의 시카고학파(Chicago School)에 의하여 정교하게 다듬어졌으며(Friedman, 2002), 대처리즘과 레이거노믹스에서 꽃을 피웠다. 특히 신자유주의 논리는 세계 경제 체제의 재편 과정에서 엄청난 영향을 미치게 되는데, 세계화(globalization)라는 말이 등장하는 배경이 된다.[3] 세계화는 경제활동과 관련하여 국가의 경계나 보호 장벽을 제거함으로써 시장 질서가 좀 더 완벽하게 진화하는 과정을 의미하는 대명사가 되었다. 특히 세계화는 금융자본의 자유로운 이동에서 절정에 이르게 된다. 1989년 동구 사회주의 진영이 몰락하자, '고삐 풀린 자본주의'(Glyn, 2008)라는 용어가 등장할 정도로 자본의 지배가 매우 강고하게 구조화되었다.

그렇다면 1970년대 이후 경제 성장이 멈추고, 경제 위기가 등장하게 된 것이 과연 정부의 실패라 할 수 있을까? 물론 정부의 실패이다. 그렇다고 그것을 단순히 정부의 실패로만 밀어붙이는 것은 공정한 것일까? 그렇지 않다. 그것은 시장의 실패이기도 하다. 경제 위기는 정부의 실패이면서 동시에 시장의 실패로 보아야 할 것이다. 자유방임 정책이든 규제 및 복지정책이든 시장 중심의 정책이든 모든 것은 정부의 선택이다. 따라서 이들의 실패는 정부의 실패이다. 그러나 그러한 정책들의 선택과 운영에는 시장의 요구나 왜곡이 반영된 것이다. 정부만의 실패나 시장만의 실패는 없다(Wolf, 1991; Yergin, 1999). 그럼에도 불구하고 1970년대의 위기를 정부의 실패로 보고, 시장에

3) 세계화에 대하여는 Robertson(1992), Hans-Peter & Schumann(1998), Held, McGrew, & Perraton (2003) 등 참조.

모든 권력을 넘기려하는 신자유주의 이념이 득세하게 된다.

제 4 절 시장실패와 대안 모색

그렇다면 신자유주의 경제 논리는 성공하였는가? 일시적으로 경제적인 위기를 극복하는 데는 성공했다. 영국은 1970년대의 경제 위기를 극복할 수 있었으며, 미국 역시 1980년대의 경제적 위기로부터 벗어날 수 있었다. 그러나 금융자본의 투기적 행태가 결국은 1997년 아시아의 경제 위기를 불러왔다. 또한 2008년에는 미국발 경제 위기가 폭발했으며, 그 이후 유럽의 경제 위기가 폭발하여, 세계 경제가 1929년 이래 최악의 위기를 경험하고 있다. 이처럼 지속적인 경제 위기는 국제적으로는 약소국들에 치명적이며, 국내적으로는 사회적 약자나 소수자들에게 치명적이다. 다시 말해서 경제 위기는 사회적 불평등을 더욱 심화시키는 결과를 가져오고 있다는 것이다. 분명한 것은 신자유주의의 논리는 결코 성공적이지 않다는 것이다. 그리고 성공적일 수 없다는 것이다. 그것은 평화와 공존의 세계를 지향하는 것이 아니라 경쟁과 전쟁의 세계를 지향하기 때문이다.

1. 제3의 길

어찌되었건 경제위기는 국가의 적극적인 개입을 불러오고 있으며, 신자유주의에 대한 의심을 강화시키고 있다. 그러다 보니 앤서니 기든스(Anthony Giddens, 2002)를 중심으로 '제3의 길'이라는 대안 담론이 나오기도 하였다. 그는 정부를 적으로 보는 우파나, 정부를 답으로 보는 좌파 모두에게서 아집을 본다. 사회주의는 부의 창조보다는 재분배를 강조하고, 신자유주의는 재분배보다는 부의 창조를 강조한다. 기든스는 이러한 이분법을 뛰어넘어, 공익을 위하여 시장의 역동성을 이용하는 전략을 제시한다. 그러나 그의 제3의 길은 분명하지 않다. 전략적으로 제3의 길은 새로운 형태의 혼합경제라 할 수 있다. 그러나 그 실체가 모호하다. 그리고 경제결정론의 범주에서 벗어난 것으로 보이지도 않는다. 시장의 역동성을 활용하여 공익을 추구한다는 것이 무엇을 의미하는 것일까? 혹시 아나톨 칼레츠키(Anatole Kaletsky, 2011)가 말하는 4.0버전의 자본주의가 제3의 길이 의미하는 것이었을까? 자본주의 4.0은 3.0버전의 자본주의인 신자유주의에 대한 대안으로 제시된다. 자본주의 4.0은 신자유주의의 부작용으로 빈부 격차를 비롯한 다양한 사회적 문제를 해결하기 위하여 정부가 복지 등 일정한 역할을 하여야 함을 강조한다. 그러나 조세수입의 한계 때문에 정부가 전적으로 사회적인 문제를 해결할 수 없다. 따라서 정부는 민간 부문, 특히 기업의 사회적 공헌을 높일 수 있는 방안을 찾아야 한다고 주장한다. 시장의 구조적인 문제는 그대로 두고, 기업의 참여를 적극적으로 동원하는 방식을 취하는 것은 신자유주의의 대안이 아니라 수정된 계승이라 할 것이다. 아마로 기든스의 제3의 길은 자본주의 4.0으로 계승된 것이 아닌가 생각된다.

2. 거버넌스

정부와 시장의 이분법 논리를 뛰어넘는 논리도 제안된 바 있다. 시장 아니면 정부라는 도식에서 벗어나 시장, 정부, 시민사회가 협력적인 파트너십을 구성하여 함께 국정을 운영하는 시스템을 구성하자는 것이다. 일반적으로 이러한 통치 방식을 거버넌스(governance)라고 부른다.[4)] 거버넌스는 정부의 자율성이 과거에 비하여 약화되고, 사회의 문제를 독자적으로 해결할 수 없는 상황에 이르면서 채택된 통치 전략이다. 시장 및 시민사회와 적대적인 관계에 있다 보면, 정부의 통치력이 제한될 수밖에 없는 것이다. 따라서 정부는 시장 및 시민사회와 우호적인 관계를 제도화하고, 그것을 기반으로 국정을 운영한다면 정부의 통치력을 강화할 수 있는 계기를 마련할 수 있다. 물론 거버넌스를 사회학적으로 보면, 시민사회의 기능과 역할을 강화할 수 있는 계기로 비추어질 수도 있으나, 어디까지나 거버넌스의 주도 세력은 정부라는 사실을 상기한다면, 거버넌스에 대한 사회학적 기대감은 희망에 불과한 것이다. 어찌되었건 거버넌스는 공사의 이분법이나 시장과 정부의 대립 구도를 뛰어넘고, 그동안 세력이 강화된 시민사회를 흡수한다는 점에서 의미있는 전략이라 할 수 있다.

그렇다면 거버넌스 역시 시장실패나 정부실패와 같은 실패를 가져올 가능성이 있을까? 물론 실패할 가능성이 있을 것이다. 먼저 경제적인 측면에서 생각해보자. 거버넌스의 구성 요소인 시장에는 자본과 노동이 포함되어 있다. 다시 말해서 계급적인 이해 대립이 내포되어 있다. 입장에 따라 다르겠지만, 일반적으로는 자본과 노동의 이해 관계는 본질적으로 대립적인 것이다. 자본가의 이윤과 노동자의 임금은 제로섬 게임의 관계에 있기 때문이다. 현실적으로 자본가는 정치적 영향력이 노동자에 비하여 강하다. 따라서 자본가나 노동자가 거버넌스 체제에 함께 참여한다 할지라도, 거버넌스는 노동자 계급의 양보를 얻기 위한 제도적 장치로 전락할 가능성이 있다(Jessop, 1998). 가령 김대중 정부가 출범하면서 IMF의 요구대로 만들어진 노사정협의회는 결국 노동시장 유연화라고 하는 위협적인 노동정책에 대한 노동

4) Pierre(ed. 2000), Pierre & Peters(2003) 등 참조.

자계급의 양보를 얻기 위한 장치로 활용되기도 하였다. 거버넌스가 계급 간의 평화를 보장할 수는 없을 것이다.

둘째, 정치적인 측면에서 생각해보자. 거버넌스는 민주적인 의사 결정이 제도화된 것으로 보일 수 있다. 그러나 거버넌스는 민주주의의 중요한 요소인 책임의 문제에 대하여는 취약성을 보일 수 있다. 거버넌스에서는 다양한 관련자들이 의사 결정에 참여하기 때문에, 결정과 집행으로 인하여 나타나는 부작용에 대한 책임의 문제가 명확하게 정리될 수 없다. 그러다 보면 책임 회피나 속죄양을 만드는 방식으로 대응할 가능성이 커질 것이다. 거버넌스는 민주주의와 오히려 조화를 이루지 못할 가능성이 있다(Stoker, 1998).

셋째, 사회적 측면에서 생각해보자. 거버넌스는 사회의 중요한 세력인 시장(기업과 노동자), 정부, 시민사회(결사체들)의 참여를 통하여 이루어진다. 시민사회는 다양한 의제들이 다루어지는 공론 영역이라 할 수 있다. 또한 그러한 의제들이 관련된 결사체들에 의하여 중점적으로 다루어진다. 결사체들은 입장이나 관점이 다양하고 때로는 대립적이기도 하다. 거버넌스에 참여하는 시민사회의 대표는 어떠한 결사체를 대표할지 알 수 없다. 보수적일 수도 있고, 진보적일 수도 있다. 친기업적일 수도 있고, 아닐 수도 있다. 친정부적일 수도 있고, 아닐 수도 있다. 어떠한 입장의 대표들이 참여하는가에 따라서 사회의 특정한 입장들이 배제될 수 있다. 만일 이러한 배제적인 경향성이 사람들에게 각인된다면, 거버넌스에 대한 신뢰는 추락하게 될 것이다. 물론 거버넌스가 실패의 가능성을 안고는 있지만, 그 정신이나 논리를 보면, 시장근본주의적인 입장에서 조금은 벗어난 것처럼 보인다.

그렇다면 거버넌스는 신자유주의의 대안으로 볼 수 있을까? 거버넌스를 구성하는 데 결정적인 역할을 하는 것은 정부이며, 현대 자본주의 국가에서 정부는 시장을 더욱 활성화하는 데 관심을 갖는다. 또한 자본의 힘은 경제 위기를 반복할수록 오히려 더욱 강화되고 있으며, 정치적 영향력도 강화되고 있다. 반면 노동자들의 세력은 더욱 취약해지고 있다. 따라서 거버넌스는 계급적 혹은 집단적 이해 관계를 집합적 의사 결정 과정으로 흡수함으로써 신자유주의적 정책을 더욱 강력하게 밀고나갈 수 있는 제도적 기반으로 작동하게 될 가능성이 커지고 있다. 거버넌스는 신자유주의를 정치적으로 실현하기 위한 하나의 전략일 수도 있다는 의구심을 떨쳐버리기 어렵다.

3. 사회민주주의와 복지국가

신자유주의는 시장과 밀접한 관련을 갖는다. 고전적 자유주의에서는 시장의 자율성을 강조하기는 했지만 정부의 역할을 완전히 배제한 것은 아니었다. 그리고 자기 이익을 추구하는 개개인의 이기적인 특성은 다른 사람에 대한 공감의 능력에 따라 적절히 관리될 때 사회와 조화를 이룰 수 있다는 입장을 견지한다. 이러한 의미에서 고전적 자유주의는 시장에 대한 일종의 도덕적 통제를 전제한 시장의 자율성을 주장하는 것으로 볼 수 있다. 그러나 시장은 도덕적으로 통제될 수 있는 영역이 아니었다. 자본주의 체제가 등장하기 이전에는 사회에 묻혀 있던(embedded) 시장이 자본주의 체제가 자리 잡은 이후에는 사회로부터 분리되고 말았다(dis-embedded). 문제는 분리된 시장이 통제되지 않음으로써 공황과 같은 시장실패를 반복적으로 재생하고 있다는 것이다. 사회주의나 혼합자본주의는 시장에 대한 정치적 통제를 통하여 시장실패를 돌파하려는 노력이라 할 수 있다. 그러나 정치적 통제는 예상을 뛰어넘는 엄청난 사회적 비용과 시장의 저항으로 인하여 그 통제력을 상실하게 된다. 이렇게 해서 정부실패라는 신화가 창조된다. 시장에 견주어 정부는 비효율과 비능률의 대명사로 낙인찍히게 된 것이다. 따라서 다시 시장을 통하여 정부실패를 돌파하여야 한다는 주의주장이 대두된다. 신자유주의는 이러한 주의주장을 대변하는 이념으로 등장한다. 신자유주의는 시장을 절대화함으로써 모든 권력을 시장에 집중시킨다. 그러나 시장의 절대화는 곧 정치적 실패, 경제적 실패, 사회적 실패를 양산하는 결과를 가져오고 있다. 이에 따라 시장은 도덕적 통제, 정치적 통제뿐만 아니라 사회적 통제를 통하여 관리되어야 할 필요가 있다. 즉, 시장은 다시 사회에 묻힐(re-embedded) 필요가 있다(Polanyi, 2008).

그렇다면 이러한 생각을 담을 수 있는 제3의 길은 가능할까? 그 길을 찾기 위하여는 하나의 조건이 필요할 것 같다. 경직성을 버리고 유연하게 사고하는 것이다. 그렇다면 어떠한 경직성으로부터 벗어나야 할까? 자유주의나 마르크스주의에 내면화되어 있는 '경제가 정치에 우선한다'는 경직된 전제에서 벗어나야 할 필요가 있다. 자유주의의 논리에 따르면, 정부는 개인의 권리를 보호하기 위하여, 다시 말해서 시장에서의 자유로운 이익 추구 활동을 보호하기 위하여 존재한다. 따라서 자유주의는 정치에 대한 경제의 우선성을 전제하는 것으로 볼 수 있다. 자유주의와 대척점에 있는 사회주의 역시 마찬가지이다. 전통적인 사회주의 이념은 경제적 토대가 상부 구조로서의 정치와 법을 결정한다는 경제결정론을 기반으로 한다. 그리고 그러한 결정론을 토대로 보편 계급으로서 프롤레타리아트에 의한 계급 투쟁의 필연성을 정당화한다. 경제결정론과 프롤레타리아트 계급 투쟁의 논리에서 벗어나는 주의주장을 하였던 사회주의자들은 수정주의자라는 낙인이 찍혀 배척되었다.

사고실험은 전통적인 가정을 바꾸어 보는데서 출발하여야 할 것이다. '정치가 경제에 우선한다'는 가정 위에서 새로운 가능성을 찾아보는 것이다(Berman, 2006). 물론 경제가 중요하지만, 그것이 어떻게 이루어져야 할 것인지를 결정하는 것에 우선성을 두는 방식을 생각해 보는 것이다. 그래야 경제가 독자적인 힘을 가지고 사회를 압도하는 것이 아니라 정치를 통하여 경제가 사회의 다양한 기능들 가운데 하나로 자리 잡을 수 있을 것이다.

그렇다면 정치는 어떤 내용을 담는 것이어야 할까? 정치는 일종의 의사 결정 과정이다. 의사 결정 과정은 민주적이어야 한다. 민주적 의사 결정은 정치공동체 구성원들이 형식적으로 참여하는 것이 아니라 실질적으로 참여하는 것이어야 한다. 자유주의적 전통에서 참여는 형식적이다. 왜냐하면 재산상의 격차는 참여의 질을 다르게 만들기 때문에 가진 자들에게는 유리하지만, 없는 자들에게는 불리하다. 따라서 자유민주주의는 구성원들의 평등한 참여를 보장할 수 없다. 사회주의는 오류를 범하지 않는 전위집단인 공산당에 의한 결정 방식을 따른다. 공산당만이 인민의 의지를 알 수 있다는 생각은 엘리트주의의 전형이라 하겠다. 따라서 사회주의에서는 민주적 의사 결정을 기대할 수 없다.

그렇다면 실질적인 평등이 실현되고 보장될 수 있는 정치 체제를 구상할 수는 없을까? 사회의 정의를 추구하는 민주적 의사 결정 체제로서의 정치 체제를 사회민주주의라 부를 수 있다. 사회민주주의 체제의 기본적인 입장은 평등과 자유를 대립하는 이념으로 보는 것이 아니라, 평등을 자유의 도덕적 조건으로 본다. 부의 격차는 실질적인 자유의 실현을 어렵게 만든다. 평등은 그러한 의미에서 진정한 자유를 가능하게 하는 필수 조건이라 하겠다. 당장 굶주림에 허덕이는 사람들에게 정치는 사치로 보일 수 있다. 아무리 최악의 상황에 처하더라도 최소한의 삶을 살아가는 데 문제될 것이 없다는 확신이 있다면, 정치적 관심은 충분히 살아날 수 있을 것이다. 따라서 복지는 사회민주주의의 지상명령이라 할 수 있다. 적어도 정치적 참여를 통하여 그

과실이 자신에게 직접 전달된다면 사람들은 세금을 내는 데 주저하지 않을 것이다. 이것은 복지국가의 근간이 된다. 복지 경제 체제에서는 시장이 이윤을 추구하는 교환의 장소가 아니라 욕구를 충족시키기 위한 교환의 장소로 자리매김을 하게 된다. 다시 말해서 사회민주주의적 정치 체제를 토대로 한 복지국가의 건설은 경제가 사회 안에서 사람들의 욕구를 실질적으로 충족시키는 사회의 한 기능으로 자리를 잡게 할 수 있을 것이다. 스웨덴의 복지국가 모델을 참조할 수도 있을 것이다.[5)]

---

5) 스웨덴 복지국가에 대하여는 신필균(2011), 홍기빈(2011), 신정완(2012) 등 참조.

제 3 편

연구 경향에 관하여

제 12 장 공공행정에 관한 과학적 연구는 어떻게 전개되었는가?

제 13 장 공공행정에 관한 규범적 연구는 어떻게 전개되었는가?

제 14 장 과학적 행정학과 규범적 행정학은 어떠한 관계에 있는가?

제 12 장

공공행정에 관한 과학적 연구는 어떻게 전개되었는가?

제 1 절 행정학의 시작에 관하여

공공행정은 학문적으로 연구할 만한 가치가 있는가? 어떻게 연구되어야 할까? 미국 행정학은 정치가 행정에 미치는 부정적인 결과들을 해소하기 위한 처방적 관점에서 시작되었다. 19세기 초에 미국은 어떻게 하면 민주주의를 더욱 발전시킬 수 있을까 하는 문제에 대한 답을 정당정치에서 찾고자 하였다. 정당정치를 활성화하기 위하여 승리한 정당에게 공무원 인사권을 전리품으로 제공하는 소위 엽관주의 인사 체제를 도입하게 된다. 그러나 19세기 중후반에 이르자 엽관주의 체제가 정치적·행정적 부담 요인으로 인식되기 시작하였다. 정치적으로 정당들은 엽관주의의 손익을 놓고 주판알을 튕기고, 행정적으로 정부는 행정환경의 복잡성 증대로 아마추어리즘을 극복하여야 할 필요성이 커지고 있었다. 1883년 독립적인 중앙인사위원회의 설치를 골자로 하는 펜들턴법(Pendleton Act)이 통과됨으로써 엽관주의적 인사 체제를 실적주의적 인사 체제로 전환할 수 있는 계기가 마련되었다. 이러한 와중에서 정치행정 개혁을 위한 다양한 생각들이 제안되었는데, 윌슨의 「행정연구」는 그 가운데에서도 주목할 만한 것이었다. 그는 미국의 행정에서 나타나고 있는 비효율성을 극복하기 위하여 행정을 정치로부터 분리하여 사고하는 능력이 필요하다고 전제하고, 더불어 국가의 경영과 관련된 행정을 학문적으로 '연구할 가치가 있음'을 강조하였다. 이것이 미국 행정학의 시작으로 받아들여지고 있는데, 행정 연구의 필요성은 바로 정치에 의한 행정의 왜곡이라는 현실 문제를 해결하려는 과정에서 제기되었다는 것을 볼 수 있는 대목이다.

윌슨의 제안은 프랭크 굿노(Frank J. Goodnow, 1900)에 의하여 정치행정이원론으로 이론화된다. 그 이후 학자들은 행정에 대한 과학적 연구에 대하여 지속적인 관심을 갖기 시작한다. 특히 프레드릭 테일러(Frederick W. Taylor, 1911)의 관리의 과학화를 위한 노력이나, 프랑스의 경영학자 앙리 페이욜(Henri Fayol, 1916)의 관리의 원리와 관리자의 기능에 대한 이론화 노력은 많은 영감을 주었다. 레오너드 화이트(Leonard D. White, 1926)는 가치에 구애받지 않는 과학적인 행정 연구의 가능성을 지적하고, 윌리엄 윌로비(William F. Willoughby, 1927)는 행정에는 과학적 원리가 존재하며, 그 원리들은 발견 가능하다고 주장한다. 마치 자연 속에 어떤 법칙이 존재하는 것처럼, 행정에도 그러한 원리가 존재하고 있으니 학자들은 자연과학자들처럼 그러한 원리의 발견에 관심을 가져야 한다는 것이다. 그리고 루터 귤릭(Luther H. Gulick, 1937a)은 행정관리자의 기능으로서 POSDCoRB을 제시한다. 소위 원리주의자들이라 불리는 이들의 시도는 원리와 조직의 유효성 간의 인과 관계를 가설적으로 제시함으로써 과학적인 행정 연구의 가능성을 타진한 경우라고 할 수 있다.

물론 과학적 연구를 향한 움직임 속에서 일종의 한계적 상황에 대한 고민이 없었던 것은 아니다. 귤릭은 행정학이 예측이 불가능한 인간을 다루고 있다는 점과 자연과학과는 달리 실험이 불가능하다는 점을 극복하여야 할 과제로 제시한 바 있다(Gulick, 1937b). 특히 로버트 달(Robert Dahl, 1947)이 제시한 세 가지 문제는 주목할 만하다.

첫째, 행정 연구에 포함될 수밖에 없는 가치 판단의 문제를 어떻게 보아야 할 것인가 하는 문제이다. 그러니까 행정 연구를 할 때 연구자는 연구의 목적이나 어떤 의도 혹은 가정 등을 갖게 되는데 그러한 것은 사실의 영역에 해당되지 않는다는 것이다. 달은 이에 대하여 연구의 목적을 솔직하게 표명하는 것이 극복의 방법일 것이라고 제안한다. 그러나 이것이 문제를 본질적으로 극복하는 것이라고 볼 수는 없다.

둘째, 그는 인간의 행동을 연구하는데서 나타나는 한계들을 지적하고 있다. 즉, 인간 행동을 연구하는 데 실험이 불가능하고, 일관성을 갖는 자료를 확보하는 것이 매우 어렵고, 관찰자의 자의성을 제어하기 어려우며, 모든 법칙의 신뢰성이 매우 약하다는 한계를 지적한다.

셋째, 보편성과 특수성의 문제이다. 과학적 법칙은 보편성을 추구한다. 즉, 시간이나 공간의 제약을 받지 않고 언제고 어디에서나 적용되는 것이 과학적 법칙이다. 그런데 사회는 시간과 공간의 제약을 받게 되어 있다. 따라서 사회를 전제로 하는 행정 연구에서는 보편적인 법칙을 발견하는 일이 불가능하다는 것이다. 달의 고민은 매우 구체적이고 논리적이라고 볼 수 있다. 이 지적은 사회과학이 자연과학과 동일시될 수 없는 이유로서 지금까지도 가장 일반적으로 언급되고 있는 내용이다.

제 2 절 행태주의와 사이먼

행정학에서 과학적 연구에 대한 관심이 더욱 강화된 것은 1920년대 중반 이후부터 1950년대에 이르는 기간 동안 정치학계에서 불던 행태주의운동에 영향을 받은데 연유한 것으로 볼 수 있다. 행태주의가 거대한 흐름을 형성하게 된 배경을 간단히 살펴보자. 달(Dahl, 1961)에 의하면, 미국 정치학계에서 행태주의가 형성된 이유는 복합적이다. 우선 실용주의, 사실중심주의, 과학에 대한 신념이 강한 미국 사회의 특성은 행태주의가 자리를 잡기에 좋은 토양이 되었다는 것이다. 그리고 좀 더 구체적인 이유를 찾아보면, 첫째, 1925년 미국 정치학회장에 취임한 찰스 메리엄(Charles E. Merriam)은 연구 방법이 바뀌어야 할 때가 되었다고 선언하고 '정치 행태(political behavior)' 연구의 중요성을 강조하였다. 그가 재직하던 시카고대학은 행태주의적 접근 방법을 일반화하는 데 주도적인 역할을 하였다.

둘째, 1930년대 유럽의 학자들이 대거 미국으로 망명하였다. 이를 계기로 미국의 대학에서는 이들 학자를 유입할 수 있는 좋은 기회를 얻게 되었다. 그 과정에서 유럽의 사회학이나 심리학이 소개되었으며, 유럽 사회과학자들의 연구들이 유입되었다.

셋째, 제2차 세계대전의 영향을 들 수 있다. 워싱턴에서 근무하였던 정치학자들은 전통적인 이론 정치학이 현실을 이해하고 예측하는 데 무기력하다는 인식을 갖게 되었다.

넷째, 현실주의자인 헤링(E. P. Herring)이 미국 사회과학의 연구를 주도하였던 사회과학연구회(Social Science Research Council)를 책임지게 되면서, 정치 행태와 관련된 위원회를 구성하고 그 분야의 연구를 독려하였다.

다섯째, 유권자의 투표 행태를 분석하기 위한 서베이 기법이 급속도로 확산되었다. 그와 더불어 통계적 분석기법도 발달하였다.

마지막으로 학술활동을 지원하던 각종 재단(카네기, 록펠러, 포드재단)이 과학적 연구를 집중적으로 지원하였다. 따라서 학자들은 행태주의적 접근 방법에 적응하기 위하여 노력하게 되었다. 정치학계에서 행태주의 형성에 영향을 미친 이러한 계기들은 직·간접으로 행정학계에서 행태주의가 형성되고 주도권을 잡는 데 영향을 미쳤다.

1978년에 노벨경제학상을 받은 허버트 사이먼(Herbert A. Simon)은 이러한 행태주의의 세례를 받았으며, 행정학의 과학화에 결정적인 영향을 미쳤다. 그는 1933년 수리사회과학자가 되기를 희망하면서 시카고대학에서 수학하게 된다. 사이먼은 행태주의운동의 본거지에서 다양한 학문을 섭렵하면서 행태주의의 핵심을 이론적 도구로 발전시킨다. 그는 경제학이나 정치학 관련 지식을 넓게 습득하고, 방법론으로 수학, 상징 논리, 통계학 등과 관련된 지식을 습득하기 위하여 노력한다. 사이먼이 가장 많이 영향을 받은 사람은 그의 멘토였던 수리경제학자 헨리 슐츠(Henry Schultz)였으며, 논리학 분야에서는 루돌프 카르납(Rudolf Carnap), 수리생물리학 분야에서는 니콜라스 라셰프스키(Nicholas Rashevsky), 정치학 분야에서는 해럴드 라스웰(Harold Lasswell)과 찰스 메리엄의 영향을 받았다. 그 이후 사이먼은 두 가지 원칙에 따라 학자적 삶을 살았다. 하나는 연구를 수행하는 데 필요한 방법론적인 도구를 개발하여 사회과학을 좀 더 과학적으로 다지는 것이며, 다른 하나는 공공정책을 수행하는 데 자연과학적 지식과 사회

과학적 지식을 함께 활용할 수 있도록 두 분야의 관계를 좀 더 긴밀하게 다지는 것이다.[1)]

사이먼은 원리주의와 과학적 연구에 대한 회의에 대하여 단호한 입장을 보인다.

첫째, 원리주의에 대하여는 가설을 세우고 검증하는 과학의 기초적인 작업이 누락된 것으로 과학이라기보다는 경구들(proverbs)을 나열한 것에 불과하다고 비판한다. 게다가 제시된 원리들은 서로 충돌하는 양상마저 보여 논리적 엄밀성마저 떨어지고 말았다는 것이다(Simon, 1946).

둘째, 과학적 연구에 대한 회의주의에 대하여는 상당히 혁신적인 생각을 제시한다. 그는 사회과학과 자연과학의 차이를 부각시키는 기존의 사고 방식에 이의를 제기한다. 가령 사회 현상은 자연 현상보다 복잡하기 때문에 과학적 연구가 어렵다는 것이 일반적인 생각이다.

이에 대하여 사이먼은 이는 단순히 정도의 문제에 불과하다고 본다. 자연 현상도 얼마든지 복잡하다는 것이다. 또한 사회과학에서는 실험이 불가능하다는 것이 일반적인 생각이다. 사이먼은 자연과학의 시작은 실험이 아니라 관찰이라는 점을 부각시킨다. 실험은 자연과학의 다양한 장치들 가운데 하나에 불과하다는 것이다(Simon, 1946/1976). 자연과학과 사회과학이 차이가 있다면, 그것은 단지 연구 대상의 차이이며, 사회과학은 지식과 기억, 그리고 기대에 영향을 받아 행동하는 의식적 인간을 다룬다는 것이다. 그는 이러한 의식적 인간을 연구하는 데서 이미 높은 수준의 과학적 연구를 수행하고 있는 사회심리학이 좋은 이론적 안내자가 될 수 있다고 생각한다. 그래서 사이먼은 사회심리학의 연구에 주목할 것을 권한다. "조직에서 인간 행태에 관

---

1) http://www.nobelprize.org/nobel_prizes/economics/laureates/1978/simon-autobio.html

한 순수과학을 창조하기를 원한다. …그리고 사회심리학의 토대 위에서 좀 더 엄밀한 이론을 정립할 것을 제안한다"(Simon, 1947). 물론 그의 요지는 사회심리학 이론의 수입을 주장하는 것이 아니다. 중요한 것은 사회심리학이 따르고 있는 과학적 방법론이다.

사이먼은 기본적으로 20세기 초 비엔나 학파가 구축한 논리실증주의에 의존하여 행정학의 과학화를 추구하고자 한다. 논리실증주의에 의하면, 이론은 명제들로 구성되기 때문에 명제의 엄밀성을 확보하는 것이 무엇보다 중요한 과제라고 본다. 명제가 과학적으로 의미 있는 것이 되기 위하여는 두 가지 조건이 충족되어야 한다. 하나의 조건은 명제가 내적인 일관성을 가져야 한다는 것이다. 가령 '그녀는 소년이다'라는 명제는 주어와 술어가 일관성을 갖지 않기 때문에 명제로서의 기본적인 조건을 충족시키지 못한다. 다른 하나의 조건은 명제가 검증 가능한 것이어야 한다는 것이다. 실증적으로 참과 거짓을 판별할 수 있는 명제만이 과학적으로 의미 있다는 것이다. 가령 '꽃이 아름답다'는 명제는 실증적으로 참인지 거짓인지를 판별할 수 없기 때문에 과학을 구성하는 명제가 될 수 없다. 그러나 '홍길동은 꽃이 아름답다고 말하였다'는 명제는 참과 거짓의 확인이 가능하기 때문에 과학적으로 의미 있는 명제라 하겠다. 이처럼 내적 일관성과 검증가능성을 충족시킬 수 있는 명제들에 의하여 이론이 만들어질 때, 행정학은 과학이 될 수 있다. 이를 위하여는 가장 먼저 하여야 할 것이 과학적으로 다룰 수 있는 것과 그럴 수 없는 것을 구분하는 일이 선결되어야 할 것이다. 따라서 사이먼은 사실과 가치의 분리를 강조한다. 사실 판단은 과학의 대상이고, 가치 판단은 윤리학의 대상이라는 것이다. 다시 말해서 가치 판단과 관련된 문제는 윤리학에 맡기고, 행정학은 사실 판단과 관련된 문제에 집중하자는 것이다.

제 3 절 논리실증주의의 특성과 비판

논리실증주의 혹은 과학적 방법론이 가지고 있는 특성을 좀 더 자세하게 살펴보자. 과학은 기본적으로 "왜?"라는 질문에서 출발한다. "왜?"는 어떤 현상의 원인이나 이유를 묻는 것이다. 모든 현상은 어떤 원인이 작동하여 만들어진 결과라는 것이 대전제가 된다. 그러니까 과학은 인과 관계를 알아내는 것을 목적으로 한다. 인과 관계가 반복되는 것을 관찰을 통하여 확인하게 되면, 그것은 법칙이 된다. 궁극적으로 법칙을 통하여 과학은 어떤 현상을 설명하거나 어떤 현상이 일어날 가능성을 예측하게 되는 것이다. 과학은 설명과 예측을 통하여 자연에 대한 인간의 통제력을 향상시키고, 궁극적으로는 인간의 삶을 좀 더 안전하고 윤택하게 만드는 데 목적을 두고 있다고 하겠다. 위르겐 하버마스(Jürgen Habermas, 1986)는 이러한 과학의 속성을 감각적 확실성, 방법적 확실성, 지식의 정확성, 지식의 유용성 등으로 정리한 바 있다. 각각의 특성에 대하여 살펴보자.

1. 감각적 확실성에 관하여

감각적 확실성은 지식은 관찰을 통하여만 획득 가능하다는 것을 의미한다. 관찰은 오감을 통하여 현상을 지각하는 행위를 말한다. 관찰을 과학의 기본으로 삼는 이유는 인간의 감각이 확실하다는 것을 전제로 한다. 만일 감각이 확실한 것이라면, 사람들이 동일한 대상에 대하여 동일하게 지각하여야 할 것이다. 지각은 감각을 통하여 투입된 정보들을 조직하고 해석하는 과정이다. 따라서 지각은 오감을 통하여 자극을 수용하는 단계와 그것에 의미를 부여하는 해석의 단계로 구성된다. 각각의 단계에 대하여 살펴보자.

자극의 수용 단계에서 자극은 단순히 주어지는 것이 아니라 지각의 주체가 자극을 선택하는 과정이 선행한다. 사람들의 관심 구조는 한 번에 모든 자극을 받아들일 수 없게 되어 있다. 즉, 관심은 일종의 희소자원이다. 그러다 보니 자극을 선택적으로 받아들일 수밖에 없다. 따라서 자극의 선택적 수용은 '볼 수 있는 것을 보는 것'이거나 '보고 싶은 것을 보는 것'이라 할 수 있다. 이는 동일한 현상을 놓고도 사람들은 다른 것을 볼 수 있다는 것을 의미한다. 그렇다면 사람들이 동일한 현상의 동일한 면을 본다면, 동일하게 감각하게 될까? 자극을 감각하는 과정은 주체의 감각 능력, 감각 대상의 특성, 감각하는 상황 조건 등 세 가지 조건에 영향을 받는다. 누구나 인정하겠지만 사람들의 감각 능력은 동일하지 않다. 감각 대상이 변하지 않을 수도 있지만, 감각되는 과정에도 계속 변화하고 있을 수 있다. 그리고 감각이 이루어지는 상황이나 환경이 일종의 착시 효과를 불러일으킬 수도 있다. 이처럼 감각의 세 가지 조건이 유동적이기 때문에 감각의 확실성을 보장하기 어렵다.

다음은 감각정보를 해석하는 단계에 대하여 살펴보자. 지각의 최종 단계는 해석이다. 해석은 개인의 머릿속에 있는 정보 처리 프로그램으로 감각정보를 가공하는 것이다. 개인마다 정보 처리 프로그램을 구성하는 경험과 가치관 그리고 사고 방식이 다르기 때문에 동일한 해석을 통하여 동일한 지각에 도달하기가 쉽지 않다. 두 개의 단계를 보면, 감각에 의한 정보의 수집과 그에 대한 해석에는 다양한 변수들이 작용하기 때문에 관찰에 대한 신뢰성을 확보하기 어렵다.

2. 방법적 확실성에 관하여

방법적 확실성은 과학적 방법을 통하여 획득된 지식만이 신뢰할 수 있다는 것을 의미한다. 지식의 형성 방식에는 귀납적인 방법과 연역적인 방법이 있다. 귀납은 사실적인 자료들을 수집하여 일관된 특성을 추상화하여 일반화하는 방식이다. 연역적 방법은 기존의 이론에서 가설을 도출하고 검증하는 과정을 통하여 새로운 진리 명제를 도출하는 방식이다. 과학적 방법은 주로 가설-연역적 지식 형성 논리에서 중요하게 다루어진다.

가설-연역적 방법의 절차는 엄밀하게 표준화되어 있다. 그 절차는 가설의 설정, 가설의 검증, 진리 명제의 도출순으로 구성된다. 가설은 기존의 진리 명제에서 연역된다. 예컨대 보수가 올라갈수록 직원의 사기가 높아진다는 진리 명제와 직원의 사기가 높을수록 생산성이 상승한다는 진리 명제가 있다면, 여기에서 보수가 올라갈수록 생산성이 상승할 것이라는 가설을 도출할 수 있다.

두 번째 단계는 가설을 검증하는 것이다. 만일 "까마귀는 검다"라는 가설을 검증하려면 어떻게 하여야 할까? 당연히 관찰을 하여야 한다. 관찰의 방법은 시간과 공간을 고려하여 이루어져야 할 것이다. 가령 "2012년 7월 1일 강원도 춘천에서 관찰한 까마귀는 검다"와 같은 관찰 명제들을 축적하여야 할 것이다. 편의상 관찰 시점을 t_i라 하고 관찰 장소를 p_i이라 하자. 하나의 관찰 명제는 t_ip_i가 될 것이다. 검증은 $[t_1p_1+t_2p_2+\cdots+t_np_n]$으로 이루어진다. 만일 모두가 참이라면 가설은 검증된 것이다.

검증 이후 세 번째 단계에서는 하나의 진리 명제가 등장하게 된다. 그렇다면 몇 번의 관찰이 이루어져야 검증되었다고 말할 수 있을까? 100번? 1,000번? 진정한 검증은 전수관찰이 이루어질 때 가능할 것이다. 그러기 위하여는 이미 죽어버린 까마귀, 현존하는 까마귀, 앞으로 태어날 까마귀를 모두 관찰하여야 한다. 이러한 관찰이 이루어지기 전까지는 가설이 검증되었다고 말할 수 없을 것이다. 그러다 보면 그 가설은 영원히 검증되지 않을 수도 있다. 확률적으로 표현하면, 관찰하여야 할 경우의 수는 무한대이다.

그리고 현재 우리가 관찰한 것이 만약 1억 회라면, 까마귀가 검을 확률은 몇일까? 0이다. 까마귀는 검지 않다는 역설을 낳게 된다. 그렇다고 까마귀를 검지 않다고 말할 수도 없지 않은가? 어떻게 하여야 할까? 결국은 확률론에 의존할 수밖에 없다. 전수조사가 불가하기 때문에 일부분을 조사하여 확률적으로 전체를 추정하는 방식을 취할 수밖에 없다는 것이다.[2] 그렇다면 확률은 우리에게 무엇을 알려주는가? 그것은 진리가 아니라 단지 가능성만을 알려줄 뿐이다. 그렇다면 과학적 방법은 진리가 아니라 가능성에 대한 지식을 만들어내는 과정으로 보아야 하지 않을까?

3. 지식의 정확성에 관하여

지식의 정확성은 과학적 이론이나 법칙에 일치하는 지식만이 정확하다는 말이다. 지식의 정확성은 우리가 가지고 있는 지식이 정확한 것인지 아닌지를 판별하는 방법은 그 지식이 기존의 공인된 과학적 이론이나 법칙으로 설명될 수 있는 것이어야 한다는 의미이다.

길을 걷다가 위를 쳐다보니 돌덩어리가 떨어지고 있다. 피해야 할까? 그렇다. 돌이 내가 있는 지점까지 떨어질 것이 확실하기 때문이다. 이 지식은 맞는가? 그렇다. 만유인력의 법칙에 의하면, 돌은 지구

2) 과학성의 판별 문제에 대하여는 Chalmers(1985), 이초식(1982), 신중섭(1990) 등 참조.

의 중력(重力)에 의하여 바닥으로 떨어지게 될 것이기 때문이다. 그렇다면 이 경우는 어떤가? 어떤 사람이 티베트를 여행하고 돌아와 사람들이 가부좌를 틀고 공중을 날아다니는 모습의 사진을 보여주었다면 그것을 믿어야 할까? 아마도 우리는 사진이 조작되었을 가능성과 마술사들의 눈속임 가능성 등을 생각할 것이다. 그것은 만유인력의 법칙에 어긋나는 것이기 때문이다.

그렇다면 이 경우는 어떨까? 운동하다가 다리가 삐었다. 침술원에 가서 침을 맞고 나왔다. 침술은 믿을 만한 치료 행위일까? 그렇지 않다. 침술을 설명할 수 있는 과학적 이론이나 법칙이 없기 때문이다. 그렇다면 치료에 성공한 수많은 임상적 사례를 무시해버려도 괜찮은 것일까? 지금까지는 과학적 이론이나 법칙이 진리라는 전제 하에서 생각해본 것이다. 과학사를 보면, 이러한 전제는 의심을 받기에 충분하다.

토머스 쿤(Thomas S. Kuhn, 1970)은 과학의 발달 과정을 관찰하면서 과학 지식은 양적인 누적 과정이 아니라 질적인 혁명 과정을 통하여 발달한다는 새로운 견해를 제시한 바 있다. 이를 논증하기 위하여 그는 과학자 공동체가 공유하고 있는 신념 체계로서 패러다임(paradigm) 개념을 사용하였다. 일례로 클라우디오스 프톨레마이오스(Klaudios Ptolemaeos)의 천동설 패러다임은 니콜라우스 코페르니쿠스(Nikolaus Copernicus) 이후 지동설 패러다임에 자리를 내주었다. 또한 창조론 패러다임은 찰스 다윈(Charles R. Darwin) 이후 진화론 패러다임에 자리를 내주었다. 과학적 이론이나 법칙은 변화한다. 변화한다는 말은 그 지식이 정확하다는 것을 확신할 수 없다는 것을 의미한다. 그렇다면 정확하지 않은 이론과 법칙에 일치하는 지식이 정확한지 그렇지 않은지를 어떻게 알 수 있을까? 마치 소경이 소경을 인도하는 것과 같은 것이 아닐까?

4. 지식의 유용성에 관하여

지식의 유용성은 지식의 가치는 유용성에 의하여 결정된다는 것을 의미한다. 지식의 유용성은 지식이 실제 생활에 도움을 주는 경우에 가치가 있다는 것을 말한다. 유용성이 가치를 결정한다는 생각에는 사실적인 것에서 가치 판단을 끌어내는 자연주의적 오류 가능성을 내포하고 있다. 망치는 못을 박는 데 유용하다. 그래서 망치는 좋은 것이다. 이렇게 말할 수 있을까? 강도에게 망치는 사람을 위협하는 데 유용하다. 그래서 망치는 좋은 것이다. 이렇게 말할 수 있을까? 망치가 좋다 나쁘다가 아니라 망치에 못을 박는 용도로 의미를 부여하거나 아니면 강도용 도구로 의미를 부여하는 것은 그것을 사용하는 사람의 문제이다. 즉, 선악의 문제는 망치 자체가 아니라 그것을 사용하는 사람의 문제이다. 따라서 유용성 자체가 가치 판단의 기준이 될 수는 없다. 또 다른 측면에서 보면, 유용성은 사람에 따라 다르게 느낄 수 있다. 가령 목수에게 망치는 너무나 유용한 도구이다. 그에 비하여 일반인에게는 유용성의 정도가 매우 약하다. 그렇다면 망치는 어느 정도 유용한 것일까? 유용성은 주관적으로 느끼는 것이기 때문에 객관적인 가치를 측정하는 데 적절한 척도를 제공할 수 없다. 그리고 목수의 경우도 그가 일을 할 때는 망치가 유용하지만, 일을 하지 않을 때는 유용하지 않다. 어느 경우를 기준으로 망치의 유용성을 판단하여야 할 것인가? 앞에서 살펴본 의미에서 보면, 지식의 가치를 유용성만으로 판단하는 것은 무리가 아닐까?

과학이 이러한 본질적인 한계를 가지고 있다면, 그것을 버려야 할까? 그렇지 않다. 과학은 우리에게 매우 중요한 지식 생산 방식이다. 항아리가 세상의 모든 물을 담아둘 수 없다고 해서 필요 없는 것은 아니다. 그것이 담을 수 있는 용량만큼 사용할 수 있기 때문이다. 과학 역시 마찬가지이다. 과학의 한계를 말하는 것은 과학으로 세상에 관한 모든 지식을 담으려는 것은 근본적으로 불가하다는 사실을 밝히려는 것이다. 과학이 담을 수 있는 만큼 담는 것이 중요하다는 것이다. 그 용량을 초과하여 담을 수 있다고 생각하는 것은 과학을 과학주의로 이데올로기화하는 것으로 볼 수밖에 없다. 과학주의는 과학을 자칫 세상을 자기 잣대로 늘렸다 줄였다 하는 프로크루스테스의 침대(Procrustean bed)로 만들어버릴 수 있다.

제 13 장

공공행정에 관한 규범적 연구는 어떻게 전개되었는가?

행정학의 주류를 형성하고 있는 과학적인 연구의 흐름과 한계에 대하여 살펴보았다. 이제 과학적 연구와 대비되는 규범적 연구는 어떻게 전개되었는지를 살펴보자. 개략적으로 규범적 연구의 전개 과정을 보면, 1880년대부터 1930년대까지를 행정학의 형성기, 1930년대부터 1960년대까지를 행정에 관한 규범적 연구의 기반형성기, 1960년대 중후반부터 1980년대까지를 규범적 연구의 형성 및 발전기, 1980년대 중후반 이후를 규범적 연구의 위축 및 모색기 정도로 나누어 볼 수 있다(Nigro & Richardson, 1990; Cooper, 1994).

제 1 절 행정학의 시작에 관하여: 1880~1930년대

규범적 관점에서 행정학의 시작을 어떻게 해석할 수 있을까? 일반적으로는 윌슨의 「행정연구」를 행정학의 출발점으로 삼고 있지만, 도만 이튼(Dorman B. Eaton)의 『영국의 공무원: 남용과 개혁의 역사 그리고 미국 정치와의 관계』(1880)와 『뉴욕 세관과 우체국의 엽관주의 체제와 공무원개혁』(1881)을 출발점으로 볼 수도 있다. 윌슨과 이튼 모두가 엽관주의 인사 체제를 실적주의 인사 체제로 개혁하여야 한다는 점에서는 일치한다. 그러나 그들은 개혁의 근거를 다르게 제시하고 있다. 개혁의 근거로 윌슨은 행정의 능률을 제시하고 있는 반면, 이튼은 자유와 정의, 그리고 국가의 도덕성을 제시한다.

학문의 출발점을 칼로 무 자르듯이 정확한 지점을 찾는다는 것은 불가능한 일이다. 대체로 현대 행정학의 출발점을 19세기 후반과 20세기 초반 사이로 보는 것이 타당할 것으로 보인다. 그리고 그 시기의 주된 관심사는 현실적인 문제를 해결하여야 한다는 처방적 관심이 지배하고 있었다는 점을 기억하여야 할 것이다. 처방은 단순히 과학만으로 주어지는 것이 아니라 규범적인 고려가 전제되어야 한다. 그래서 학문은 규범, 과학, 처방의 3요소가 균형 있게 발전하여야 하는 것이다(이종범, 1977; 박종민, 2006). 그런 점에서 윌슨의 생각 못지않게 이튼의 생각 역시 의미 있는 자리를 차지할 만하다고 볼 수 있다.

제 2 절 규범적 연구의 기반 형성에 관하여: 1930~1960년대

1930, 40년대의 미국 사회에서 가장 주목할 만한 현상은 행정국가 혹은 거대국가의 등장이라 할 수 있다. 정부관료제가 미국의 정치와 정부 제도 안에서 빠르게 권력의 중심으로 부상하고 있었으며, 그로 인하여 행정 권력의 정당성과 권력의 사용에 대한 통제에 관심을 갖기 시작하였다. 이러한 상황을 배경으로, 존 가우스(John M. Gaus), 레오너드 화이트(Leonard D. White), 마셜 디목(Marshall E. Dimock)의 『행정학의 선구자들(*The Frontiers of Public Administration*)』(1936)은 그 어느 때보다도 공무원의 재량권이 확대되고 있음을 강조하고, 능률성을 행정의 중심 가치로 삼는 것이 타당한 것인지에 대하여 문제를 제기한다. 터그웰(R. G. Tugwell, 1940)은 능률성에 대한 대안적인 가치로서 일반 이익, 즉 공익의 중요성을 강조한다. 특히 이 시기에 주목할 만한 사건은 공무원의 책임에 관한 파이너(H. Finer)와 프리드리히(C. G. Friedrich)의 논쟁이었다. 파이너(Finer, 1941)는 공무원의 민주적인 책임성을 강조하면서, 이를 확보하기 위하여는 정교한 제도적 장치를 통한 통제가 이루어져야 함을 주장한다. 그에 반해 프리드리히는 전문 직업주의에 기초한 책임관을 강조한다. 그에 따르면, 전문적인 직업이 요청하는 지식에서 행위의 기준들이 파생된다는 것이다. 파이너는 제도적 통제를, 프리드리히(Friedrich, 1935)는 전문직업적 통제를 강조한다는 점에서 입장의 차이를 보이지만, 기본적으로 책임성을 확보하기 위한 방법으로 공무원 자신의 내적 통제가 아니라 제도나 직업 윤리와 같은 외적 통제 방법을 모색하고 있다는 점에서는 차이가 없다. 따라서 이 논쟁은 단지 외적 통제의 다양한 방

법 가운데 어떤 것이 더 중요한지를 따지는 수준에 불과한 것이라 하겠다(Stewart, 1992).

공무원에게 재량이 주어지는 만큼 책임도 커진다. 그러다 보면 공무원에게 재량권을 중립적으로 사용할 것을 권고하는 것이 일반적인 흐름이다. 데이비드 레비탄(David M. Levitan, 1942)은 공무원의 중립성 문제를 다른 각도에서 검토한다. 그는 공무원의 중립성을 당파적인 행위의 금지로 해석하고, 민주주의를 위한 헌신에서는 오히려 적극적이어야 함을 강조한다. 공무원은 시민에 대한 충성과 민주주의의 유지라는 목적을 위하여는 정치적으로 분명한 입장을 가질 필요가 있음을 강조한 것이다. 이러한 의미에서 콜드웰(L. K. Caldwell, 1943)은 입법부에 대한 행정의 책임보다도 헌법에 대한 행정의 책임이 최우선임을 강조한다. 공무원의 재량권 확대와 민주주의를 위한 헌신을 강조하는 정치적 중립성의 재해석은 '재량권'을 사용하는 데는 지혜가 필요하다는 논리로 발전한다. 레이즈(W. A. R. Leys, 1943)는 공무원이 풀어야 할 문제는 '하지 말아야 할 것'과 '하여야 할 것'을 동시에 알아야 한다는 것이다. '하지 말아야 할 것'만을 강조하게 되면, 공무원들이 위축되어 지혜를 발휘하기 어렵게 된다는 것이다. 이러한 맥락에서 보면, 공무원의 책임은 행정조직과 절차를 통하여 민주주의의 원리에 봉사하고 그것을 발전시키는 것이다(Levitan, 1943; Kingsley, 1945).

민주주의에서 행정의 두 가지 정치적 속성에 대한 폴 애플비(Paul H. Appleby, 1947)의 논의는 지금까지의 설명을 정리하는 데 분명한 시각을 제시한다. 첫째, 행정은 기술적인 것을 일반적인 것과 정치적인 것에 복속시킬 의무가 있다는 것이다. 둘째, 행정은 국민의 여론에 대한 반응과 개인의 존엄성에 대한 존중을 통하여 민주사회를 지지하고 그것에 봉사할 책임이 있다는 것이다.

1940년대에 있었던 행정 윤리와 관련된 논의를 정리한 월리스 세이어(Wallace S. Sayre, 1951)는 1940년대 초반에는 일반적으로 중립성, 능률성, 관리 등이 지배적인 가치로 강조되었으나, 40년대 후반에 이르기까지 매우 다양한 가치들의 중요성이 강조되었다는 것이다. 그럼에도 불구하고 가치의 의미에 대한 논의는 전개되지 않았다고 결론을 짓는다.

1950년대에는 규범적인 논의가 충분하지 않았고, 주로 공무원에 대한 외적 통제 방법과 관련하여 몇 편의 글이 발표된 정도이다. 특히 이 시기에는 공무원의 윤리강령을 개발하고 적용하는 데 관심을 보이고 있다. 1951년 버지니아의 알링턴 시민위원회(1953)가 개발한 윤리강령이 『미국행정학보(*Public Administration Review*)』지에 일부 수록되었다. 이 윤리강령은 공무원과 시민 모두가 공공생활 속에서 윤리적으로 옳은 것과 그른 것을 좀 더 잘 판단하게 하기 위한 목적으로 개발되었다고 밝히고 있다. 그리고 머니페니(P. Monypenny, 1953)는 기능적인 통제장치로서 윤리강령의 의의를 강조하고 있으며, 특히 윤리강령은 다양한 사회화 과정을 경험한 집단구성원들의 통일성을 확보하는 데 매우 중요한 기능을 할 것으로 기대한다.

세이어(Sayre, 1958)는 1950년대의 규범적 논의가 주로 외적인 통제 기제를 개발하는 데 초점이 맞추어져 있음을 강조하면서, 그럼에도 불구하고 관점이 변화하고 있음을 지적한다. 그에 의하면, (i) 행정의 원리와 실천은 필연적으로 문화 제약적이라는 것이다. 즉, 일반적인 공익의 개념이나 특별한 이익집단의 가치들, 그리고 행정조직의 가치들은 매우 다양하다는 것이다; (ii) 행정은 중요한 정치 과정의 하나이다. 재량권의 행사, 가치 선택은 공무원의 기본적인 기능이다. 따라서 그들은 정치에 참여하고 있다는 것이다; (iii) 행정조직이론은 정치적 전략의 문제이며, 조직구조의 선택은 어떤 가치나 이해의 선택을 의미한다는 것이다; (iv) 관리의 기법과 과정들은 효과뿐만 아니라 비용을 발생시킨다는 것이다; (v) 행정은 궁극적으로 정치이론의 문제라는 것이다.

민주주의의 근본 문제는 민중통제에 대한 책임이다. 피선된 공직자들에 대한 행정기관과 공무원의 책임과 반응성은 행정기관들이 행사하는 재량권에 의존하고 있는 정부에서는 매우 중요하다. 지금까지의 논의를 통하여 보면, 1950년대에는 실증주의 혹은 기능주의 패러다임이 엄청난 호황을 누린 것과는 대조적으로 규범적인 논의가 매우 위축되었다고 볼 수 있다. 그리고 규범적인 논의가 주로 공무원에 대한 외적 통제장치로서 윤리강령의 개발에 초점을 맞춘 것이 특징적이라고 할 수 있다.

1960년대 중반 이전까지는 공무원에 대한 외적 통제보다는 내적 통제와 공무원의 품성 문제를 다룬 것이 인상적이다. 코르녹(G. Y. Cornog, 1962)은 이전의 외적인 통제의 논리에 따라 법제도를 양산하고 강화하는 것보다는 내적인 통제의 논리를 발전시키는 것이 1960년대의 과제라고 지적한다. 로버트 골렘비스키(Robert T. Golembiewski, 1962, 1992; Denhardt, 1992)는 다양한 유형의 조직에 내재하는 대인 관계들은 기술적인 차원에서만 이해할 수 없는 그 이상의 무엇이 있다고 전제하면서, 조직을 도덕의 관점에서 바라볼 필요성을 강조한다. 그리고 그는 이러한 도덕의 관점을 유대-그리스교의 전통에서 찾고자 한다. 골렘비스키에 의하면, 조직과 개인은 조직 외적인 도덕의 질서를 우선적으로 따라야 한다는 것이다.

스티븐 베일리(Stephen K. Bailey, 1964)는 외적 통제보다는 내적인 통제의 논리를 개발하는 관점에서 공공 서비스와 관련된 개인 윤리의 두 가지 차원을 제시하고 있다. 그 하나는 정신적인 태도와 관련된 것이고, 다른 하나는 도덕적 속성과 관련된 것이다. 먼저 공무원이

지녀야 할 정신적 태도로서 첫째, 모든 인간과 모든 정책이 도덕적으로 모호하다는 것을 인식하여야 한다는 것이다. 의사 결정 과정에 개인의 사적인 이해 관계가 영향을 미칠 수 있다는 점과 모든 공공정책은 도덕적으로 모호한 결과를 가져올 수도 있다는 것을 인식하여야 한다는 것이다.

둘째, 공공 서비스를 제공할 때 도덕적으로 우선순위를 결정하는데 영향을 미치는 환경 세력들의 변화를 인식하여야 한다는 것이다. 이때 의사결정자가 부딪히는 딜레마는 환경의 변화에 따라 우선순위를 변경시키면 기회주의자로 낙인찍힐 우려가 있으며, 반대로 변화에 반응하지 않으면 민주주의에서 벗어나는 결과를 가져올 수 있다.

셋째, 절차에 내포되어 있는 역설을 인식하여야 한다는 것이다. 즉, 절차는 숙고와 질서의 친구이지만, 다른 한편으로 진보의 적이라는 점을 인식하여야 한다는 것이다.

다음으로 베일리는 공무원이 갖추어야 할 도덕적 속성으로서 낙관주의와 용기, 그리고 박애심으로 단련된 공정성, 혹은 정의감을 제시한다.

첫째, 낙관주의는 흔들리지 않고 모호성과 역설적인 상황을 극복하는 속성을 말한다. 즉, 불확실하고 모호한 상황에서 윤리적으로 선한 것을 볼 수 있는 능력이다.

둘째, 용기는 야망과 의무를 동시에 추구하는 것인데, 때로는 행동하지 않는 것도 용기이며, 이는 행동하는 것만큼이나 어렵고 고통스럽다는 것이다.

셋째, 박애심에 의하여 단련된 공정성, 혹은 정의감이 없이는 용기를 기대할 수 없다는 것이다. 베일리의 이러한 품성론은 기존의 외적 통제에서 벗어나 내적인 통제의 가능성을 모색하는 중요한 노력 가운데 하나로 평가될 수 있다.

제 3 절 규범적 연구의 형성 및 발전에 관하여: 1970~1980년대

1960년대는 실제로 1970년대 초와 분리될 수 없는 시기이다. 그래서 1960년대와 70년대를 표현하는 영어의 'Sixes & Sevens'가 '혼돈의 시대'로 번역되고 있을 정도이다. 왈도(Waldo, 1968)는 1960년대를 혁명의 시대로 규정하면서, 그 시대적인 특성을 과학과 테크놀로지의 비약적인 발전, 과학과 테크놀로지에 대한 저항적인 태도의 확산, 폭력 수단의 혁명적인 증가와 폭력의 사용에 대한 저항의 확산, 점진주의에 대한 반항과 폭력에 대한 의존도 상승, 인종 갈등의 위기 확산, 심각한 세대차 혹은 젊은이들의 반항, 도시혁명, 계속적으로 상승하고 있는 범죄율과 폭력화 경향, 도덕과 가치의 혁명적 변화 등으로 정리한 바 있다.

1960년대는 경제성이나 효율성보다는 규범적 가치와 관련된 논의가 관심의 초점으로 부상될 수밖에 없는 특성을 가진 시대였다. 따라서 사회과학 일반에서 가치의 문제가 중요하게 거론되는 경향을 나타내고 있으며, 행정학 역시 예외는 아니었다. 이러한 시대를 배경으로 1968년에 기존의 전통적인 행정학에 문제를 제기하는 미노브룩 회의(Minnowbrook Conference)가 개최되었다. 이 회의는 기본적으로 과학적 행정학의 패러다임과 경쟁하는 규범적 행정학의 패러다임을 구체화하는 데 중요한 계기를 제공했다. 그리고 그 회의 이후 규범적 연구를 강조하는 이론적 입장을 신행정학(New Public Administration)이라 부르게 되었다.

1. 신행정학에 관하여: 미노브룩 학술대회를 중심으로

신행정학의 등장 과정에는 왈도가 중심에 있다. 행정학의 새로운 진로를 찾는 '모색 운동'을 신행정학이라 부르게 된 계기는 1968년 9월 왈도의 후원으로 시라큐스(Syracuse)대학에서 '젊은 행정학자들'을 중심으로 개최된 미노브룩 학술대회이다. 그 당시 학술대회에 발표된 논문들을 모아 마리니(F. Marini)가 『신행정학을 향하여』(1971)라는 제목으로 편집·출판한 것이 계기가 되어 모색 운동이 신행정학이라 불리게 된 것이다. 이 책의 서문에서 드와이트 왈도(Dwight Waldo)는 '당대의 암울한 사건들과 긴박한 문제들'(Marini, 1971: viii) 때문에 학술대회를 후원하게 되었다고 밝히고 있다. 당시의 행정이론이나 행정실무 차원에서 소용돌이치는 환경의 변화에 대응하고, 긴요한 문제들을 해결하는 데 실패하고 있다는 문제 인식이 학술대회를 후원하게 된 결정적인 이유라는 것이다.

또한 왈도는 '모색'은 과거가 아니라 미래를 지향하는 것이기 때문에, 젊은 행정학자들의 입장을 짚어보는 것 역시 중요한 의미를 갖는 것으로 보았다. 따라서 그는 35세 이하의 젊은 행정학자들만이 참여하는 학술대회를 계획하게 된다. '모색'의 노력은 이미 1968년의 학술대회 직전에 두 차례에 걸쳐 이루어졌다. 1967년 12월에 미국정치사회과학협회의 후원으로 '행정의 이론과 실천'을 주제로 학술대회가 개최되었다. 당시에 발표되었던 논문들은 제임스 찰스워드(James C. Charlesworth)에 의하여 『행정의 이론과 실천: 범위, 목적, 방법(*Theory and Practice of Public Administration: Scope, Objective, and Methods*』(1968)으로 편집 출판되었다. 그리고 1967년 11월에 '공공 서비스를 위한 고등교육(Higher Education for the Public Service)'을 주제로 『미국행정학보』 특집호가 출간되었다. 두 경우 모두 50, 60대의 학자들이 대부분으로 젊은 행정학자들이 거의 참여하지 않았다. 왈도는 순수하게 젊은 학자들만을 중심으로 학술대회를 개최함으로써 행정학의 미래를 좀 더 선명하게 그려보고 싶었던 것이다. 그래서 그는 프레드릭슨, 램브라이트, 마리니(Frederickson, Lambright, Marini) 등 젊은 행정학자들을 중심으로 학술대회를 준비하게 하였다. 1968년의 미노브룩 학술대회 이후, 왈도는 아이디어를 더욱 발전시키고자 1969년 미국정치학회(American Political Science Association) 학술대회에서 '소용돌이 시대의 행정학'을 주제로 패널을 구성하였다. 그리고 왈도는 당시에 발표된 글을 모아 『소용돌이 시대의 행정학(*Public Administration In a Time of Turbulence*)』(1971)을 편집·출판하였다. 따라서 신행정학의 모색 운동은 『신행정학을 향하여』와 『소용돌이 시대의 행정학』으로 대표된다.[1)]

그렇다면 '모색 운동'으로서 신행정학에서 볼 수 있는 '새로움'은 무엇을 의미하는 것인가? 미노브룩 학술대회에서 발표된 논문들은 다양성에도 불구하고 정서적으로 그리고 신념에서 동일한 지향성을 띤 무엇인가가 있다. 그 무엇인가는 과거와의 단절을 특징으로 하는 것은 아니다. 오히려 과거의 성과로부터 새로운 길을 모색하는 방식을 취하고 있다. 신행정학이 체계적으로 프로그램화된 것은 아니다. 새로운 것은 당대의 새로운 역사적 맥락을 반영하려는 노력이다. 당대의 사회적 환경은 규범과 가치에 대한 관심을 자극하였다. 따라서 신행정학은 규범이론, 철학, 사회적 관심, 행동주의(activism)를 지향하는 측면을 공유하고 있었다. 이러한 측면에서 보면, 새로움은 패러다임의

1) 이 밖에도 당대의 변화에 대한 고민을 담고자 한 저서로는 슈미트(W. H. Schmidt, ed. 1970)와 버클리(G. E. Berkley, 1971) 등이 있다. 전자는 사회의 급격한 변화에 대한 행정인들의 반응에 초점을 맞추고 있다. 후자는 사회적 변화와 조직의 변화를 이해하는 데 초점을 맞추고 있으며, 낙관적인 전망을 보여주고 있다.

변화를 의미하는 것은 아니다. 단지 과거의 성과들을 당대의 역사적 맥락이 요구하는 규범과 가치 체계에 근거하여 재구성하는 것이다. "새로움은 직물을 짜는 방법에 있는 것이지, 반드시 사용하는 실에 있어야 할 필요는 없다. 그리고 새로움은 직물—낡아빠진 것일지라도—의 적절한 사용에 대한 논변에 있다"(Frederickson, 1980: 5). 신행정학은 과거와의 단절이 아니라 연속을 전제로 개선을 추구한다. 신행정학을 지향하는 학자들은 "이전 세대보다 덜 일반론적이며, 더 공적이다. 덜 기술적이며, 더 처방적이다. 덜 제도 지향적이며, 더 고객 지향적이다. 덜 중립적이며, 더 규범적이다. 그리고 이전 세대에 못지않게 과학적이기를 희망한다"(Frederickson, 1971: 316).

말 그대로 새로운 것을 제시하는 것과 과거에 대한 재해석을 의미하는 것으로서 신행정학은 어떠한 지향성을 공유하고 있는가? 마리니(Marini, 1971: 348-353)는 이를 「미노브룩 퍼스펙티브(Minnowbrook Perspective)」로 정리하고 있는데 그 내용은 다음과 같다.

첫째, 미노브룩회의 참여자들의 기본적인 입장은 '적실성 있는(relevant)' 행정학을 지향하는 것이다. 무엇보다도 전통적 행정학이 당대의 시대적 상황에 적절히 대응하지 못하고 있다는 문제 의식에서 출발한다. 다시 말해서 전통적 행정학이 '케케묵은 혹은 부적합한 분석모델'에 집착하고, '규범적인 불모 상태(normative aridity)'에 빠져 있다는 것이다(La Porte, 1971: 21). 따라서 라 포르테(T. R. La Porte)의 언급은 신행정학의 기본 정신을 경구로 표현한 것처럼 보인다. "이론이 없는 경험 연구는 열매를 맺지 못한다. 규범적 인식이 없는 이론은 치명적이다. 개념적 분석과 연구가 없는 규범적 인식은 지적 책임을 부정하는 것이다"(La Porte, 1971: 47). 이러한 의미에서 보면, 적실성은 단순히 기술이나 기능을 적용하는 차원에서 논의되는 것이 아니라 규범, 경험, 이론의 체계적인 연관성을 강조하는 것이다.

이러한 인식에 따라 신행정학은 정책 지향적인 행정학의 중요성을 강조한다(Lambright, 1971).

둘째, 미노브룩회의의 결정적인 특징 가운데 하나는 가치중립적인 경험 연구에 대하여 비판적인 태도를 취한다는 것이다(Kronenberg, 1971). 실증주의적인 철학에 대한 일방적인 의존으로부터 벗어나는 것에 중요한 의미를 부여한다. 무엇보다 중요한 것은 과학적인 연구의 방법론 자체가 아니라 사회 정의(social justice)를 이루는 데 기여할 수 있는 다양한 방법론의 활용가능성을 모색하는 것이다(Zimring, 1971). 따라서 회의 참여자들은 전통적인 과학적 방법론 이외에도 실존주의, 현상학, 인본주의 심리학 등 규범적 방법론에 관심을 보이기 시작한다(Harmon, 1971). 물론 이러한 태도가 과학적 방법론 자체를 거부하는 것을 의미하는 것은 아니다. 과학적 방법론에 대한 배타적인 집착에서 벗어나 다양한 방법론의 활용을 용인하는 방법론적 관용을 강조한다는 의미에서 신행정학은 후기실증주의(post-positivism) 입장에 서 있는 것으로 이해될 수 있다.

셋째, 미노브룩회의 참여자들은 소용돌이치는 환경의 변화에 대한 적응을 강조한다. 행정의 환경은 급속하게 변동하고 있음에도 불구하고, 전통적 행정학은 시대착오적으로 과거에 행하던 바를 그대로 답습함으로써, 문제를 해결하기보다는 오히려 더욱 복잡하게 만들고 있다는 것이다(Biller, 1971: 94). 따라서 신행정학은 환경의 급격한 변화에 적응하기 위한 전략으로 전통적 행정학에서 고려하지 않았던 노정(confrontation)과 참여(participation)의 전략을 강조한다(White, 1971). 노정은 문제를 은폐하기보다는 적극적으로 드러냄으로써 조직의 구성원들이나 고객 혹은 시민들의 참여를 자극하는 계기가 된다. 문제의 이해관계자들이 참여하여 공적인 기준에 따라 토론을 진행함으로써 적실성 있는 대안에 접근할 수 있을 것으로 기대한다.

넷째, 노정과 고객의 참여를 지향하기 위하여는 그에 적합한 조직 형태가 필요하다. 전통적인 계층제적인 관료조직은 그러한 전략을 반영하기 어려운 조직 형태이다. 따라서 미노브룩회의에서는 반계층적인(antihierarchical) 감성에 반응하는 새로운 조직 형태를 모색하고 있다. 가령 미노브룩회의에서는 적실성, 참여, 노정, 가치 개입 등의 특성을 담아낼 수 있는 조직 형태로서 '연합모형(consociated model)'이 제시되기도 하였다(Kirkhart, 1971).[2]

다섯째, 미노브룩회의에서는 고객 중심적인 조직(client-focused organization)을 지향한다. 전통적 행정학과 달리 고객을 단순한 서비스 수혜자로 보는 것이 아니라 조직과 적극적으로 상호작용하는 존재로 이해한다. 특히 조직에 대한 고객의 지지에 중요한 의미를 부여한다.

요약하면, 미노브룩 퍼스펙티브는 행정학의 '적실성' 제고와 행정의 '스타일'에 서의 변화를 지향하는 것으로 볼 수 있다. 즉, 가치와 이론과 경험적 현실의 일관성을 확보하기 위한 학문적 노력과 실제로 사회 정의를 이루기 위하여 노정과 참여와 같이 행정이 취하여야 할 스타일을 모색하는 데 초점을 맞춘 것이다. 미노브룩회의에서는 당대의 사회적 분위기에서 무엇보다 관심의 대상이 되고 있던 평등의 가치를 중심에 놓고 있었다. 따라서 사회적 형평성은 평등 가치를 실현하기 위한 행정 이념으로서 주목을 받게 된다.[3]

---

2) 연합모형은 베버(M. Weber)의 관료제 이념형을 비판적으로 극복하기 위한 대안으로 제시된다. 그것은 프로젝트팀을 기초적인 작업 단위로 삼고, 조직의 권력구조를 다원화하며, 독립성과 상호의존성을 특성으로 하는 사회적 관계와 고객의 중요성을 강조하고, 전문성의 개념 안에 기능적 기술 외에도 인간관계기술을 포함시키는 등 이념형 관료제와는 전혀 다른 조직구조를 담고 있다.

3) 미노브룩 전통과 사회적 형평성의 관계에 대해서는 구든과 포틸로(S. Gooden & S. Portillo, 2011) 참조.

2. 행정학의 위기에 관하여: '철학적 사유의 부재'를 중심으로

스콧(William G. Scott)과 하트(David K. Hart)의 행정의 위기에 대한 논의는 행정철학의 필요성을 직접적으로 요구한 것으로 행정철학의 발전에 중요한 계기가 된다. 그들에 따르면, 현대 사회는 테크놀로지가 지배하는 사회이다. 그리고 행정이, 좀 더 정확하게는 행정 엘리트들이 테크놀로지의 발전에 결정적인 영향을 미친다는 것이다. 그리고 테크놀로지의 발전 방향은 행정 엘리트들이 가지고 있는 가치관, 즉 형이상학적 전제들에 좌우된다는 것이다. 그러한 형이상학적 전제들은 불분명하기 때문에 일반적으로 검토되지 않고 있다는 것이다. 스콧과 하트(Scott & Hart, 1973: 416)는 이러한 형이상학적 사고의 부재(neglect of metaphysical speculation)가 행정의 위기를 부르는 가장 중요한 원인이라고 강조하고 있다. 즉, 인간의 본성이나 도덕적 행위의 기준에 대한 철학적 사유의 부재는 테크놀로지의 발전이 가져올 수 있는 부정적인 결과들을 견제하는 데 심각한 어려움을 가져다준다는 것이다.

스콧과 하트는 현대 조직이 구성원에게 요구하는 행동적 속성에서 형이상학적 사유가 부재하게 된 이유들을 제시하고 있다.

첫째, 조직은 구성원들을 실용적인 방식으로 평가한다. 따라서 구성원들은 실용적 평가 기준에 적합한 행동들을 발전시키게 된다. 조직의 구성원들은 가치나 규범과 같은 모호하고 까다로운 문제보다는 사실적이고 가시적인 성과를 이룰 수 있는 일에 집중하는 것이 조직생활을 좀 더 용이하게 할 수 있다는 것을 깨닫게 된다. 따라서 조직의 구성원들은 형이상학적 사유에 매달리지 않게 된다는 것이다.

둘째, 복잡한 조직들은 일반적으로 의사 결정에서 실제적인 역할을 담당하는 엘리트들을 은폐하는 경향을 보인다. 예컨대 조직이 '행동'

한다는 말은 그 안의 구성원들이 마치 아무런 책임이 없는 것 같은 혹은 생명체가 아닌 조직이 실제로 활동의 주체인 것처럼 인식하게 만든다. 이러한 조직의 의인화는 구성원들이 조직 안에서 단지 주어진 역할을 수행하는 사람에 불과하다는 인식을 확산시키고, 실제로 그들이 도덕적 판단을 하고 있다는 사실을 은폐시키게 된다. 이처럼 엘리트들의 비가시성은 결과적으로 형이상학적 사유에 대한 부담을 감소시키고 있다.

그렇다면 행정가들이나 행정이론가들은 인간의 본성에 대하여 어떠한 관점을 가지고 있는 것일까? 스콧과 하트에 따르면, 이론가들은 명백히 드러내지는 않더라도 인간의 본성에 대한 특정한 전제를 따르고 있다는 것이다. 더글러스 맥그리거(Douglas McGregor, 1957, 1960)의 X-Y이론을 보면, X형 인간은 도덕적으로 악하며, Y형 인간은 선하다는 전제를 가지고 있다. 만약 행정이론가가 인간이 악하다는 도덕적 전제를 받아들인다면, 그는 조직구성원의 행위를 제약하고 통제하는 조직구조와 제도적 장치를 구상하게 될 것이다. 그에 반하여 행정이론가가 인간이 선하다는 도덕적 전제를 받아들인다면, 그는 조직구성원에게 좀 더 자율적으로 일을 할 수 있는 조직구조와 제도적 장치를 구상할 것이다. 일반적으로 받아들여지고 있는 상황이론(contingency theory)은 도덕적 선악이 전제된 인간관이 거부된다. 인간은 백지 상태에 있고, 환경이 그의 인간 본성을 만들어낸다는 것이다. 따라서 행정이론가들의 사고 순서는 바뀌게 된다. 인간의 본성에 근거하여 조직의 구조와 제도를 구상하는 것이 아니라, 조직의 구조와 제도에 의하여 그것에 적합한 인간이 만들어진다는 것이다. 따라서 현대의 행정이론이 전제하고 있는 인간관에는 인간이 자신의 인간성이나 인생을 스스로 형성하고 개척하는 것이 본질적으로 불가하다는 허무주의(nihilism)가 내포되어 있다는 것이다.

형이상학적 사유의 부재는 행정활동이 추구하여야 할 목표와 방향성을 설정하고 정당화하는 것을 어렵게 만든다. 인간의 본성에 대하여 가지고 있는 관념을 비판적으로 성찰하지 않는 경향성, 행정을 테크놀로지나 과학으로 이해하려는 경향성, 그리고 사회공학적 과정에 대한 행정 엘리트들의 통제력 강화 경향 등은 정치적 전체주의와는 또 다른 테크놀로지에 의한 전체주의의 생성 가능성을 더욱 강화시키고 있다. 이러한 경향성들은 궁극적으로 인간적 삶의 가능성을 더욱 어렵게 만들게 될 것이다. 이러한 위기에서 벗어나기 위하여 이들은 인간의 본성과 도덕적 행위의 기준에 관한 형이상학적 사고를 활성화할 수 있는 방법을 모색할 것을 제안한다. 이들의 제안은 행정학 혹은 행정에 대한 철학적 성찰의 필요성을 제시하고 그러한 성찰의 방법을 집중적으로 '연구할 가치가 있다'는 것을 지적한 점에서 행정철학의 형성에 결정적인 계기가 되었다고 볼 수 있다.

3. 규범적 연구의 관점들: 프레드릭슨, 하몬, 덴하트, 라모스를 중심으로

미노브룩 회의의 씨앗은 1980년대 초에 꽃을 피우기 시작한다. 조지 프레드릭슨(H. George Frederickson)은 1968년에 부각되었던 행정의 가치들에 대한 그간의 논의들을 집약한 『신행정학(*New Public Administration*)』(1981)을 출판한다. 이 책의 키워드는 사회적 형평성이다. 사회적 형평성에 관심을 갖게 된 계기는 그가 미노브룩회의에서 발표했던 논문 「신행정학을 향하여(Toward a New Public Administration)」(1971)이다. 여기에서 그는 "사회적 소수자들의 처지를 개선하려는 노력을 하지 않거나 실패한 정부는 궁극적으로 그러한 소수자들을 억압하는 데 활용될 가능성이 크다"(Frederickson, 1971: 311)라고 주장함으로써 사회적 형평성의 중요성을 부각시켰다. 이 이념은 신행정학을 상징하는 행정 이념으로 자리를 잡게 된다. 그러나 특별히 이론적인 논의가 없다가, 1974년이 되어서야 사회적 형평성을 주제로 『미국행정학보』 지상 심포지엄이 열리게 된다. 심포지엄에서 존 롤스(John Rawls)의 정의이론을 토대로 사회적 형평성 이념이 정교하게 이론화된다.[4] 『신행정학』에서는 사회적 형평성에 대한 그간의 논의들을 정리하고, 그 이념을 실현하기 위한 조건들로 시민의 요구에 대한 행정의 반응성 제고, 의사 결정 과정에 시민들의 지속적 참여, 서비스 제공에 대한 행정의 책임성 제고, 그리고 다양한 서비스 제공을 통한 시민들의 선택가능성 확대 등을 제시한다. 그리고 이러한 이념을 실현하기 위한 대안을 공공선택론자인 빈센트 오스트롬(Vincent Ostrom, 1973)이 제시한 민주행정 패러다임에서 찾는다. 즉, 시민의 선택권 확장, 분권화된 의사 결정 체계, 관할권의 중첩을 내용으로 하는 조직설계를 신행정학의 실질적 목표로 제시한다. 그러다 보니 프레드릭슨의 입장에는 모호한 부분이 없지 않다. 과연 개인의 이기심과 합리성 그리고 효용극대화 추구 경향을 전제하는 공공선택이론과 인간적 가치를 추구하고자 하는 신행정학의 열망이 조화를 이룰 수 있을까?

1981년에는 세 권의 책이 출판되는데, 행정에 관한 규범적 연구의 미래를 보여주는 저작들이라 할 수 있다. 먼저 마이클 하몬(Michael Harmon)의 『행정을 위한 행위이론(*Action Theory for Public Administration*)』(1981)을 살펴보자. 이 책이 갖는 특성은 행정학에

4) 발표된 논문은 Hart(1974), Harmon(1974), McGregor(1974), Chitwood(1974), Porter & Porter(1974), White, Jr. & Gates(1974) 등이다. 후속 연구에 대하여는 Frederickson (1992) 참조.

익숙하지 않은 현상학적 접근 방법(phenomenological approach)을 적극적으로 적용하고 있다는 점이다. 현상학적 연구 방법이 가지고 있는 특징은 첫째로 감각기관에 의한 경험 대상의 정확한 모사(copy)가 아니라 주관적 의식에 의한 해석에 의존하는 체험적 확실성을 지식의 토대로 본다. 둘째로 현상학은 의식된 '있는 그대로의 세계'로의 환원, 즉 현상학적 환원과 본질의 세계로의 형상적 환원을 통하여 주관의 의미 세계에 접근한다. 셋째로 대면 관계(face-to-face relationship)를 통한 상호 이해와 자기 이해에 관심을 갖는다. 이러한 이해를 바탕으로 한 의미공동체, 즉 우리 관계(we-relationship)의 형성은 현상학적 방법의 궁극적인 지향점이다(Husserl, 1993: 436; Schutz, 1967: 163-167 참조).

『행정을 위한 행위이론』에서 인간은 다른 사람들과의 상호작용을 통하여 세상에 의미를 부여하는 적극적이고 사회적인 존재로 이해된다. 따라서 인간은 자율적인 존재로서 자신의 행위에 대하여 책임을 지는 주체로 규정된다. 도덕적 행위의 주체로서 인간관을 전제로 개인책임론이 제시된다. 이를 배경으로 진취적(proactive) 행정인을 바람직한 모델로 제시한다. 진취적인 행정 스타일이란 조직을 위한 창도성(initiation)과 고객에 대한 반응성을 높은 수준에서 유지하는 경우를 말한다. 진취적 행정인은 "조직 내에서 그리고 서비스를 받는 고객이나 공중과의 관계에서 합의적인 의사 결정 과정을 장려한다. 창도적이며 반응적인 행위들은 개인적인 헌신과 사회 정의 그리고 형평의 원리와 변증법적으로 관련되어 있으며, 그것들에 의하여 추동된다. (그리고 그들은) 개인적인 책임과 책임 공유를 위한 조건을 개발하는 경향을 보인다"(Harmon, 1981: 144).

규범이론의 가능성을 모색한 하몬의 시도에서 한 가지 명확하지 않은 것은 '어떻게'의 문제이다. 그러니까 진취적 행정인을 바람직한 모델로 받아들인다면, 어떻게 공무원들로 하여금 그러한 행정 스타일을 발휘하게 만들 것인가 하는 문제에 대한 답이 보이지 않는다.

다음으로 로버트 덴하트(Robert B. Denhardt)의 『조직의 그림자에서(*In the Shadow of Organization*)』(1981)를 살펴보자. "우리의 삶 위에 그림자를 드리우고 있는 것은 조직의 윤리(ethic of organization)이다." 덴하트의 목적은 조직 안에서 개인이 자신의 고유성을 잃지 않고 조화를 이룰 수 있는 방법을 찾는 것이다. 『조직의 그림자에서』의 특이성은 심층심리학(depth psychology)에 의존하여 조직을 인간이 가지고 있는 불멸에 대한 욕망의 상징으로 해석함으로써 조직의 숨겨진 종교적 토대를 드러냈다는 점이다. 조직이 죽음으로부터 우리를 보호해 줄 것이라는 이상한 마법에 걸려, 우리는 무의식적으로 지배에 복종하고 자신들의 행위에 대한 책임을 저버리게 된다는 것이다.

덴하트는 비판이론(critical theory)을 통하여 억압된 진실, 즉 우리가 도구주의와 지배를 감내하는 이유는 잘못된 자기 인식이나 권력관계를 무의식적으로 수용하게 하는 사회구조 때문이라는 사실을 폭로할 수 있다고 본다. 비판이론적 접근 방법은 지배의 구조적 토대와 이러한 지배를 정당화하는 이데올로기를 밝혀냄으로써 그것이 사람들의 행위를 어떻게 제한하고 있는지를 폭로하는 데 초점을 맞춘다. 관료제의 계층적 조직구조와 그것에 윤활유를 제공하는 조직 윤리, 즉 합리성과 생산성의 윤리는 구성원 모두의 삶을 온전히 조직에 위탁하게 만든다. 따라서 개인들은 조직 안에서 일하면서 자신의 고유성을 상실한다. 덴하트는 조직의 효율성보다는 개인의 성장을 우선시하는 개성적 접근 방법을 모색한다. 그것은 개인이 자신의 고유한 의미를 찾고, 그 의미를 실현할 수 있는 행위의 맥락을 개발하고, 자신을 둘러싸고 있는 세계와 진정으로 하나가 되는 방법이다. 덴하트는 사람들로 하여금 조직 윤리의 그림자에서 벗어나게 하기 위하여는 개성적 접근 방법이 용해된 조직이론을 개발하여야 한다고 본다. 그리고 이러한 이론의 실효성을 높이기 위해서는 개인의 학습과 관련된 내용이 이론에 포함되어야 한다는 것이다. 조직구조는 사회구조를 반영한다. 그렇다면 지배 관계가 내면화된 사회구조를 그대로 둔 상태에서 조직에 개성적 접근 방법을 적용한다는 것이 얼마나 가능할까?

마지막으로 브라질 출신의 알베르토 라모스(Alberto Guerreiro Ramos)의 『새로운 조직학: 국부의 재개념화(*The New Science of Organization: A Reconceptualization of the Wealth of Nations*)』(1981)를 살펴보자. 라모스는 조직과 사회를 변증법적으로 이해하는 비판이론의 접근 방법을 따른다. 즉, 사회는 조직을 통하여 사회의 논리를 실현하고, 조직은 그 논리를 수행함으로써 사회의 성격을 규정한다. 사회와 조직은 상호 규정의 변증법적인 논리에 따라 작용한다는 것이다. 따라서 조직은 사회를 구성하는 네트워크의 부분으로 이해되어야 한다. 그리고 조직에 대한 이해는 사회를 해석하는 토대가 된다. 이러한 변증법적인 관계 안에서 구조화된 권력 관계를 정당화하고 유포하는 지적인 작업이 진행되는데, 라모스는 이를 인지정치(認知政治, cognitive politics)라 부른다. 라모스는 현대 사회를 시장중심사회로 규정한다. 시장중심사회에서는 시장의 이데올로기를 정당화하는 담론들이 생산되고 유포되는 방식으로 인지정치가 전개된다. 라모스는 기존의 조직이론들이 시장중심사회의 인지정치를 수행하고 있다고 본다. 그는 시장중심사회를 정당화하는 기존의 조직이론의 중요한 특징들을 다음과 같이 설명한다.

첫째, 조직이론들은 어떠한 입장을 가지고 있던, 개인의 자기 실현이 경제적인 목적을 추구하는 조직 안에서 성취될 수 있다는 생각을 공유한다. 이는 시장이 강조하는 도구적 합리성이나 형식적 합리성을 당연한 것으로 받아들이는 경향성 때문이다. 라모스는 새로운 조직이론의 과제는 도구적 합리성을 버리는 것이 아니라 인간의 해방을 지향하는 실질적 합리성으로 그것을 보완하는 것이라 본다.

둘째, 기존의 조직이론들은 경제조직과 비경제조직을 구분하지 않는다. 모든 조직이 경제조직의 논리에 따라 작동하여야 한다는 생각이 지배적이다. 라모스는 경제조직의 중요성을 인정하지만, 경제적 생산은 사회의 윤리 원칙에 의하여 제어되어야 한다는 생각을 가지고 있다. 사실상 사회로부터 시장이 떨어져나가 오히려 사회를 지배하게 된 것은 역사적인 사건이며, 현대 사회에서 관찰되는 사회적·심리적 병리 현상들의 근원이라는 것이다.

셋째, 기존의 조직이론들은 사람들 간에 이루어지는 상징적 상호작용의 중요성을 이해하지 못하고 있다. 시장의 논리로 상징적인 상호작용의 의미를 제거하는 경향을 보인다. 조직은 상징적 상호작용이 발생하는 공간으로서 인간적인 관계가 형성될 수 있는 가능성을 가지고 있다. 라모스는 실질적 합리성에 기초한 조직을 개인의 자기 실현을 증진시킬 수 있는 기본적인 도구로 본다.

넷째, 기존의 조직이론들은 인간의 노동에만 초점을 맞춘다. 라모스는 노동의 성취로 개인의 가치를 측정하는 관행은 버려야 한고 본다. 왜냐하면 산업사회는 물자의 희소성 문제를 극복한 것으로 보이기 때문이다. 라모스는 노동과 행위를 구분하여 사용한다. 노동은 한나 아렌트(Hannah Arendt)가 말했던 노동하는 동물(animal-laborans)의 활동을 의미하며, 행위는 개인의 자기 실현을 지향하는 활동을 의미한다. 그는 인간은 노동으로부터 해방됨으로써만이 자기 실현을 이룰 수 있다고 본다.

기본적으로 라모스의 핵심적인 생각은 인간의 해방을 지향하는 실질적 합리성에 천착하는 지적, 실천적 행위를 실현하는 데 초점을 맞추고 있다. 시장중심사회에서의 변화와 조직에서의 변화가 변증법적으로 이루어질 때, 그의 희망은 실현 가능하다. 그렇다면 실질적 합리성이 관철되는 사회와 조직의 변증법적 변화를 이룰 수 있는 방법은 무엇일까?

4. 1970, 80년대 규범적 연구의 경향

이 시기에는 규범적인 문제에 대한 논의가 다양하게 이루어지고 있는데, 특히 주목할 만한 것은 정치 체제의 가치(regime value), 시민권과 민주주의, 그리고 덕(德)의 윤리에 관한 논의라 하겠다.

첫째, 정치 체제의 가치에 대한 연구 경향에 대하여 살펴보자. 존 로(John Rohr)는 철학적 접근의 난해성과 교육의 어려움 등과 같은 현실적인 문제를 제기하면서 새로운 접근 방식을 제안한다(Rohr, 1976; 1989). 그는 현실적으로 공무원들이 따라야 할 윤리적 반성의 기준으로 정치 체제의 가치를 제시한다. 그리고 이러한 정치 체제의 가치는 대법원의 판례들을 연구함으로써 알아낼 수 있다는 것이다. 이러한 의미에서 로는 행정 윤리에 대한 정치철학적 접근에서 미국의 정치와 법 해석의 역사적인 전통에 기초한 접근 방법으로 전환하려는 것이다. 그러나 법 해석이나 판결이라는 것이 항상 정치 체제 가치의 실현을 지향한다는 이상적인 이념에 따르기보다는 다양한 변수들-개인적인 성향, 정치적인 압력이나 분위기, 언론의 작용 등등-에 의하여 영향을 받을 수 있다는 점에서 이러한 접근 방법은 부분적으로 한계성을 드러낼 수 있다.

둘째, 시민권과 민주주의에 대한 연구 경향에 대하여 살펴보자. 레비탄(Levitan, 1942), 애플비(Appleby, 1947, 1952), 그리고 마르크스(Marx, 1949) 등이 민주주의에 대한 공무원의 의무를 강조한 바 있으나, 1980년대 중반까지 논의가 단절되어 있었다. 프레드릭슨(Frederickson, 1982)은 정부에 대한 국민의 신뢰성이 약화되고 있다고 보고, 신뢰성의 회복을 위한 대안으로서 공민정신(spirit of civism)을 강조한다. "1960년대 말부터 1970년대 초까지, 정부는 거대하였다. 대부분의 제도와 마찬가지로 행정은 정체성의 위기를 경험하였다. 그리고 시민들은 우리 사회의 제도들에 대한 지지를 철회하기 시작하였다. 행정은 공민정신을 상실하였다. 공민정신의 회복은 행정활동과 행정연구가 정체성을 확보하고 다시 능률적인 것이 되는 데 필요한 근거를 제공할 것이다"(Frederickson, 1982: 503). 이러한 의미에서 프레드릭슨은 시민의 요구에 적절하게 반응하는 행정의 회복과 기술적 측면뿐만 아니라 시민의 책임에 대한 행정교육의 필요성을 강조한다. 이러한 프레드릭슨의 논의는 '시민권과 행정(Citizenship and Public Administration)'을 주제로 한 학술회의로 발전된다(Frederickson & Chandler(eds.), 1984).

이 학술회의의 주요 논지는 현대 미국 사회에서 시민의 역할을 강조하고, 이러한 시민의 활력 있는 지위를 회복하도록 도와주는 것이 공무원의 의무라는 것이며, 공무원은 또한 시민으로서 의무를 이행하여야 한다는 것이다. 프레드릭슨과 하트는 공무원의 기본적인 의무는 바로 시민에 대한 것임을 강조한다. "미국 민주주의의 이념은 공무원과 시민 사이에 특별한 관계가 있음을 전제로 한다"(Frederickson & Hart, 1985: 548). "그들이(공무원들이) 명예와 선의를 가지고 활동할 때, 모든 시민은 혜택을 받게 되지만, 그들이 그렇지 않을 때 시민들은 그들의 정부로부터 소외되고 공공 서비스를 달가워하지 않게 된다"(Frederickson & Hart, 1985: 552).

특히 하트(Hart, 1989)에 의하면, 미국의 헌법을 초안한 사람들은 통치받는 사람들이 도덕적 리더십과 모범을 통하여 시민적 미덕을 고양하는 의무를 이행하는 정권을 수립하기를 기대하였다는 것이다. 이러한 맥락에서 그는 네 가지의 공민적 의무를 제안한다. 첫째는 시민과 공무원의 공민적 자율성을 높이는 것이다. 이를 위하여 공무원은 자신이 하는 일에 대한 독자적인 도덕적(그리고 기술적)인 판단을 표현하여야 한다. 그리고 공무원은 단순히 규칙을 일상적으로 적용하는 것이 아니라 사리 분별을 가지고 문제를 해결하여야 한다. 둘째는 설득을 통하여 통치하는 것이다. 시민을 자율적인 존재로 인정한다면, 강제보다는 설득이 행정활동의 방법이 되어야 한다. 셋째는 권력의 부패를 초월하여야 한다는 것이다. 마지막으로 공무원은 공민적 모범이 되어야 한다는 것이다.

민주주의와 행정 윤리의 관계에서는 캐스린 덴하트(Kathryn G. Denhardt, 1989)의 논의가 도움이 될 것이다. 그녀는 행정윤리론의 정립을 위하여는 기존의 관료제적인 시각에서 정치적인 시각으로의 전환이 필요하다고 주장한다. 관료제의 이념은 능률성, 경제성, 표준화, 계층적 권위구조, 책임 체계, 불편부당성, 정당한 절차 등과 같은 절차와 수단에 초점을 맞추고 있다. 그러나 이러한 이념은 데니스 톰슨(Dennis P. Thompson, 1985)의 주장대로 중립성의 윤리나 구조의 윤리로 행정 윤리를 왜곡시킬 우려가 있다. 즉, 두 개의 윤리는 결국 공무원이 정책에 반대할 권리가 없으며, 정부정책에 대하여 도덕적인 책임이 없다는 것을 암시함으로써 실질적인 행정 윤리의 가능성을 막고 있는 것이다. 이에 반하여 민주주의의 이념은 개인의 권리, 자유, 정의, 평등 등과 같은 실질적인 가치에 초점을 두고 있다. 공무원은 이러한 민주주의의 이념을 실현하는 데 적극적이어야 한다. 즉, 행정인은 민주적 이념을 실현하기 위하여 정치적 판단을 행사하는 정당한 정치적 권위로서 정립되어야 한다는 것이다. "행정의 정치적 윤리는 정치적 환경에 대한 적극적인 참여를 정당화한다. 단 그러한 참여가 민주적 이념들을 추구하고, 폭력적인 관료제의 이념들에 의하여 공공의 확신과 정치적 신념 체계를 비하하는 것이 아니어야 한다" (Denhardt, 1989: 192).

셋째, 덕 윤리에 대한 연구 경향에 대하여 살펴보자. 덕의 개념은 1980년대 중반부터 행정윤리 영역에 소개되었다. 프레드릭슨과 하트(Frederickson & Hart, 1985)는 공무원 개인의 덕으로서 폭넓고 비도구적인 타인에 대한 사랑을 의미하는 선의를 강조한다. 그리고 하트(Hart, 1989)는 미국의 건국 사상으로부터 덕에 근거한 공민적 인문주의 패러다임을 찾아내고, 행정 윤리의 핵심적인 내용으로 소개한다. 행정의 실천을 위한 덕의 윤리를 탐구하는 데 초점을 맞추고 있는 테리 쿠퍼(Terry L. Cooper)의 논의는 특히 주목할 만하다. 쿠퍼는 행정을 단순히 직업적인 활동으로 보기보다는 실천적인 활동으로 이해한다. 그가 말하는 실천은 공익, 주권재민, 책임성, 정의, 평등, 자유 등과 같은 '내적인 선(internal goods)'을 추구하는 활동을 의미한다. "민주사회에서 행정의 실천적 활동에 내재하는 이러한 선들에 대한 합의가 없다면, 행정인들은 선에 대한 조직의 정의 그리고 자의적인 조직의 권위에 방치되고 말 것이다"(Cooper, 1987: 322). 따라서 덕은 실천에의 효과적인 참여를 가능케 하는 속성을 의미한다. "행정인은 어떠한 인간의 태도가 실천에 필수적인 내적인 선을 고양하고, 조직의 압력으로부터 자신을 보호하는 데 도움이 되는가를 결정할 필요가 있다"(Cooper, 1987: 323).

제 4 절 규범적 연구의 위축과 모색기: 1980년대 중후반 이후

미국은 1970년대 두 차례의 오일쇼크로 인한 경제적인 위기 그리고 재정적자의 위기를 경험하게 된다. 이를 타개하기 위한 논리로 신자유주의가 득세하고, 그 이념을 구현한 신공공관리 개혁이 이루어지게 된다. 따라서 시장의 논리, 즉 경쟁과 효율의 논리가 전면에 부각되면서 규범에 대한 관심이 위축된다. 그러한 가운데서도 규범적 연구를 지향하는 학자들은 행정학에 대한 성찰과 다양한 가능성을 모색한다. 1980년대 중후반 이후 규범적 연구와 관련하여 주목할 만한 것은 두 차례에 걸친 미노브룩회의, 블랙스버그 선언, 그리고 새로운 연구방법론으로서 포스트모더니즘에 대한 관심의 증가 등으로 정리할 수 있을 것이다.

1. 2차, 3차 미노브룩회의에 관하여

1968년 1차 미노브룩회의의 키워드는 '적실성'이다. 그 회의는 행정이론이 당대의 문제를 대면하는 데 적실성을 갖는지를 반성하고 행정학의 진로를 모색하는 데 초점을 맞추고 있다. 그러한 전통은 2, 3차 미노브룩회에서도 그대로 이어진다. 1988년에 열린 2차 미노브룩회의에서는 행정학이 당면하고 있는 시대적 상황을 행정의 방향 상실, 정부와 공무원에 대한 국민의 냉소적 태도나 비난의 확산, 시민과 공무원의 책임감 약화, 민영화에 대한 관심의 증대, 세입의 감소 등으로 보고 있다(Mayer, 1989; Holzer, 1989). 2차 회의는 이러한 시대적 상황에 행정학이 적실성 있게 대응하고 있는지를 비판적으로 검토하고, 행정학의 진로를 고민하는 데 초점을 맞추게 된다. 2차 회의의 주요 논지는 다음과 같이 정리할 수 있다(Guy, 1989). 사회적 형평성에 대한 관심은 여전히 강하게 남아 있다. 민주적 가치들에 대하여 그리고 그러한 가치를 실현하는 데 행정의 중요성에 대하여 큰 관심을 가지고 있다. 규범적 관점과 행태주의적 관점 간의 논쟁은 줄어들지 않았다. 사회와 작업장 안에서의 다양성을 기본적인 가치로 수용한다. 행정의 건설적인 역할에 제한적이지만 어느 정도의 희망(constrained hopefulness)을 가지고 있다. 행정환경의 복잡성과 문제의 긴박성 때문에 장기적인 비전보다는 단기적인 비전에 관심을 갖는다. 학문의 할거주의가 지배적이기 때문에 학제적이었던 행정학의 뿌리를 제대로 다루지 못하였다. 기업에 대한 태도가 적대적이다. 인사 제도의 문제점에 대하여 특히 관심이 강하다. 기술적인 문제에 대하여는 관심이 미약하다. 정부가 하여야 할 구체적인 일에 대하여는 충분히 논의하지 않았다. 2차 회의에서 발표된 논문들은 1989년 『미국행정학보』에 게재되었으며, 1992년에 메리 베일리(Mary T. Bailey)와 리처드 메이어(Richard T. Mayer)에 의하여 「상호 연관된 세계에서의 공공관리: 미노브룩 전통에서(*Public Management in an Interconnected World: Essays in the Minnowbrook Tradition*)』로 편집·출판되었다.

2008년에 열린 3차 미노브룩회의는 행정학이 당면하고 있는 시대적 상황을 기술혁신, 지구적 기후 변화, 테러, 세계적인 물 부족, 쇠퇴하는 기반 시설들, 세계 어느 곳에서든지 아웃소싱이 가능한 세계화, 정부 간 갈등을 유발할 수도 있는 권한 위양, 네트워크화된 조직들의 발달 등으로 보고 있다. 1, 2차 회의가 주로 국내적 차원에서 상황을 보았다면, 3차 회의는 국제적인 차원에서 상황을 보고 있다(O'Leary, 2011). 그러다 보니 3차 회의의 주요 논지는 1,2차 회의 때와 전반적으로 비슷하나, 국제적 차원에서의 행정에 대한 관심이 부각된 것이 특징적이라 하겠다.[5] 3차 회의에서 발표된 논문들의 일부는 로즈마리 올리어리(Rosemary O'Leary), 데이비드 반 슬라이크(David M. Van

5) 2020년대 행정학의 미래를 주제로 한 『미국행정학보』의 지상 심포지엄에서는 2028년의 미노브룩회의를 '미국 미노브룩에서 세계 미노브룩'으로 전환하여야 할 필요가 있음을 제안하고 있다(Bowornwathana, 2010).

Slyke), 그리고 김순희(Kim Soonhee)에 의하여 『세계 속의 행정학의 미래: 미노브룩 퍼스펙티브(*The Future of Public Administration Around the World: The Minnowbrook Perspective*)』(2010)로 편집 · 출판되었으며, 이 책에 포함되지 않은 논문들 가운데 일부는 2009년 『공공 성과와 관리(*Public Performance & Management*)』(2009)와 『행정연구와 이론(*Journal of Public Administration Research and Theory*)』(2011) 특별호에 게재되었다.

본래 미노브룩회의의 유산은 행정을 둘러싸고 있는 현실의 변화에 대한 인식 그리고 행정이 추구하는 가치에 기초하여 그러한 변화에 행정이 관여하고 있는 방식에 대한 비판적 통찰을 통하여 새로운 학문적 길을 모색하는 것이다. 그러나 두 차례에 걸쳐 이루어진 미노브룩회의는 이러한 비판적 성찰보다는 시대의 변화에 따라 행정이 어떻게 변화되었는지를 회고적으로 평가하는 정도에 머무르고 있다는 인상을 지울 수 없다.

2. 블랙스버그 선언에 관하여

1960, 70년대 이후 관료들에 대한 냉소적이고 비판적인 공격은 일상적인 일이 되었다. 1980년대 초에 미국 버지니아텍대학교(Virginia Polytechnic Institute & State University) 행정학과의 그레이 웜슬리(Gray Wambsley), 찰스 굿셀(Charles Goodsells), 존 로(John Rohr), 오리온 화이트(Orion White), 짐 울프(Jim Wolf) 등은 관료에 대한 공격이 과연 정당한 것인지를 근본적으로 토의하면서, 행정의 본질과 정당성의 토대를 재정립하고자 했다. 논의의 결과를 보고서로 작성한 것이 블랙스버그 선언(Blacksburg Manifesto)의 등장 배경이라 하겠다. 버지니아텍의 교수들은 1987년 자신들의 생각을 좀 더 정리하여

「공공행정과 거버넌스 과정」이라는 논문을 발표하였다(Wamsley et al., 1987). 그 이후 블랙스버그 선언의 정신과 관련하여 웜슬리 등이 편집한 『공공행정 다시 세우기(*Refounding Public Administration*)』(1990)와 웜슬리와 울프가 편집한 『민주행정 다시 세우기: 현대의 역설, 포스트모던적 도전(*Refounding Democratic Public Administration: Modern Paradoxes, Postmodern Challenges*)』(1996) 등이 출판되었다. 저자들은 애플비, 왈도, 노턴 롱(Norton Long), 필립 셀즈닉(Phillip Selznick) 등과 같은 이론가들의 전통을 계승하고 있다.

블랙스버그 선언을 작성하였던 저자들은 우선 관료들에 대한 일상화된 공격이 정당한 것인지를 살펴본다. 관료제에 대한 공격은 행정의 정당성을 훼손하는 것으로 그 원인과 대안을 찾는 것은 학문적으로 시급하다는 문제 의식을 반영한다. 저자들은 공격에 대하여 관료들이 일정 부분 책임이 있다고 하겠으나, 전적으로 그들에게만 책임이 있다는 생각은 정당하지 않다는 데 동의한다. 가령 대통령의 요구, 정당이나 의회의 요구, 이익집단들의 요구들이 매우 적극적일 뿐만 아니라 서로 충돌하는 경우도 비일비재하다. 이처럼 관료는 정치적으로 매우 복잡한 체계 안에 자리하고 있기 때문에 어떤 형태로건 혹은 어떤 집단에건 공격당할 수 있는 개연성을 가지고 있다. 또한 신자유주의의 이데올로기에 물들어 효율적인 기업과 견주어 정부조직은 지나치게 비대하고 비효율적이라는 인상이 지배적이기 때문에 공격당할 가능성이 높다는 것이다. 그러나 실제로 공공 부문이 민간 부문에 견주어 비효율적이라고 주장할 만한 증거를 찾기는 쉽지 않다. 어떤 경우는 오히려 공공 부문이 민간 부문에 비하여 훨씬 효율적이기도 하다. 이러한 측면에서 관료들에 대한 일방적인 공격은 정당하지 않다는 것이다. 이처럼 왜곡된 인식을 갖게 만든 원인을 파악하고 대안을 마련하는 과정에서 행태주의와 실증주의 논리보다는 규범적인 접근 방법이 바람직할 것이라 본다.

저자들은 복잡한 정치 체제 안에서 공공행정의 정당성을 다시 세울 필요성에 공감하게 된다. 즉, 그들은 국정 운영과 입헌주의에 내재된 규범에서 행정의 정당성을 찾는 것이 타당하다고 본다. 먼저 국정 운영과 관련하여 행정관료는 중립적인 기계가 아니라 가치를 추구하는 대리인으로 보는 관점을 가져야 한다는 것이다. 또한 공익을 선험적으로 주어지는 것이 아니라 행정 과정에서 형성되는 것으로 보자는 것이다. 그러다 보면, 행정관료는 행정 과정에서 공익을 실현하기 위한 방법을 지속적으로 고민하지 않을 수 없다는 것이다. 이처럼 국정 운영 과정에서 행정관료가 규범적으로 정당한 가치를 추구할 때, 행정의 정당성은 확보될 수 있다는 것이다. 다음으로 헌법과 관련하여 보면, 삼권분립의 정신은 행정의 독자성을 인정하는 것으로 볼 수 있다. 독자성은 행정이 단순히 도구가 아니라는 것을 의미한다. 따라서 행정관료들이 위축될 이유가 없다는 것이다. 전문직업인으로서 행정관료는 헌법의 정신에 따라 적극적으로 공익을 추구하는 대리인으로서의 기능을 충실히 할 때, 행정의 정당성은 제고될 수 있다는 것이다.

3. 포스트모던 접근 방법에 관하여

1990년대의 주목할 만한 특징들 가운데 하나는 포스트모더니즘이 행정학적 연구 방법으로 도입되기 시작하였다는 점이다(Bogason, 2001). 포스트모던의 포스트는 두 가지 의미를 갖는다. 첫째는 시간적으로 전기, 중기 다음에 오는 후기를 의미한다. 이러한 의미에서 포스트모던은 후기 근대를 말한다. 둘째는 벗어난다는 의미를 갖는다. 이러한 의미에서 포스트모던은 탈근대를 의미한다. 근대의 상징은 계몽주의이다. 계몽주의는 신의 자리에 인간의 이성을 올려놓았다. 계몽주의는 인간의 주체성, 이성, 과학, 진리, 진보를 근대성의 핵심으로 본다. 인간은 이성을 통하여 보편적이고 객관적인 진리를 알 수 있다. 그리고 그 진리에 따를 때, 더 나은 세상으로 나아갈 수 있다는 것이다. 탈근대는 이러한 계몽적 전통으로부터 벗어남을 의미한다. 탈근대는 세상을 바라보는 이성은 신의 눈이 아니라 불완전한 인간의 눈이라는 사실을 확인시킨다. 객관적이고 보편적인 진리는 존재할 수 없다. 단지 진리일 것이라고 추정하는 해석들만이 존재할 뿐이다. 따라서 탈근대는 상대적이며 개인적이고 주관적인 그리고 작은 것에 초점을 맞춘다. 포스트모더니즘은 후기근대와 탈근대의 의미를 동시에 내포한다. 즉, 포스트모더니즘은 후기 근대의 탈근대적 문화 현상이라 하겠다(Anderson, 1998; Jameson, 1984; Lyotard, 1979).

포스트모던적 접근 방법이 본격적으로 적용된 대표적인 저작으로는 찰스 폭스(Charles J. Fox)와 휴 밀러(Hugh T. Miller)의 『포스트모던 행정: 담론을 향하여(*Postmodern Public Administration: Toward Discourse*)』(1995), 데이비드 파머(David J. Farmer)의 『행정언어: 관료제, 모더니티, 포스트모더니티(*The Language of Public Administration: Bureaucracy, Modernity, and Postmodernity*)』(1995), 맥스와이트(O. C. McSwite)의 『행정의 정당성: 담론분석(*Legitimacy in Public Administration: a Discourse Analysis*)』(1997) 등이 있다.

폭스와 밀러의 책은 민주주의를 투입-산출 모델로 보는 입장에 대한 불만에서 출발한다. 이 모델은 경직된 정치행정이원론과 엄격한 공무원의 중립성을 강조한다. 그런데 이 모델은 현실과 괴리되어 있다는 것이다. 사회는 대중 매체에 의하여 조작된 소비주의, 정치적 대화의 상실, 사회의 다양하고 미세한 분절화, 자아의 분열 등과 같은 포스트모던 조건들이 일반화되고 있다. 근대성에 의존하고 있는 투입

-산출 모델은 포스트모던 조건 하에서 민주주의를 보장할 수 없다. 폭스와 밀러는 포스트모던 조건에 맞는 민주주의 모델을 '진정한 담론'에서 찾는다. 위르겐 하버마스(Jürgen Habermas)의 '이상적인 담화 상황'을 토대로 만들어진 폭스와 밀러의 진정한 담론은 신뢰를 불러오는 성실성, 당면한 문제의 해결을 추구하는 지향성, 담화에 집중하는 주의력, 그리고 실질적인 기여 등과 같은 조건을 충족시켜야 한다는 것이다. 폭스와 밀러의 생각은 심의민주주의 모델에 가까운 것으로 보인다. 그런데 근대를 미완의 기획으로 해석하면서 포스트모더니즘에 비판적이었던 하버마스의 이상적 담화 모델을 포스트모던 사회의 민주주의 모델로 생각한 것은 아이러니가 아닐 수 없다.

파머의 책은 본격적으로 비판적 담론 분석을 시도한 것이다. 파머의 접근 방법은 성찰적 해석(reflexive interpretation)이다. 성찰적 해석은 우리가 지금 대상에 대하여 이해하고 있는 것처럼 이해하게 된 이유, 그리고 관점을 바꿈으로써 대상을 다르게 볼 수 있는 가능성에 초점을 맞춘다. 사람들은 특정한 의미가 부여된 언어를 통하여 대상을 해석한다. 행정학자들 역시 특정한 의미가 부여된 행정언어를 통하여 행정 현상을 해석한다. 성찰적 해석의 대상은 행정언어이다. 그러니까 성찰적 해석은 현상 자체를 해석하는 데 초점을 맞추는 것이 아니라 현상을 바라보는 렌즈, 즉 언어에 초점을 맞춘다. 파머는 성찰적 해석을 통하여 행정학에서 중요하게 다루어지는 전문화, 기술, 과학, 합리성 등과 같은 행정언어를 통해 행정 현상을 본다는 것이 자기모순적이라는 사실을 드러낸다. 자기 모순은 어떤 용어가 특정한 의미에 결박당해 있기 때문에 나타난다는 것이다. 따라서 용어를 지배하고 있는 특정 의미에서 벗어나게 되면, 현상에 대한 새로운 해석이 가능해진다. 성찰적 해석은 비약을 허용하지 않는 과학적 사유와 대비되는 상상하기, 예외를 배제함으로써 정체성을 유지하는 총체적 사유와 대비되는 해체, 고정된 권역의 존중을 요구하는 전문적 사유와 대비되는 탈영토화, 그리고 자기 중심적인 사유와 대비되는 타자 중심적 사유 등의 방법을 통하여 새로운 렌즈를 발견할 수 있다고 본다.

맥스와이트의 책은 기본적으로 담론 분석에 기초한 실용주의적 접근 방법을 따른다. 정해진 진리를 수용하는 태도와는 달리 실용주의는 인식된 것들을 실험적인 것 혹은 잠정적인 것으로 보며, 행동을 통하여 지속적으로 확인되어야 한다는 입장이다. 맥스와이트는 실용주의가 행정의 토대가 되어야 한다고 본다. 실용주의적 접근에 따르면, 사실-가치 이원론, 근본주의-상대주의 이원론, 현상학-실증주의 이원론 등은 무시된다. 실제로 이원론은 유용하지 않다는 경험 때문이다.

맥스와이트는 이러한 접근 방법을 토대로 현대 민주주의 정부의 정당성 문제를 살펴본다. 민주주의 체제에서 시민은 투표권을 가지고 있다. 정부는 시민들을 위하여 일하며, 정부에 대한 시민들의 실질적인 참여는 제한되어 있다. 그러다 보니 민주정부에서 행정과 정치의 적절한 관계는 무엇인지, 관료제가 민주적 통치구조의 정당한 일원이 될 수 있는지, 행정의 정당성과 관련된 문제들이 제기될 수밖에 없다. 행정의 정당성은 공무원과 시민들 간에 협력적 관계를 형성함으로써 확보 가능하다. 이러한 논리는 포스트모더니즘을 관통하는 인간의 주체성에 대한 정신분석적 고찰을 통하여 정당화된다. 정신분석적 고찰에 의하면, 인간의 자아는 통일되고 일관된 상태에 있는 것이 아니라 분열되고 계속 불안정하게 흐르는 상태에 있다. 이러한 자아성을 지니고 있는 인간이 합리적인 선택을 한다는 것은 거의 불가능하다. 개개인은 분열된 자아를 가지고 있기 때문에 자기 중심적인 세계에서 벗어나야 한다. 개인은 다른 사람들과의 협력적인 관계 속에서 안정성을 확보할 수 있다. 그렇지만 협력적인 관계에서 이루어진 선택은 잠정적인 것이다. 완벽하게 합리적 선택은 불가능하기 때문이다. 새로운 가능성에 대하여 항상 열어놓아야 한다. 따라서 공무원과 시민들 간의 실용적인 협력 관계의 형성이 행정의 정당성을 확보하는 지름길로 제시된다.

포스트모던 접근 방법은 어느 하나의 내용으로 설명될 수 없다. 학자들에 따라 포스트모던 접근 방법이 다양하게 이해되고 적용되고 있다. 1990년대 중후반 이후에도 산발적으로 포스트모던 접근 방법이 적용된 글들이 발표되는데, 대체로 사회적 구성주의, 실용주의, 해체와 이야기분석, 그리고 퀀텀이론(quantum theory) 등의 방법을 활용하고 있다.

제 14 장

과학적 행정학과 규범적 행정학은 어떠한 관계에 있는가?

스노(C. P. Snow)는 지식의 세계에서 관찰되고 있는 '두 문화(two cultures)' 현상에 우려를 나타낸 바 있다. 두 문화 현상은 인문적 문화와 과학적 문화가 서로 분열되어 소통이 이루어지지 않는 경향성을 말한다. 스노는 문화를 "지적 계발, 정신의 계발"(Snow, 1996: 77), "생활상의 공통된 관습, 공통의 전제, 공통의 방법으로 결합된 동일한 환경에 살고 있는 일군의 사람들"(Snow, 1996: 79)을 의미하는 것으로 사용하였다. 그리고 문화는 "인간성의 특징을 이루는 성질과 능력(Snow, 1996: 77)을 형성하는 데 중대한 영향을 미치는 것으로 보고 있다. 문제는 이러한 두 문화가 서로 소통하지 않으면서 공존한다는 것이다. 어느 문화에 귀속되느냐에 따라 사람들은 인간성을 이루는 '상이한' 성질과 능력을 갖게 된다. 그리고 각각의 문화권에 귀속된 사람들은 서로에 대하여 알지도 알려고 하지도 않게 된다는 것이다. "한쪽 극에는 문학적 지식인이 그리고 다른 한쪽 극에는 과학자, 특히 그 대표적 인물로 물리학자가 있다. 그리고 이 양자 사이에는 몰이해, 때로는 (특히 젊은이들 사이에는) 적의와 혐오로 틈이 크게 갈라지고 있다. 그러나 그보다 더한 것은 도무지 서로를 이해하려 들지 않는다는 점이다. 이상하게도 그들은 서로 상대방에 대하여 왜곡된 이미지를 가지고 있다. 그들의 태도는 아주 딴판인데 심지어 정서적인 차원에서도 별반 공통점을 찾을 수가 없다"(Snow, 1996: 15).

행정학 분야에서도 이러한 '두 문화' 현상이 관찰된다. 행정학의 과학화를 강조하는 사이먼과 행정학의 규범적 성격을 강조하는 왈도는 '두 문화'를 상징한다. 사이먼(Simon, 1952)은 과학에 대하여 신뢰를 갖지 않는 왈도를 비판하고 있으며, 왈도(Waldo, 1952a, 1952b)는 사이먼의 과학에 대한 종교적 신념을 비판하고 있다. 다음 인용은 두 문화가 마치 건널 수 없는 강을 사이에 두고 있는 듯하다.

> 왈도 씨의 전제가 옳고 그름을 떠나서, 우리들이 그나 대부분의 다른 정치이론가들이 취하고 있는 느슨하고 문학적이며 경구적인 스타일로 계속 생각하고 글을 쓴다면, 정치철학이 어떻게 진보할 수 있을지 도무지 알 수 없다. 정치이론에서 인정되고 있는 엄밀성의 기준은 아리스토텔레스 논리학이건 상징논리학이건 기초 과정에서도 제대로 학점을 받을 수 없을 것이다. 정치철학자들은 자신들이 실증주의의 와해 공작으로부터 민주주의를 보호하기를 원한다면, 무엇보다도 먼저 그들이 그들 자신의 근거 위에서 실증주의자들을 공격하기 위한 기술적 능력을 현대의 논리분석에서 배울 것을 제안한다. 그렇게 되면 나와 친분이 있는 대부분의 실증주의자들

과 경험주의자들은 그들을 적으로 대하기보다는 오히려 진리를 추구하는 동맹자로서 받아들이게 될 것이다(Simon, 1952: 496).

사이먼 교수는 내가 논리실증주의의 신성한 장소를 모독한데 대하여 책임을 묻고 있다. 그리고 나도 혹시나 그렇지나 않았을까 하고 걱정이 된다. 내가 보기에 사이먼 교수는 이렇게 세속화된 시대에 깊은 신앙심을 가진 아주 희귀한 사람이기 때문에 이렇게 말하는 것이다. 그의 신념은 완전하고 충만하다. 이교와 죄에 대하여 그는 전혀 관용할 줄 모른다. 구원의 길은 오직 하나밖에 없다. 우리는 우리의 죄를 고백하고 말씀을 받아들이고 루돌프 카르납(Rudolf Carnap)과 알프레드 에이어(Alfred Jules Ayer)의 피로 깨끗이 정화되어야 한다. 그때 그는 우리는 더 이상 적이 되지 않을 것이라고 말한다(Waldo, 1952b: 501).

스노의 '두 문화'는 인문학과 자연과학 간 소통이 부재하는 현상을 지적하고 있다. 그러나 인문적 문화와 과학적 문화의 대립은 단지 학문 간에만 나타나는 것이 아니다. 행정학에서 관찰되는 '두 문화'는 하나의 학문 영역 안에서도 두 문화 현상이 나타나고 있음을 보여주고 있다. 무엇이 이러한 문화적 단절을 가져오게 했는가? 인용문을 통하여 볼 수 있는 것처럼 단절의 결정적인 원인은 '방법론(methodology)에 대한 태도의 차이'에서 찾을 수 있다. 가령 사이먼과 왈도의 경우를 보면 문화적 차이가 방법론의 차이를 가져오고, 그것이 사회와 학문을 바라보는 방식의 차이를 가져온 것이다. 과학적 행정학을 주장한 사이먼은 미국 행태주의(behavioralism)의 산파역을 한 시카고대학의 메리엄(C. E. Merriam) 교수의 제자로서 정치학에 입문하였다. 그에 반하여 왈도는 박사 과정에서 정치이론을 전공하였으며, 민주주의와 행정의 관계를 주제로 당대에 발표된 행정학적 저작들을 비판적으로 검토하는 박사학위 논문을 제출하면서 행정학계에 발을 들여놓았다. 사이먼과 왈도는 상이한 문화적 전통에서 학문적 훈련을 쌓았으며, 그러한 차이가 사회 현상을 바라보는 관점의 단절을 낳게 된 것이다. 가르치는 교수의 입장이 다르고, 배우는 교과서가 다르며, 시험이나 학위 논문을 작성하기 위한 주제나 방법론이 다르다 보면 예비학자들은 편식을 하지 않을 수 없다. 그 과정에서 다른 문화에 대하여 문을 닫게 된다. 그럼에도 불구하고 문화적 차이를 인정하지 않는 '문화'가 두 문화 안에 공통적으로 존재한다. '두 문화'가 공통적으로 가지고 있는 입장은 진리가 하나인 것처럼, 하나의 학문에는 하나의 문화만이 있어야 한다는 것이다. 두 문화의 공존이 아니라 한 문화의 '선택'만이 학문의 '진화'를 가능하게 한다는 문화적 편견이 지배하고 있다. 이러한 의미에서 패러다임을 일종의 종교와 같이 비유한 쿤(Kuhn, 1970)의 지적은 음미할 만한 가치가 있다.

한국 행정학계에서는 '두 문화'가 존재할 수 있는 가능성을 보인 보기 드문 논쟁의 사례가 있었다. 물론 그 이전에는 물론이고, 그 이후에도 그러한 논쟁은 이루어지지 않았다. 논쟁을 회피하는 행정학계의 풍토 때문이라 할 수도 있지만, '한 문화'가 또 다른 '한 문화'에 대하여 전혀 반응하지 않는 무관심 역시 논쟁을 어렵게 하는 것으로 보인다. 가령 어느 세미나에서 과학적 방법론에 대한 필자의 비판에 대하여, "아무리 비판을 한다 하더라도 그러한 비판에 아무런 반응을 보이지 않는다면 그러한 비판이 무슨 의미가 있을까"라는 임도빈 교수의 논평성 질문은 바로 이러한 소통이 부재하는 한국 행정학계의 자화상을 그대로 보여주고 있다. 그러한 의미에서 1992년 『한국행정학보』에 게재되었던 문태현(1992a; 1992b)과 김영평(1992)의 논쟁은 행정학계가 무게 있게 주목하여야 할 희귀한 '사건'이라 판단된다. 과학적 문화에 대한 비판에 대하여 거의 유일하게 반응을 보인 사건이었기 때문이다. 그 논쟁에서 소통이 이루어지지 않고 있는 '두 문화' 현상을 관찰할 수 있다.

비판이론가들은 "인간을 부자유와 구속으로부터 해방시키는" 것을 비판이론의 가장 중요한 목표로 삼고 있는 것 같다. 그러면서도 그들은 해방의 의미를 심도 있게 탐구하지 않는다. 그저 용어를 인용할 뿐이다. 과문인지는 몰라도 인간 해방이라는 이 모호한 용어의 의미가 무엇인지 깨우쳐 주는 글을 아직 대하지 못하였다. 이것은 나의 탐구력 부족 때문이기를 바란다. 해방의 의미를 한번 되새겨보자. 해방이란 부자유와 구속, 즉 무엇인가의 속박으로부터 벗어나는 것일 것이다. 인간의 문명과 문화가 하나의 큰 속박이다. 질서가 그렇고, 제도가 그렇고, 대부분의 문명의 이기들도 우리에게 많은 속박을 준다. 문화의 속박은 능률과 효과성의 대가이다. 결국 그들이 쓰는 해방이 모든 문화적 구속으로부터의 해방을 의미한다면, 문명파괴주의자에 다름 아니다(김영평, 1992: 1030).

실증주의는 18세기 산업혁명이 가져다 준 자신감과 낙관적인 분위기 속에서 태동하였으며, 궁극의 목적은 사회 현상을 통제하고 지배하는 데 있다. 사회 현상을 지배하고 통제하기 위해서는 사회 현상에 대한 정확한 예측과 설명을 필요로 하므로 연역적·법칙적 모델이나 귀납적·확률론적 모델에 크게 의존한다(White, 1986: 16). 이러한 실증주의의 주된 관점은 과학만이 타당한 지식이며 사실만이 지식의 대상이 된다고 보고 과학적 방법으로 환원될 수 없는 명제는 의미 없는 것으로 보고 형이상학이나 윤리학은 믿을 수 없는 망상에 불과한 것으로 일축한다(Passmore, 1967: 53-56). 이러한 실증주의의 의도와 목적 및 논리 구조 속에서 가치 문제에 속하는 정의 문제가 심도 있게 다루어질 수 없음은 자명하다(문태현, 1992b: 1464-1465).

두 사람의 논쟁은 한국 행정학에 '두 문화'가 존재할 수 있는 가능성을 보여주고 있으며, 논쟁이 지속될 수 있다면 '두 문화'의 소통이 가능할 수도 있다는 또 다른 가능성까지도 기대하게 만든다. '두 문화' 현상이 그나마 반갑게 보인 이유는 "어느 이론도 선험적으로 진실과 정의를 독점할 수 없다"(김영평, 1992: 1029)는 점을 명백하게 확인할 수 있었기 때문이다. 그리고 '두 문화'의 소통가능성을 기대하게 하는 이유는 "비판론적 정책 논의로 정책분석의 지평을 확대하자"(문태현, 1992b: 1462)는 의지가 보였기 때문이다. 그럼에도 불구하고 양자의 극단적인 편견 때문에 소통이 불가능할 가능성이 더 커 보인다. 김영평은 실증주의의 시각에서 바라본 비판이론을 비판이론이라 생각하고 있으며, 문태현은 비판이론의 시각에서 바라본 실증주의를 실증주의라 생각하고 있다. 그러나 논쟁 이후 지금까지 '두 문화' 간에 소통이나 개선된 논쟁은 더 이상 나타나지 않았다. 단지 비공개적인 방식으로 '편견의 동원'이 일어나고 있을 뿐이다. 과학적 문화에 익숙한 행정학 교과서들, 과학적 문화를 강조하는 교육과정, 용역을 강조하는 학회 운영 시스템과 대학의 평가 시스템, 과학적 '글쓰기'를 중시하는 학술지의 심사 기준 등에서 인문적 문화에 대한 과학적 문화의 편견이 강하게 작용하고 있다.

미국 행정학이건 한국 행정학이건 공통적으로 관찰되는 것은 '두 문화'가 존재하기는 하는데, 과학적 문화에 비하여 인문적 문화가 지나치게 왜소하다는 것이다. 현실적인 문제를 해결하기 위하여는 과학에 의존하여 한다는 믿음의 보편화, 행정학의 교육과정 안에 인문적 문화를 경험할 수 있는 계기가 마련되어 있지 않은 것, 과학적 문화에 적합한 글쓰기 방식의 체계적 규율화, 과학적 문화에 기반한 다른 학문과의 제한된 소통 등 다양한 이유로 하여 인문적 문화는 행정학의 학문적 시계(視界)에서 벗어나 있는 것이 현실이다. 그러다 보니 과학적 문화에 익숙한 학자들과 인문적 문화에 익숙한 학자들 간에는 '자신의 관점'에서 상대 문화를 비판하는 왜곡된 소통 방식이 체계적으로 정식화되고 있다. 가령 과학적 문화는 '지배'를 은폐하고 있는 권력의 화신으로 비추어지고 있으며, 인문적 문화는 현실에 대하여 아무런 처방도 제시할 수 없는 '말놀음' 정도로 비추어지고 있다. 그러다 보니 과학적 문화에 속한 학자들은 친미, 친정부, 친강자, 친부자적, 보수적 태도를 가지고 있는 것으로 비판을 받기도 하는 반면, 인문학적 문화에 속한 학자들은 반미, 반정부, 반강자, 반부자적, 이상적 태도를 가지고 있는 것으로 비판을 받기도 한다. 이것은 하나의 학문에는 '두 문화'가 공존하는 것이 당연한 것임에도 불구하고 '한 문화'만이 존재하여야 한다는 왜곡된 관념에 기초하는 것으로 보인다. 행정학에서는 과학적 문화가 '한 문화'여야 한다는 인식이 지배적이다.

'한 문화'는 과학적 문화여야 한다는 인식이 지배하다 보면, 행정학의 학문적 정체성에 왜곡 현상이 발생할 가능성이 커진다. 행정학은 '과학(science)'이라는 등식 자체가 모호하게 인식될 수 있다. 한국어에서는 행정학은 '학문'이라는 좀 더 포괄적인 개념을 사용함으로써 인식상의 혼돈을 피하는 것이 별로 어렵지는 않겠지만, 그럼에도 불구하고 학문을 과학과 동일시하는 인식상의 혼돈은 여전히 나타날 수 있다. 다시 말해서 public administration=science라는 등식은 '행정학=학문'이 아니라 '행정학=과학'으로 인식되고 있다는 것이다. 그리고 과학은 학문의 한 분야임에도 불구하고, 인식상에서 '학문=과학'이라는 개념적 전치 현상이 일반화되고 있다. 사실 science라는 말이 근대적 의미의 자연과학이나 물리학을 의미하게 된 것은 최근의 일이다. 의미가 진화된 과정을 살펴보면, science는 1300년대에 '연구를 통하여 얻게 된 무엇에 대한 지식' 또한 '특별한 지식의 분야'를 의미하였다. 그것은 '학문' 혹은 '학'이라는 포괄적인 의미로 사용되었다. '비인문적 연구(non-arts studies)'라는 근대적 의미가 사용된 시기는 1678년으로 소급된다. 그 차이는 일반적으로 이론적 진리(episteme)와 실질적인 결과를 가져오는 방법(techne) 간의 차이로 이해되었다. 그러나 science는 때때로 실질적인 적용(application)과 기능을 적용하는 기술(art)을 의미하는 것으로 사용되었다. 그리고 '규칙적 혹은 방법적 관찰의 체계 혹은 어떤 주제에 관한 명제'라는 좀 더 협소한 근대적 의미가 사용된 시기는 1725년으로 소급된다. 17~18세기에 이 개념은 철학(philosophy)이라 불렸다.[1] 그리고 스노(Snow, 1996: 126)가 19세기 후반에 작업한 『옥스퍼드 영어사전』을 조사한 바에 따르면, 영국에서는 1860년대 이전에는 science가 물리학이나 자연과학이라는 의미로 사용된 예가 제시되지 않았다는 것이다. 그리고 윌리엄 워드(William G. Ward)의 1867년 『더블린 보고서(*The Dublin Review*)』에서 영어의 science가 물리학적인 의미로 사용되기 시작했음을 보여주고 있다. "우리는 science라는 단어를 영국인들이 일반적으로 부여하는 의미, 신학적 형이상학적인 것을 배제하고 물리적 실험적 과학을 표현하는 것으로 사용할 것이다." 오늘날의 용법에 따르면, 자연과학은 과학이다. 그리고 과학은 학문이다. 과학적 문화에 속한 사람들에게 이러한 인식은 이미 19세기 초에 일반화되고, 과학과 철학 간에는 일종의 '위계적 서열'(Wallerstein, 1996: 19)이 존재한다는 인식이 당연시되고 있다.

그럼에도 불구하고, 한 가지 다행스러운 것은 한국 행정학계에서는 행정학의 '토착화', 행정학의 '위기', 그리고 행정학의 '한국화'를 주제로 한 논의를 통하여 행정학의 학문적 정체성을 확고히 다지기 위한 조건으로서 행정학의 규범적·과학적·처방적 측면이 균형 있게 발전하여야 할 필요성에 대한 요구가 지속적으로 있었다는 것이다. 이종범(1977)에 의하면, 행정학의 연구 대상이 "가치의 우선순위를 결

---

1) http://www.etymonline.com/index.php?search=science&searchmode=none

정하는 가치 판단에 입각하고 있는 대부분의 정책들"이기 때문에, 철학적인 측면이 중요하게 다루어져야 한다는 것이다. 특히 그는 처방적 적실성을 높이기 위해서는 사회철학이나 정치철학에 관심을 가져야 하며, 가치 판단의 문제에 특히 초점을 맞출 필요가 있음을 강조한다. 그리고 박종민(2005)은 행정을 "공동선의 달성을 위한 공적 권한과 자원의 사용"이라 규정하고, 이러한 대상을 연구하는 데 규범적·경험적·처방적 연구가 균형 있게 이루어져야 함을 강조하고 있다.

> 각 시기별 행정 연구의 주제적 연구의 관심이 달랐지만, 어느 시기든 행정학자들의 화두는 좋은 정부를 위한 행정에 있었다. 그럼에도 그러한 화두를 중심으로 한 행정이론의 형성에 기여할 정도로 연구 성과가 축적되지는 못했다. 규범적 연구는 '좋은' 정부란 어떠한 정부인지에 대한 도덕적 및 철학적 논의를 심화시켜야 한다. '좋은' 정부의 본질에 관한 규범적 논의를 통하여 '정부의 질'을 평가하는 기준이 정당화될 수 있어야 한다. '좋은' 정부를 위한 행정은 어떠해야 하는지, 행정 현실은 어떠한지, 왜 그러한지, 그것이 정부의 질에 어떠한 영향을 주는지 분석하고 설명하는 것이 필요하다. 또한 우리의 역사와 맥락에서 '좋은' 정부를 위한 행정을 어떻게 설계하고 선택할 것인가에 대한 처방적 연구가 필요하다. 지난 반세기 동안의 한국 행정 연구는 이 점에서 균형을 이루지 못하였다(박종민, 2006: 52).

임의영(2006)은 '자연과학의 편견에서 벗어난 사회과학으로서 행정학'의 학문적 정체성을 강조하고, 거기에서 행정철학의 정당성을 제시하고 있다. 이상사회에 대한 창조적 상상력, 개방성에 기초한 대화와 토론, 그리고 실존적인 진정성에의 의지를 바탕으로, 행정의 실천적 활동과 학문적 활동에 대한 반성적·비판적 사유를 통하여 행정/행정학의 존립 근거, 사고 및 연구의 방법, 그리고 행정/행정학이 추구하여야 할 방향을 지속적으로 모색하는 데 초점을 맞추는 행정철학의 필요성을 제안한 바 있다.

문제는 규범적 연구의 필요성에 대하여 한국 행정학계가 대체적으로 인정하고 있음에도 불구하고 규범적 연구가 여전히 이루어지지 않고 있다는 데 있다. 더불어 규범적 연구에 대한 불신 역시 작용하고 있다는 것이다. 스노의 지적대로 '두 문화'는 공존함으로써 세계에 대한 좀 더 풍요로운 인식에 이를 수 있음에도 불구하고, 왜 '두 문화' 간에 건강한 소통이 이루어지지 않는 것일까? 행정에 관한 규범적 연구의 필요성이나 정당성에 대한 주장은 이제 진부한 일로 보인다. 현 단계에서 과제는 '두 문화' 간의 '실질적인 개방'(임의영, 2005)을 가능하게 하는 방법을 찾는 것이라 하겠다.

참고 문헌

국내 문헌

孔子 (2011). 『論語』. 成百曉 역주. 서울: 전통문화연구회.

권영성 (2002). 『헌법학원론』. 서울: 법문사.

김대환 (1997). 참여의 철학과 참여민주주의. 김대환 편, 『참여민주주의와 한국사회』, 15- 48. 서울: 창작과비평사.

김동원 (2003). 블랙스버그 선언(Blacksburg Manifesto): 행정의 정당성과 권력분립을 위한 행정가의 역할. 『한국행정논집』, 15(2): 261-281.

김연숙 (2001). 『레비나스 타자윤리학』. 고양: 인간사랑.

김재한 (2004). 담합의 형성과 와해: 내부신뢰와 내부고발. 『21세기정치학회』, 14(2): 53-74.

김항규 (2003). 행정의 합법성 이념과 기타 행정 이념과의 관계. 『정부학연구』, 9(2): 153- 182.

도메 다쿠오(堂目卓生) (2010). 『지금 애덤 스미스를 다시 읽는다: 도덕감정론과 국부론의 세계』, 서울: 동아시아.

도모노 노리오(友野典男) (2007). 『행동경제학: 경제를 움직이는 인간심리의 모든 것』, 이명희 역. 서울: 지형. 263-272.

孟子 (2013). 『孟子』. 成百曉 역주. 서울: 전통문화연구회.

墨子 (2003). 『墨子 상, 하』, 김학주 역. 서울: 명문당.

문무기 (2009). 공무원노조 조직, 가입 제한의 타당성 검토. 『한국법정책학회』, 9(2): 881-903.
문태현 (2010). 심의민주주의적 정책결정의 논리와 한계. 『한국행정논집』, 22(3): 629-650.
______ (2011). 심의민주주의적 정책결정을 위한 제도화 방향. 『한국행정논집』, 23(1): 45-66.
박정택 (1990). 『공익의 정치행정론』. 서울: 대영문화사.
______ (2007). 『일상적 공공철학하기 1, 2, 3』. 파주: 한국학술정보.
박종민 (2006). 한국 행정이론을 위한 비판적 성찰. 한국행정학회(편), 『한국행정학 50년: 1956-2006』, 37-59.
박천오 (2011). 공무원의 정치적 중립: 의미와 인식. 『행정논총』, 49(4): 25-50.
박흥식 (1991). 내부고발(whistle-blowing): 이론, 실제, 그리고 함축적 의미. 『한국행정학보』, 25(3): 769-782.
______ (1999). 『내부고발의 논리』. 서울: 나남.
______ (2001). 투명성 가치: 개념적 구조와 의미. 『한국사회와 행정연구』, 12(3): 103-118.
백완기 (1981). 공익에 관한 제학설의 검토. 『법학행정논집』, 19: 243-271.
성백효(成百曉) 역주 (2011). 『論語集註』. 서울: 전통문화연구회.
신율 (1995). Lorenz von Stein의 사상에 관한 연구: Lorenz von Stein의 사회국가 이론과 행정철학의 독자성에 관한 연구. 『한국행정학보』, 29(4): 1257-1273.
신정완 (2012). 『복지자본주의냐 민주적 사회주의냐: 임노동자기금 논쟁과 스웨덴 사회민주주의』. 서울: 사회평론.
신중섭 (1990). 구획 기준의 문제. 신일철 편. 『포퍼』. 서울: 고려대학교출판부. 31-58.
신필균 (2011). 『복지국가 스웨덴－국민의 집으로 가는 길』. 서울: 후마니타스.
윤견수 (2011). 한국행정학의 영역 찾기: 공직과 자리 개념의 재발견. 『한국행정학보』, 45(1): 1-22.
윤병태 (1999). 정치적 중립성, 중립성 윤리 및 책임성 윤리: 상호관계 및 방향 모색. 『한국행정논집』, 11(3): 521-540.
윤혜진 (2009). 내부고발의 윤리적 정당성에 관한 연구. 『범한철학』, 54: 337-365.
이문수 (2008). Max Weber의 관료론: 기계의 부속품인가, 소명을 실현하는 존재인가? 『정부학연구』, 14(3): 35-67.
이종범 (1977). 행정학의 토착화에 관한 논거. 『한국행정학보』, 11: 198-223.

이초식 (1982). 과학성이란 무엇인가?: 분석철학의 입장. 『철학연구』, 17: 63-88.
임의영 (2006). 『행정철학』. 서울: 대영문화사.
______ (2008). 사회적 형평성의 정의론적 논거 모색: '응분의 몫(desert)' 개념을 중심으로. 『행정논총』, 46(3): 35-60.
______ (2009). 행정 이념의 이해. 이민호 · 윤수재 · 채원호 편, 『한국의 행정 이념과 실용행정』, 145-177. 서울: 법문사.
______ (2011). 형평의 개념화. 『행정논총』, 49(2): 81-102.
임재홍 (2006). 공무원의 정치적 중립의무 비판: 미국공무원법제와의 비교법적 검토. 『민주법학』, 32: 241-268.
장동진 (2012). 『심의민주주의: 공적 이성과 공동선』, 서울: 박영사.
장영수 (2012). 공무원의 정치적 기본권: 보장 범위의 확대와 그 전제조건. 『안암법학』, 37: 1-26.
장용진 · 박성은 · 민지혜 (2011). 한국의 내부고발자 사례를 통해 본 효과적인 내부고발의 조건과 함의. 『행정논총』, 49(4): 111-144.
장용진 · 윤수재 · 조태준 (2012). 내부고발의 결정에 영향을 미치는 요인에 관한 연구: 지자체 공무원을 중심으로. 『한국인사행정학회』, 11(1): 131-150.
전영평 외 (2010). 『한국의 소수자정책 : 담론과 사례』. 서울: 서울대학교출판문화원.
정무권 (2011). 행정민주주의와 공공성: 심의 민주주의와의 접목. 『사회과학연구』, 50(2): 33-80.
足立幸男 (1992). 『정책과 가치』, 김항규 역. 서울: 대영문화사.
주동률 (2005). 평등과 응분(desert)의 유기적 관계에 대한 변호. 『철학』, 85: 193-217.
표시열 (1994). 행정의 효율성 편향에 대한 헌법상의 제한: 행정가치에 대한 관리적 접근에서 헌법적 접근으로. 『한국행정학보』, 28(4): 1141-1155.
하태수 (2002). 공익과 행정 이념에 대한 시론적 재고: 국가이론을 중심으로. 『행정논총』, 40(2): 85-109.
한병철 (2012). 『피로사회』, 김태환 역. 서울: 문학과지성사.
한승연 (2011). 일제시대 근대 국민개념 형성과정 연구. 『정부학연구』, 17(1): 57-107.
한인섭 (2000). 한국 검찰의 정치적 중립성: 풀리지 않는 숙제? 『서울대학교법학』, 40(3): 191-225.

허영 (2008). 『헌법이론과 헌법(신2판)』. 서울: 박영사.
홍기빈 (2011). 『비그포르스, 복지 국가와 잠정적 유토피아』. 서울: 책세상.

국외 문헌

Adorno, Theodor W. et al. (1950). *The Authoritarian Personality*. New York: Harper & Brothers.
Anderson, Perry (1998). *The Origins of Postmodernity*. London and New York: Verso.
Appleby, Paul H. (1947). Toward Better Public Administration. *Public Administration Review*, 7(2): 93-99.
______ (1965). Public Administration and Democracy, in Roscoe C. Martin(ed.), *Public Administration and Democracy*. Syracuse, New York: University of Syracuse Press.
Argyris, Chris (1957). *Personality and Organization: the Conflict between System and the Individual*. New York: Harper.
______ (1973). Personality and Organization Theory Revisited. *Administrative Science Quarterly*, 18(2): 141-167.
Bacon, Francis (2001). 『신기관: 자연의 해석과 자연 지배에 관한 잠언(*Novum Organum*)』, 진석용 역. 서울: 한길사.
Bailey, Mary T. & Mayer, Richard T. (1992). *Public Management in an Interconnected World: Essays in the Minnowbrook Tradition*. New York: Greenwood Press.
Bailey, Stephen K. (1964). Ethics and the Public Service. *Public Administration Review*, 24(4): 234-243.
Barnard, Chester I. (1976). *The Functions of the Executive*. 27th. Cambridge: Harvard University Press.
Benhabib, S. (1996). *Democracy and Difference: Contesting the Boundaries of the Political*. Princeton, New Jersey: Princeton University Press.
Berkley, G. E. (1971). *Administrative Revolution: Note on Passing of*

Organization Man, Englewood Cliffs, New Jersey: Prentice-Hall.

Berlin, Isaiah (2002). *Liberty*. edited by H. Hardy. Oxford University Press.[박동천 역, 『이사야 벌린의 자유론』. 서울: 아카넷, 2006].

Berman, Sheri (2006). *The Primacy of Politics: Social Democracy and the Making of Europe's Twentieth Century*. New York: Cambridge University Press.[김유진 역, 『정치가 우선한다: 사회민주주의와 20세기 유럽의 형성』. 서울: 후마니타스, 2010].

Biller, R. P. (1971). Some Implications of Adaptation Capacity for Organizational and Political Development, in Marini(ed.), 93-121.

Bogason, Peter (2001). Postmodernism and American Public Administration in the 1990s. *Administration & Society*, 33(2): 165-193.

Bohman, James & Rehg, William. ed. (1977). *Deliberative Democracy: Essays on Reason and Politics*. Cambridge, Mass.: MIT Press.

Bowornwathana, Bidhya (2010). Minnowbrook IV in 2028: From American Minnowbrook to Global Minnowbrook. *Public Administration Review*, Special issue: 64-68.

Bozeman, Barry (2007). *Public Values and Public Interest: Counterbalancing Economic Individualism*. Washington, D.C.: Georgetown University Press.

Brubaker, Rogers (1984). *The Limits of Rationality: An Essay on the Social and Moral Thought of Max Weber*. London: George Allen & Unwin.[나제민 역, 『合理性의 限界: 막스 베버의 社會道德觀』. 서울: 법문사, 1985].

Burk, Kenneth (1935). *Permanence and Change: An Anatomy of Purpose*. New York: New Republic, Inc.

Caldwell, L. K. (1943). Thomas Jefferson and Public Administration. *Public Administration Review*, 3: 240-253.

Carson, Rachel Louise (1962). *Silent Spring*. Boston: Houghton Mifflin; Cambridge, Mass.: Riverside Press.[김은령 역, 『침묵의 봄』. 서울: 에코리브르, 2011].

Chalmers, A. F. (1982). *What is this thing called Science?* (2nd ed.). Stratford: Open University Press.[신일철 · 신중섭 역(1985), 『현대의 과학철학』. 서울: 서광사].

Charlesworth, James C. (ed.). (1968). *Theory and Practice of Public Administration: Scope, Objective, and Methods*. Philadelphia: The American Academy of Political and Social Science.

Chitwood, S. R. (1974). Social Equity and Social Service Productivity. *Public Administration Review*, 34(1): 29-35.

Citizens Commission on Ethics in Government, Arlington County, Virginia (1953). A Code of Ethics. *Public Administration Review*, 13: 120-122.

Cooper, Terry L. (1987). Hierarchy, Virtue, and the Practice of Public Administration: A Perspective for Normative Ethics. *Public Administration Review*, 47(4): 320-328.

______ (1994). The Emergence of Administrative Ethics as a Field of Study in the United State, in Cooper(ed.). *Handbook of Administrative Ethics*, 3-30. New York: Marcel Dekker, Inc.

Cornog, G. Y. (1962). Developments in Public Administration. *Public Administration Review*, 22: 98-105.

Dahl, Robert (1947). The Science of Public Administration: Three Problems. *Public Administration Review*, 7(1): 1-11.

______ (1961). The Behavioral Approach in Political Science: Epitaph for a Movement to a Successful Protest. *American Political Science Review*, 55(4): 763-772.

Dawkins, Richard (2006). *Selfish Gene*. 30th Anniversary edition. Oxford: Oxford University Press.[홍영남 역, 『이기적 유전자-30주년 기념판』. 서울: 을유문화사, 2006].

Denhardt, Janet V. & Denhardt, R. B. (2007). *The New Public Service: Serving, not Steering*. Expanded ed. New York: M. E. Sharpe, Inc.

Denhardt, Kathryn G. (1989). The Management of Ideals: A Political Perspective on Ethics. *Public Administration Review*, 49(2): 187-193.

Denhardt, Robert B. (1981). *In the Shadow of Organization*. Lawrence: The Regents Press of Kansas.[임의영 역, 『조직의 시대와 인간』. 서울: 태진출판사, 1991].

______ (1992). Morality as an Organizational Problem. *Public Administration*

Review, 52(2): 104-105.

______ (2000). The New Public Service, Serving Rather than Steering. *Public Administration Review*, 60(6): 549 - 559.

Dimock, Marshall E. (1958). *A Philosophy of Administration*. New York: Harper & Raw.

Dryzek, John S. (2002). *Deliberative Democracy and Beyond: Liberals, Critics, Contestations*. Oxford: Oxford University Press.

Durant, W. (1987). 『철학이야기』, 김의경 역. 서울: 홍신문화사.

Dworkin, Ronald (1978). *Taking Rights Seriously*. Cambridge, Massachusetts: Harvard University Press.[염수균 역, 『법과 권리』. 파주: 한길사, 2010].

______ (2002). *Sovereign Virtue: The Theory and Practice of Equality*. Cambridge, Massachusetts: Harvard University Press.[염수균 역, 『자유주의적 평등』. 파주: 한길사, 2005].

Eaton, Dorman B. (1880). *Civil Service in Great Britain: A History of Abuses and Reforms and Their Bearing upon American Politics*. New York: Harper & Bros.

______ (1881). *The Spoils System and Civil Service Reform in the Custom-House and Post-Office at New York*. New York: G.P. Putnam's Sons.

Eisenhardt, K. M. (1989). Agency Theory: An Assessment and Review. *The Academy of Management Review*, 14(1): 57-74.

Etzioni-Halevy, Eva (1983). *Bureacracy and Democracy: a Political Dilemma*. London/ Boston: Routledge & Kegan Paul.[윤재풍 역, 『관료제와 민주주의』. 대영문화사, 1990].

Farmer, David J. (1995). *The Language of Public Administration: Bureaucracy, Modernity, and Postmodernity*. Tuscaloosa, AL: The University of Alabama Press.[강신택 역, 『행정학의 언어: 관료제, 모더니티와 포스트 모더니티』. 서울: 박영사, 1999].

Fayol, Henri (1916). *Administration industrielle et générale*. Bulletin de la Societe de l'ndustrie Minerale, ifth series, 10(3): 5-162.[*Industrial and General Administration*. translated by J. A. Coubrough, London: Sir Isaac Pitman & Sons. 1930].

Feinberg, Jeol (1970). *Doing & Deserving: Essays In the Theory of Responsibility*. Princeton, New Jersey: Princeton University Press.

Finer, H. (1941). Administrative Responsibility in Democratic Government. *Public Administration Review*, 1: 335-350.

Foucault, Michel (1980). *Power/Knowledge: Selected Interviews & Other Writings 1972-1977*, ed. by C. Gordon & trans. by C. Gordon, L. Marshall, J. Mepham, K. Soper. New York: Pantheon Books, 96-102.

Fox, Charles J. & Miller, Hugh T. (1995). *Postmodern Public Administration: Toward Discourse*. Thousand Oaks, CA: Sage Publications.

Frederickson, H. G. (1971). Toward a New Public Administration, in F. Marini(ed.), 309- 331.

______ (1980). *New Public Administration*. Alabama: The University of Alabama Press.[박응격 역, 『(新)行政論』. 서울: 대왕사, 1983].

______ (1982). The Recovery of Civism in Public Administration. *Public Administration Review*, 42: 501-508.

______ (1992). Public Administration and Social Equity, in Robert B. Denhardt, & B. R. Hammond(eds.), *Public Administration in Action: Readings, Profiles, and Cases*, 174-182. Pacific Grove, California: Brooks/Cole Publishing Company.

Frederickson, H. G. & Chandler, R. C. eds. (1984). *Citizenship and Public Administration: Special Issue of the Public Administration Review*, 44.

Frederickson, H. G. & Hart, D. K. (1985). The Public Service and the Patriotism of Benevolence. *Public Administration Review*, 45: 547-553.

Friedman, Milton (2002). *Capitalism and Freedom*. 40th anniversary ed. Chicago: University of Chicago Press.[심준보・변동열 역, 『자본주의와 자유』. 서울: 청어람미디어, 2007].

Friedrich, C. J. (1935). Responsible Government Service under the American Constitution, in Friedrich and Others, *Problems of the American Public Service*. McGraw-Hill.

Fromm, Erich (1941). *Escape from Freedom*. New York: Farrar & Rinehart, Inc.[원창화 역, 『자유로부터의 도피』. 서울: 홍신문화사, 2006].

______ (1956). *The Art of Loving*. New York: Harper & Row.[황문수 역, 『사랑의 기술』. 서울: 문예출판사, 2006].

______ (1976). *To Have or To Be*. New York: Harper & Row.[차경아 역, 『소유냐 존재냐』. 서울: 까치글방, 1996].

Gaus, J. M., White, L. D., & Dimock, M. E. (1936). *The Frontiers of Public Administration*. Chicago, Illinois: The University of Chicago Press.

George, Henry (2009). 『진보와 빈곤 *Progress and Poverty*』, 김윤상 역. 서울: 비봉출판사.

Giddens, Anthony (1998). *The Third Way: the Renewal of Social Democracy*. Malden, Mass.: Cambridge: Polity Press.[한상진 · 박찬욱 역, 『제3의 길』. 서울: 생각의 나무, 2002].

Glyn, Andrew (2006). *Capitalism Unleashed: Finance Globalization and Welfare*. Oxford/ New York: Oxford University Press.[김수행 · 정상준 역, 『고삐 풀린 자본주의: 1980년 이후』. 서울: 필맥, 2008].

Golembiewski, Robert T. (1962). Organization as a Moral Problem. *Public Administration Review*, 22(2): 51-58.

______ (1992). Organization is a Moral Problem: Past as Prelude to Present and Future. *Public Administration Review*, 52(2): 99-103.

Gooden, Susan & Portillo, Shannon (2011). Advancing Social Equity in the Minnowbrook Tradition. *Journal of Public Administration Research and Theory*, 21: 61-76.

Goodnow, F. L. (1900). *Politics and Administration: A Study in Government*. New York: The Macmillan Company.

Gulick, Luther H. (1937a). Notes on the Theory of Organization, in Gulick & Urwick(ed.), 3-45.

______ (1937b). Science, Values and Public Administration, in Gulick & Urwick(ed.), 191-195.

Gulick, Luther H. & Urwick, Lyndall F. (ed.). (1937). *Papers on the Science of Administration*. New York: Institute of Public Administration, Columbia University.

Gutmann, A. & Thompson, D. (1996). *Democracy and Disagreement*. Cambridge,

Mass.: Belknap Press of Harvard University Press.

______ (2004). *Why Deliberative Democracy?* Princeton, New Jersey: Princeton University Press.

Guy, Mary E. (1989). Minnowbrook Ⅱ: Conclusions. *Public Administration Review*, Special Issue: 219-220.

Habermas, Jürgen (1986). 『사회과학의 논리』, 박성수 역. 서울: 문예출판사.

Hans-Peter, Martin & Schumann, Harald (1997). *The Global Trap: Globalization and the Assault on Prosperity and Democracy*. London/New York: Zed Books.[강수돌 역, 『세계화의 덫』. 서울: 영림카디널, 1998].

Harmon, Michael (1971). Normative Theory and Public Administration: Some Suggestions for a Redefinition of Administrative Responsibility, in Marini(ed.), 172-185.

______ (1974). Social Equity and Organizational Man: Motivation and Organizational Democracy. *Public Administration Review*, 34(1): 11-18.

______ (1981). *Action Theory for Public Administration*. New York/London: Longman, Inc.[유광호 · 김주원 역, 『행정철학: 행위이론』. 서울: 범론사, 1995].

Hart, David K. (1974). Social Equity, Justice and Equitable Administrator. *Public Administration Review*, 34(1): 3-11.

______ (1989). A Partnership in Virtue among All Citizens: the Public Service and Civic Humanism. *Public Administration Review*, 49: 101-105.

Hayek, Friedrich A. von (1999). *The Road to Serfdom*. 50 anniversary ed. Chicago: University of Chicago Press. [김이석 역, 『노예의 길: 사회주의 계획경제의 진실』. 파주: 나남, 2006].

Hegel, Georg W. F. (1976). *Philosophy of Right*, trans. by T. M. Knox. Oxford: Oxford University Press.[임석진 역. 『법철학』. 파주: 한길사, 2008].

______ (1983). 『철학강요』, 서동익 역, 서울: 을유문화사.

Held, D., McGrew, A. & Perraton, J. (1999). *Global Transformations: Politics, Economics and Culture*. Stanford, Calif.: Stanford University Press.[조효제 역, 『전지구적 변환』. 서울: 창작과비평사, 2003].

Held, Virginia (1970). *The Public Interest and Individual Interests*. New York:

Basic Books.[강영기 · 이상용 역, 『공익과 사익』. 서울: 박영사, 1986].
Hobbes, Thomas (2008). 『리바이어던(*Leviathan*) 1,2』, 진석용 역. 서울: 나남.
Hodgkinson, Christopher (1978). *Towards a Philosophy of Administration*. New York: St. Martin's Press.
Holzer, Marc (1989). Minnowbrook II: Conclusions. *Public Administration Review*, Special Issue: 221.
Honneth, Axel (2005). *Verdinglichung: eine anerkennungstheoretische Studie*. Frankfurt am Main: Suhrkamp.[강병호 역, 『물화: 인정 이론적 탐구』. 파주: 나남, 2006].
Hood, Christopher (1991). A Public Management for All Seasons. *Public Administration*. 69: 3-19.
_____ (1998). *The Art of the State: Culture, Rhetoric, and Public Management*. New York: Clarendon Press.
Horkheimer, Max & Adorno, Theodore W. (1972). *Dialectic of Enlightenment*. New York: The Seabury Press.[김유동 역, 『계몽의 변증법』. 서울: 문학과지성사, 2001].
Husserl, Edmund (1993). 『유럽학문의 위기와 선험적 현상학』, 이종훈 역. 서울: 이론과실천.
Huxley, Aldous (1932). *Brave New World*. London: Chatto & Windus.[이덕형 역, 『멋진 신세계』. 서울: 문예출판사, 1998].
Jameson, Fredric (1984). Postmodernism－The Cultural Logic of Late Capitalism. *New Left Review*, 146: 53-93.
Jay, Martin (1973). *The Dialectical Imagination: A History of the Frankfurt School and the Institute of Social Research, 1923-1950*. University of California Press.[황재우 · 강희경 · 강원돈 역, 『변증법적 상상력: 프랑크푸르트 학파의 역사와 이론』. 서울: 돌베개, 1981].
Jensen, K. K. (2002). The Moral Foundation of the Precautionary Principle. *Journal of Agricultural and Environmental Ethics*, 15(1): 39-55.
Jessop, Bob (1998). The Rise of Governance and the Risks of Failure: The Case of Economic Development. *International Social Science Journal*, 155: 29-45.
Jones, E. E. & Harris, V. A. (1967). The Attribution of Attitudes. *Journal of*

Experimental Social Psychology, 3(1): 1 - 24.

Kaboolian, L. (1998). The New Public Management: Challenging the Boundaries of the Management vs. Administration Debate. *Public Administration Review*, 58(3): 189-193.

Kahneman, Daniel (2011). *Thinking Fast and Slow*. New York: Farrar, Straus & Giroux. [이진원 역, 『생각에 관한 생각: 우리의 행동을 지배하는 생각의 반란』. 서울: 김영사, 2012].

Kaletsky, Anatole (2010). *Capitalism 4.0: the Birth of a New Economy in the aftermath of Crisis*. New York: Public Affairs.[위선주 역, 『지본주의 4.0』. 서울: 컬처앤스토리, 2011].

King, M. L., Jr. & Carson, Clayborne (1998). *The Autobiography of Martin Luther King, Jr.*. New York: Intellectual Properties Management in association with Warner Books.[이순희 역, 『나에게는 꿈이 있습니다: 마틴 루터 킹 자서전』. 서울: 바다출판사, 2000].

Kingsley, James D. (1945). Political Ends and Administrative Means: The Administrative Principles of Hamilton and Jefferson. *Public Administration Review*, 5: 87-89.

Kirkhart, L. (1971). Toward a Theory of Public Administration, in Marini(ed.), 127-164.

Kronenberg, P. S. (1971). The Scientific and Moral Authority of Empirical Theory of Public Administration, in Marini(ed.), 190-225.

Kuhn, Thomas S. (1970). *The Structure of Scientific Revolution*. 2nd. Chicago: The University of Chicago Press.[김명자 역, 『과학혁명의 구조』. 서울: 까치, 2007].

La Porte, T. R. (1971). The Recovery of Relevance in the Study of Public Organization, in Marini(ed.), 17-48.

Lambright, W. H. (1971). The Minnowbrook Perspective and the Future of Public Affairs: Public Administration is Public-Policy Making, in Marini(ed.), 332-345.

Lens, Sidney et al. (1984). 서동만 편역, 『군산복합체』. 서울: 지양사.

Levitan, David M. (1942). The Neutrality of the Public Service. *Public*

Administration Review, 2(4): 317-323.
_____ (1943). Political Ends and Administrative Means. *Public Administration Review*, 3: 353-359.
Leys, Wayne A. R. (1943). Ethics and Administration Discretion. *Public Administration Review*, 3(1): 10-23.
Locke, John (1996). 『통치론(*Two Treatises on Government*)』, 강정인 · 문지영 역. 서울: 까치글방.
Lovelock, James E. (1979). *Gaia: A New Look at Life on Earth*. Oxford/New York: Oxford University Press.[홍욱희 역, 『가이아: 살아 있는 생명체로서의 지구』. 서울: 갈라파고스, 2004].
Lukács, György (1971). *History and Class Consciousness: Studies in Marxist Dialectics*. Cambridge, Mass.: MIT Press.[박정호 · 조만영 역, 『역사와 계급의식: 맑스주의 변증법 연구』. 서울: 거름, 1986].
Lynn, L. Jr. (1998). The New Public Management: How to Transform a Theme into a Legacy. *Public Administration Review*, 58(3): 231-237.
Lyotard, Jean François (1979). *The Postmodern Condition: A Report on Knowledge*. Minneapolis, University of Minnesota Press.[이현복 역, 『포스트모던적 조건: 정보사회에서의 지식의 위상』. 서울: 서광사, 1992].
Mandeville, Bernard (2010). 『꿀벌의 우화: 개인의 악덕, 사회의 이익(*The Fable of the Bees*)』, 최윤재 역. 서울: 문예출판사.
Mannheim, Karl (1940). *Man and Society In an Age of Reconstruction: Studies in Modern Social Structure*. London: Routledge & Kegan Paul Ltd. 53.
Mansbridge, J. (1998). On the Contested Nature of the Public Good, in Powell, W. W. & Clemens, E. S.(eds.), *Private Action and Public Good*, New Haven: Yale University Press.
Marini, F. (ed.)(1971). *Toward a New Public Administration: The Minnowbrook Perspective*. Scranton: Chandler Publishing Company.
Marx, F. M. ed. (1949). *Elements of Public Administration*. New York: Prentice-Hall Inc.
Marx, Karl (2006). 『(1884년의) 경제학-철학수고(*The Economic and Phil-*

osophical Manuscripts of 1844)』, 강유원 역. 서울: 이론과실천사.

Mayer, Richard T. (1989). Minnowbrook Ⅱ: Conclusions and Reflections. *Public Administration Review*, Special Issue: 218.

McGregor, Douglas (1957). The Human Side of Enterprise. *The Management Review*, 46(11): 22-28.

______ (1960). *Human Side of Enterprise*. New York: McGraw-Hill.

McGregor, E. B. (1974). Social Equity and the Public Service. *Public Administration Review*, 34(1): 18-29.

McSwite, O. C. (1997). *Legitimacy in Public Administration: a Discourse Analysis*. Thousand Oaks, CA: Sage Publications.

Meadows, D., Randers, J., & Meadows, Dennis L. (2004). *Limits To Growth: The 30- Year Update*. White River Junction, Vt: Chelsea Green Pub. Co. [김병순 역, 『성장의 한계: 30주년 기념 개정판』. 서울: 갈라파고스, 2012].

Merton Robert K. (1957). *Social Theory and Social Structure*. Glencoe, IL: Free Press.

Milgram, S. (1974). *Obedience to Authority: an Experimental View*. New York: Harper & Row.[정태연 역, 『권위에 대한 복종』. 서울: 에코리브르, 2009].

Mill, John Stuart (1837). *Westminster Review*, XXVIII.

______ (1992). 『자유론(*On Liberty*)』, 김형철 역. 서울: 서광사.

Moneypenny, P. (1953). A Code of Ethics as a Means of Controlling Administrative Conduct. *Public Administration Review*, 13: 184-187.

Nietzsche, Friedrich (2004). 『차라투스트라는 이렇게 말했다(*Also sprache Zarathustra*)』, 정동호 역. 서울: 책세상.

Nigro, Lloyd G. & Richardson, William D. (1990). Between Citizen and Administrator: Administrative Ethics and *PAR*. *Public Administration Review*, 50: 623-635.

Nozick, Robert (1974). *Anarchy, State, and Utopia*. New York: Basic Book, Inc.[남경희 역, 『아나키에서 유토피아로: 자유주의 국가의 철학적 기초』. 서울: 문학과지성사, 1983].

O'Leary, Rosemary (2011). Minnowbrook: Tradition, Ideas, Spirit, Event,

Challenge. *Journal of Public Administration Research and Theory*, 21: i1-i6.

O'Leary, Rosemary, Van Slyke, David M., & Kim, Soonhee (2010). *The Future of Public Administration Around the World: The Minnowbrook Perspective*. Washington: Georgetown University Press.

Olsaretti, S. (ed.) (2003). *Desert and Justice*. Oxford: Clarendon Press.

Orwell, George (1949). *Nineteen Eighty-Four*. London: Secker & Warburg.[김병익 역, 『1984년』. 서울: 문예출판사, 2006].

Osborne, David & Gaebler, Ted (1992). *Reinventing Government: How the Entrepreneurial Spirit is Transforming the Public Sector*. Reading, MA.: Addison-Wesley.

Ostrom, Vincent (1973). *The Intellectual Crisis in American Public Administration*. Alabama: The University of Alabama Press.[이영기・이종열 역, 『행정이론』. 서울: 대왕사, 1984].

Pacal, Blaise (1996). 『팡세』, 김형길 역, 서울: 서울대학교출판부.

Pierre, J. (ed.) (2000). *Debating Governance*. New York: Oxford University Press.

Pierre, J. & Peters, B. Guy (2000). *Governance, Politics, and the State*. New York: St. Martin's Press.[정용덕 외 역, 『거버넌스, 정치 그리고 국가』. 서울: 법문사, 2003].

Platon (2010). 『향연(*Symposium*)』, 강철웅 역. 서울: 이제이북스.

Pojman, L. P. & McLeod, O. (ed.) (1999). *What Do We Deserve? A Reader on Justice and Desert*. New York, Oxford: Oxford University Press.

Polanyi, Karl (2008). *The Great Transformation: the Political and Economic Origins of Our Time*. Boston, MA: Beacon Press.(Originally published: New York: Farrar & Rinehart, 1944)[홍기빈 역, 『거대한 전환』. 서울: 길, 2009].

Porter, D. O. & Porter, T. W. (1974). Social Equity and Fiscal Federalism. *Public Administration Review*, 34(1): 36-43.

Posada, Joachim de & Singer, Ellen (2005). *Don't eat the marshmallow...yet!: the secret to sweet success in work and life*. New York: Berkley Books.

[정지영 · 김경환 역, 『마시멜로 이야기』. 서울: 한국경제신문, 2005].
Ramos, Alberto G. (1981). *The New Science of Organization: A Reconceptualization of the Wealth of Nations*. Toronto/Buffalo/London: University of Toronto Press.
Rawls, John (1971). *A Theory of Justice*. Cambridge, Massachusetts: The Belknap Press of Harvard University Press.[황경식 역, 『사회정의론』. 서울: 서광사, 1990].
______ (1999). *A Theory of Justice*. revised edition. Cambridge, Massachusetts: The Belknap Press of Harvard University Press.[황경식 역, 『정의론』. 서울: 이학사, 2003].
______ (2002). *Justice as Fairness: A Restatement*, in Erin Kelly(ed.). Cambridge, Massachusetts: The Belknap Press of Harvard University Press.
Redford, Emmette S. (1958). *Ideal and Practice in Public Administration*. Alabama: University of Alabama Press.[이영작 역, 『행정철학: 이념과 실제』. 서울: 대영문화사, 1989].
Ridley, Matt (1997). *The Origins of Virtue: Human Instincts and the Evolution of Cooperation*. New York: Viking. [신좌섭 역, 『이타적 유전자』. 서울: 사이언스북스, 2001].
Robertson, Ronald (1992). *Globalization: Social Theory and Global Culture*. London/ Newbury Park/ New Delhi: Sage Publications.
Rohr, John A. (1976). The Study of Ethics in the P.A. Curriculum. *Public Administration Review*, 36(4): 398-406.
______ (1989). *Ethics for Bureaucrats: An Essay on Law and Values*(2nd ed.). New York: Marcel Dekker, Inc.
Ross, L. (1977). The Intuitive Psychologist and His Shortcomings: Distortions in the Attribution Process. *Advances in Experimental Social Psychology*, 10: 173-220.
Rothstein, B. & Teorell, J. (2008). What is Quality of Government? A Theory of Impartial Government Institutions. *Governance: An International Journal of Policy, Administration, and Institutions*, 21(2): 165-190.
Rousseau, Jean J. (1999). 『사회계약론(*Du Contrat social ou principes du droit*

politique)』, 이환 역. 서울: 서울대학교출판부.

______ (2010). 『인간불평등기원론(*Discours sur l'origine, et les fondements de l'Inegalite parmi les hommes)*』, 김중현 역. 서울: 펭귄클래식코리아.

Sayre, Wallace S. (1951). Trends of a Decade in Administrative Values. *Public Administration Review*, 11(1): 1-9.

______ (1958). Premises of Public Administration: Past and Emerging. *Public Administration Review*, 18(2): 102-105.

Schachter, H. L. (1995). Reinventing Government or Reinventing Ourselves: Two Models for Improving Government Performance. *Public Administration Review*, 55(6): 530-537.

Schmidt, W. H. ed. (1970). *Organizational Frontiers and Human Values*. Belmont, Calif.: Wadsworth Pub. Co.

Schubert, G. (1960). *The Public Interest: A Critique of the Theory of a Political Concept*. Glencoe, Illinois: Free Press.

Schutz, Alfred (1967). *The Phenomenology of the Social World*. trans. by G. Walsh & F. Lehnert. Northwestern University Press.

Scott, James C. (1998). *Seeing Like a State*. New Haven: Yale University Press.[전상인 역, 『국가처럼 보기: 국가는 왜 계획에 실패하는가』. 서울: 에코리브르, 2010].

Scott, William G. & Hart, David K. (1973). Administrative Crisis: The Neglect of Metaphysical Speculation. *Public Administration Review*, 33(5): 415-422.

Sennett, Richard (1976). *Fall of Public Man: the Social Psychology of Capitalism*. New York: Knopf. [김영일 역, 『현대의 침몰: 현대자본주의의 해부』. 서울: 일월서각, 1982].

Shaw, Carl K. Y. (1992). Hegel's Theory of Modern Bureaucracy. *The American Political Science Review*, 86(2): 381-389.

Sher, G. (1987). *Desert: Studies in Moral, Political, and Legal Philosophy*. Princeton, New Jersey: Princeton University Press.

Simon, Herbert A. (1946). The Proverbs of Administration. *Public Administration Review*, 6(1): 53-67.

______ (1946/1976). *Administrative Behavior: A Study of Decision-Making Processes in Administrative Organization*. New York: The Free Press/ London: Collier Macmillan Publishers. 250-251.

______ (1947). A Comment on 'The Science of Public Administration. *Public Administration Review*, 7(3): 200-203.

______ (1952). Development of Theory of Democratic Administration: Replies and Comments. *American Political Science Review*, 46(2): 496.

______ (1957). Rationality and Administrative Decision Making, in H. Simon, *Models of Man: Social and Rational; Mathematical Essays on Rational Human Behavior in Society Setting*, 196-206. New York: John Wiley & Sons, Inc.

______ (1978). Rationality as Process and as Product of Thought. *American Economic Review*, 68(2): 1-16.

Simon, Herbert A. & March, James G. (1958). *Organizations*. New York/ London: John Wiley & Sons, Inc. 137-138.

Simon, Herbert A., Smithburg, D. W., & Thompson, V. A. (1950). *Public Administration*. New York: Alfred A. Knoph.

Smith, Adam (2007). 『국부론(상, 하)』, 김수행 역. 서울: 비봉출판사.

______ (2009). *The Theory of Moral Sentiments*. 250th Anniversary Edition. introduction by A. Sen & edited with notes by R.P. Hanley. Penguin Books.[박세일 · 민경국 역, 『도덕감정론』. 서울: 비봉출판사, 2009].

Snow, Charles P. (1963). *The Two Cultures: and a Second Look*. Cambridge, University Press.[오영환 역, 『두 문화』. 서울: 사이언스북, 2001].

Stewart, D. W. (1992). Professionalism vs. Democracy: Friedrich vs. Finer Revisited, in R. B. Denhart & B. R. Hammond(ed.), *Public Administration in Action: Readings, Profiles, and Cases*, 156-162. Pacific Grove, California: Brooks/Cole Publishing Company.

Stivers, C. (1994). The Listening Bureaucrat: Responsiveness in Public Administration. *Public Administration Review*, 54(4): 364-369.

Stoker, Gerry (1998). Governance as Theory: Five Propositions. *International Social Science Journal*. 155: 17-28.

Tabibnia, G., Satpute, A. B., Lieberman, M. D. (2008/April). The Sunny Side of Fairness: Preference for Fairness Activates Reward Circuitry (and Disregarding Unfairness Activates Self-Control Circuitry). *Psychological Science*, 19(4): 339-347.

Taylor, Frederick Winslow (1911). *The Principles of Scientific Management*. New York and London: Harper & Brothers.[박진우 역, 『과학적 관리의 원칙』. 서울: 박영사, 2006].

Thayer, Frederick C. (1973). *An End to Hierarchy! An End to Competition! Organizing the Politics and Economics of Survival*. New York: New Viewpoints.

Thompson, Dennis F. (1985). The Possibility of Administrative Ethics. *Public Administration Review*, 45(5): 555-561.

Tugwell, R. G. (1940). Implementing the General Interest. *Public Administration Review*, 1: 32-49.

Vigoda, E. (2002). From Responsiveness to Collaboration: Governance, Citizens, and the Next Generation of Public Administration. *Public Administration Review*, 62(5): 527-540.

Wais, Erin (2005). Trained Incapacity: Thorstein Veblen and Kenneth Burke. *KB Journal*, 2(1).

Waldo, Dwight (1948). *The Administrative State: A Study of the Political Theory of American Public Administration*. New York: The Ronald Press Company.

______ (1952a). Development of Theory of Democratic Administration. *The American Political Science Review*, 46(1): 81-103.

______ (1952b). Development of Theory of Democratic Administration: Replies and Comments. *American Political Science Review*, 46(2): 501.

______ (1955). *The Study of Public Administration*. New York: Random House.

______ (1965a). Public Administration and Culture, in Roscoe C. Martin(ed.), *Public Administration and Democracy*, 39-61. Syracuse, New York: Syracuse University Press.

_____ (1965b). The Administrative State Revisited. *Public Administration Review*, 25(1): 16.

_____ (1968). Public Administration in a Time of Revolution. *Public Administration Review*, 28(4): 362-368.

_____ (1971). *Public Administration In a Time of Turbulence*. San Francisco: Chandler Publishing Company.

Walzer, Michael (1983). *Spheres of Justice: A Defence of Pluralism and Equality*. New York: Basic Book, Inc., Publishers.[정원섭 역, 『정의와 다원적 평등: 정의의 영역들』. 서울: 철학과현실사, 1999].

Wambsley, Gary & Wolf, J. (1996). *Refounding Democratic Public Administration: Modern Paradoxes, Postmodern Challenges*. Newbury Park, California: Sage Publications, Inc.

Wambsley, Gary et. al. (1990). *Refounding Public Administration*. Newbury Park, California: Sage Publications, Inc.

_____ (1987). The Public Administration and the Governance Process: Refocusing the American Dialogue, in Ralph C. Chandler(ed.). *A Centennial History of the American Administrative State*, 291-317. New York: The Free Press.

Weber, Max (1968). *Economy and Society: An Outline of Interpretive Sociology*. Ⅰ, Ⅱ, Ⅲ. ed. by Guenther Roth & Claus Wittich and trans. by E. Fischoff et al. New York: Bedminster Press.

_____ (1988). 『프로테스탄티즘의 윤리와 자본주의정신』, 박성수 역. 서울: 문예출판사.

White, Jr. O. (1971). Social Change and Administrative Adaptation, in Marini(ed.), 59-83.

White, Jr., O. & Gates, B. L. (1974). Statistical Theory and Equity in the Delivery of Social Services. *Public Administration Review*, 34(1): 43-51.

White, L. (1926). *Introduction to the Study of Public Administration*. New York: Macmillan.

Whyte, W. H. (1960). *The Organization Man*. Harmondsworth, England: Penguin.

Willoughby, W. F. (1927). *Principles of Public Administration*. Baltimore, Md.: Johns Hopkins Press.

Wilson, Woodrow (1887). The Study of Administration. *Political Science Quarterly*, 2(2): 197-222. 198, 201, 212.

Wolf, Charles (1988). *Markets or Governments: Choosing between Imperfect Alternatives*. Cambridge, Mass.: MIT Press.[전상경 역, 『시장과 정부: 불완전한 선택대안』, 서울: 교문사, 1991].

Yergin, Daniel & Stanislaw, Joseph (1999). *The Commanding Heights: the Battle between Government and the Marketplace that is Remaking the Modern World*. New York: Simon & Schuster.[주명건 역, 『시장 對 국가: 국가 주도 경제의 쇠퇴와 시장 경제의 승리』. 서울: 세종연구원, 1999].

Zimbardo, Philip G. (2007). *Lucifer Effect: Understanding How Good People Turn Evil*. New York: Random House.[이충호 · 임지원 역, 『루시퍼 이펙트: 무엇이 선량한 사람을 악하게 만드는가』. 서울: 웅진지식하우스, 2007].

Zimring, B. (1971). Comment: Empirical Theory and the New Public Administration, in Marini(ed.), 225-233.

찾아보기

인명

사항

ㄱ

ㄴ

저자 소개

임의영(林宜榮)

Email: eylim@kangwon.ac.kr

고려대학교 대학원에서 「조직사회와 인간의 문제: B. F. 스키너의 행동주의를 중심으로」(1992)로 행정학 박사학위를 취득하였다.

현재 강원대학교 행정학과 교수로 재직하고 있다.

관심 분야는 행정철학, 사회과학방법론, 관료제이며, 최근에는 행정의 공공성을 주제로 연구 중이다.

저서로는 『스키너의 행동주의적 인간관』(1993), 『민주주의와 행정윤리』(2002), 『행정철학』(2006), 『형평과 정의』(2011) 등이 있다.

생각을 여는 행정학

펴낸날 / 제1판 제1쇄 2015년 2월 25일

지은이 / 임의영
펴낸이 / 임춘환
펴낸곳 / 도서출판 대영문화사
주소 / 서울특별시 용산구 청파로 61길 5(청파동 1가) 제일빌딩 2층
등록 / 1975년 12월 26일 제3-16호
전화 / (02)716-3883, (02)714-3062
FAX / (02)703-3839
홈페이지 / http://www.dymbook.co.kr

ISBN 978-89-7644-517-9

〔값 16,000원〕